中央高校基本科研业务费资助，HUST:2015AC002

德意志之鹰

纹章中的德国史

林纯洁 著

浙江大学出版社
ZHEJIANG UNIVERSITY PRESS

目录

导言

漫步在德国街头，在古老的城堡、教堂、市政厅的墙壁上，在商标、明信片上，在路牌上，甚至在街道井盖上，人们会见识到各种各样的纹章，如著名的柏林熊、勃兰登堡红鹰、图林根彩狮等。德国是个联邦国家，行政级别分为联邦、州、区（较大的8个州设区）、县/市。从联邦、各州到各县市，都有自己的特色，并选择了独特的纹章作为象征。这些纹章多源于中世纪贵族的纹章。在德国，最为著名和具有代表性的便是黑鹰国徽。

19世纪初，德意志各邦与中国有贸易往来，中国人就开始以纹章来识别这些邦国。1820年出版的《海录》一书，记载了“单鹰国……在双鹰西北。疆域、风俗略同。番舶来广东，用白旗画一鹰者是”①。“双鹰国……与单鹰国为兄弟，患难相周恤。……番舶来广东，有白旗上画一鸟双头者即此国也。”②单鹰国即普鲁士，普鲁士当时以单头黑鹰为纹章；双鹰国即奥地利，奥地利当时以双头黑鹰为纹章。普鲁士和奥地利是当时德意志邦联最重要的两个邦国。这些称呼在《四洲志》《海国图志》等书中也有出现，主要使用于广东等地，后来称呼以“普鲁士”“奥地利”“德意志”等音译为主，“单鹰国”“双鹰国”的称呼就日益稀少了。

15世纪以来，在民族国家兴起的趋势下，黑鹰纹章逐渐成为德

① 谢清高口述，杨炳南笔录，安京校释：《海录校释》，北京：商务印书馆，2002年，第238页。

② 谢清高口述，杨炳南笔录，安京校释：《海录校释》，北京：商务印书馆，2002年，第240页。

意志国家的标志。1918年，在德国废除贵族制度后，黑鹰纹章依然作为德国国徽。本书试图梳理鹰从古典时代到中世纪与近代社会象征含义的变迁，以此为视角，分析鹰如何从普世帝国的纹章逐步成为德意志民族国家的标志，而后又成为现代共和与联邦国家的最高象征，以及黑鹰纹章在德意志民族和民主国家构建过程起了什么作用。

要了解黑鹰纹章，必须回到中世纪以来欧洲的纹章文化传统。而要了解纹章的产生，必须追溯到日耳曼蛮族灭亡西罗马帝国以后蛮族国家建立，乃至在封建制度逐步形成过程中不断进行战争的历史。

欧洲的纹章起源于12世纪——这一中世纪的鼎盛时期，“是一种按照特定规则构成的彩色标志，专属于某个个人、家族或团体的识别物”[①]。中世纪欧洲战争频繁，纹章首先应用于骑士和贵族的比武和战争，后来成为个人身份、家族、团体、地区乃至国家的标志和象征。

中世纪的纹章对当今欧洲社会仍有着巨大的影响，纹章承载着文化的变迁，是研究欧洲历史文化、社会与艺术的重要视角，如中世纪时设立的纹章官与纹章院在英国延续至今。纹章还具有重要的政治象征意义，中世纪纹章成为欧洲各国国徽、地方纹章的主要来源。

20世纪七八十年代，西方人文学界兴起了一种新的社会文化史的研究方法。该方法不同于以往以政治、经济为核心的研究路径，而是以社会文化为主要研究对象，将文化的概念扩展到包括心态、观念、象征物和仪式等领域，并对之进行跨学科的研究，打通了大众文化与高雅文化的界限，强调文化的能动作用和对社会的构建。

① 巴斯图鲁：《纹章学：一种象征标志的文化》，谢军瑞译，上海：上海书店出版社，2002年，第13页。

这种新的研究范式应用了符号学的方法，符号学与文化研究也有着广泛的关联。符号学家格尔兹认为："文化在本质上是一种符号……文化纯粹是作为一种象征系统，它通过事件的分离，详细说明这些事件的内在关联，然后通过一般的方式赋予整个系统以一种特性。"①

中世纪欧洲的纹章作为一种文化象征符号，以往常被误解为只属于贵族，但实际上平民也能拥有，这本身就是一种横跨贵族文化与平民文化的文化现象。作为一种文化符号，纹章体现了社会结构及时代精神变迁之间的关系。如历史学家布克哈特（Burckhardt）认为，只有通过视觉作品，某个时代隐秘的信仰和观念才能传诸后人，而这种传递方式是最可靠的。②因此，纹章是文化史研究的重要视角，具有重要的学术价值。

纹章是图像史研究的重要领域。中国古代有"左图右史"，"史为掌图之官"的传统。德语有一句谚语："Ein Bild sagt mehr als 1000 Wörter。"（一图胜千言。）布克哈特"将传世的图像称作'往昔人类精神发展诸阶段之见证'，借此可以读解'特定时代的种种思想与再现结构'"③。"不仅是图像描绘历史，而且其本身就是历史。"④中世纪以来的纹章记录了德国的历史，黑鹰纹章尤其记

---

① 李宏图：《当代西方新社会文化史述论》，《世界历史》，2004年第1期，第26页。

② 曹意强：《论图像证史的有效性与误区》，收录于曹意强等著：《艺术史的视野——图像研究的理论、方法与意义》，杭州：中国美术学院出版社，2007年，第11页。

③ 曹意强：《论图像证史的有效性与误区》，收录于曹意强等著：《艺术史的视野——图像研究的理论、方法与意义》，杭州：中国美术学院出版社，2007年，第6页。

④ 曹意强：《论图像证史的有效性与误区》，收录于曹意强等著：《艺术史的视野——图像研究的理论、方法与意义》，杭州：中国美术学院出版社，2007年，第11页。

录和见证了德意志从帝国到民族国家，再到现代国家的构建历程，本身就构成了一部历史。

第一节　纹章产生的背景

纹章的产生与欧洲中世纪的历史紧密相连，必须追溯到日耳曼蛮族灭亡西罗马帝国后，在封建制度逐步形成过程中不断进行战争的历史。

日耳曼人兴起于北欧，分为东哥特人、西哥特人、伦巴第人、汪达尔人、勃艮第人、萨克森人、法兰克人等多个部落。公元前6世纪，日耳曼人开始向南方迁移，逐步遭遇到强大的罗马帝国。

公元前753年，拉丁人建立罗马王国。公元前509年，罗马人推翻了王国的暴政，建立了共和国。罗马四处征伐，扩张领土。公元前146年，罗马征服了希腊地区，吸收了希腊的先进文明。到公元前1世纪末期，罗马已经成为横跨欧亚非的大帝国。在公元前1世纪，罗马独裁官尤利乌斯·恺撒（Julius Cäsar）率兵征服了高卢的凯尔特人后，跨过莱茵河，去征服日耳曼人，但遭到日耳曼人的激烈反抗。公元前44年，恺撒被刺身亡后，他的外甥屋大维（Octavius）继承了他的衣钵，于公元前27年被元老院授予“奥古斯都”（Augustus）①尊号，建立了罗马帝国，并试图继续征服日耳曼人。

公元9年，日耳曼人领袖赫尔曼（Hermann）②率兵抵抗罗马军队，在条顿堡森林歼灭了瓦鲁斯统率的3个罗马军团，给罗马帝国以沉重打击。后来，罗马帝国又发动几次战争，均被日耳曼人击退。1世纪后期，罗马帝国在莱茵河流域建立了上日耳曼省（Germania Superior）和下日耳曼省（Germania Inferior），被称为“小日耳曼尼

① 奥古斯都，意思是“崇高”“神圣”。

② 赫尔曼（约公元前17年—公元21年），拉丁名为阿米尼乌斯（Arminius）。

亚”（Germania）；莱茵河以东未被征服的地区则被称为“大日耳曼尼亚”（Germania Magna）。罗马帝国在莱茵河与多瑙河流域修建了长约500公里的防御工事界墙（limes）。从此，罗马帝国与日耳曼部落在莱茵河与多瑙河流域形成了一种战略平衡。这种平衡最终为来自东方的游牧民族打破了。

在古代亚欧大陆，游牧民族与农耕民族是一对宿敌。在游牧民族犹太人的《圣经》里，亚当、夏娃被逐出伊甸园后不久，他们的孩子间便发生了一起谋杀案。种地的兄长该隐杀了放牧的弟弟亚伯，因为亚伯的祭品受到上帝的偏爱。而历史现实中，更多的是农耕区文明纷纷被游牧民族的铁蹄踏破。在亚欧大陆的北部，从蒙古高原一路向西，经过西伯利亚平原，游牧区延伸至东欧平原，犹如一个整体，游牧民族兴起于其间，频频南下劫掠，来去自如。在亚欧大陆的南部就是相互隔绝的几个位于江河流域的农耕区，如长江黄河流域、印度河流域、两河流域等，只能独力承受游牧民族的冲击。其中长江黄河流域的华夏文明在与游牧民族的斗争中艰难地保存下来了，甚至数次打败游牧民族，改变了欧亚大陆的历史。公元前3世纪时，在东北亚的蒙古高原，活跃着强大的匈奴人（Hunnen）。雄才大略的秦始皇也只能靠修建长城来防御匈奴人。西汉初年，汉高祖被迫以和亲来换取和平，直到汉武帝时国力强盛，才派兵打败匈奴，将之逐出河套地区。东汉初年，匈奴分裂为南匈奴和北匈奴。南匈奴内附，逐步与汉族融合。公元89年，东汉大将窦宪打败北匈奴。北匈奴一路向西迁徙，逐渐消失在历史记载中。直到公元4世纪中期，匈奴人沿着黑海北岸一路向西，出现在东欧平原上。

此时的日耳曼人在西面和南面沿着莱茵河与多瑙河同罗马帝国对峙，在东面则已经扩张到维斯杜拉河与黑海北岸地区。据古罗马史学家阿密阿那斯（Ammianus，约330—390年）在其著作《历史》

中的记载，生活在黑海北岸附近的正是东哥特人，“他们听到说一种以前没有听说过的人，不知从地球的何处，如高山上的暴风雪般地骤然来临，碰到他们的东西都遭到抢夺破坏，这时候，这些哥特人大部分都因饥寒交迫，疲惫不堪……企图逃到这些野蛮人不知道的地方，重新安家”[①]。匈奴人陆续击败东哥特人、西哥特人，导致了日耳曼人“民族大迁徙”的浪潮。哥特人向西罗马帝国请求内附，帝国允许他们以同盟者的身份进入帝国境内。哥特人进入帝国境内后，又无法忍受帝国的压迫，于是起义。此时罗马帝国已经开始衰落。公元395年，罗马帝国分裂为东罗马帝国和西罗马帝国。公元476年，西罗马帝国在日耳曼蛮族东哥特人的进攻下灭亡。

日耳曼民族在与罗马帝国的对峙与战争中，接触到了先进的拉丁文明，在农业、商业、军事和语言等方面都受到拉丁文明的强烈影响。在灭掉西罗马帝国后，日耳曼人在帝国废墟上建立了一系列蛮族国家，如在意大利半岛建立了东哥特王国，在西班牙半岛建立了西哥特王国，在高卢建立法兰克王国等。其中影响最大的就是公元482年建立的法兰克王国。公元496年，法兰克王国墨洛温王朝开国国王克洛维（Chlodwig）率领部下皈依了基督教，巩固了统治，并逐步强大起来。

但到了墨洛温王朝后期，法兰克国王不勤政事，人称“懒王”，大权逐渐旁落到宫相（Hausmeier）手中。此时，王国突然遭遇到阿拉伯帝国的威胁。公元7世纪时，伊斯兰教在阿拉伯半岛兴起，很快征服了当地部落，建立了强大的阿拉伯帝国。阿拉伯帝国逐步占领了非洲北部，传统的罗马文化圈大大缩小。711—714年，阿拉伯军队跨过直布罗陀海峡，征服了西班牙半岛，推翻了西哥特王国。之后，阿拉伯帝国继续向北扩张，遭遇到法兰克王国。732

① 齐思和、耿淡如、寿纪瑜选译：《世界史资料丛刊初集：中世纪初期的西欧》，北京：商务印书馆，1962年，第35页。

年，法兰克王国宫相查理率兵在图尔战役中打败穆斯林军队，保卫了欧洲的基督教世界，从此被称为“铁锤查理”（Karl Martel）。铁锤查理权威日盛，到了他儿子小丕平（Pippin der Jüngere）担任宫相时，获得罗马教皇的支持，于751年推翻了墨洛温王朝，自立为王，开创了加罗林王朝。小丕平为了感谢教皇的支持，将意大利中部一些土地赠送给教皇，史称“丕平献土”（Pippinsche Schenkung）。教皇由此以罗马为中心建立了教皇国。

公元800年，法兰克国王查理在罗马由教皇利奥三世（Leo Ⅲ）加冕为罗马皇帝，史称“查理大帝”（Karl der Große），重新继承了罗马帝国的传统。843年，法兰克王国一分为三：东法兰克王国、西法兰克王国和中法兰克王国。911年，东法兰克王国的加罗林王朝绝嗣，身为王室旁系的法兰克尼亚公爵康拉德当选为东法兰克王国国王，即康拉德一世（Konrad Ⅰ）。919年，萨克森公爵“捕鸟者”亨利当选为国王[①]，即亨利一世（Heinrich Ⅰ），开创了萨克森王朝。这一系列事件标志着德意志国家的开端。

962年，德意志国王奥托在罗马由教皇约翰十二世（Johannes Ⅻ）加冕为罗马皇帝，即奥托一世（Otto Ⅰ），继承了罗马皇帝的权威，将德意志王国与古罗马帝国的传统连接起来，标志着神圣罗马帝国的开端。但皇帝由教皇加冕形成了惯例，逐步形成了教权高于皇权的局面，导致了中世纪的政教纷争。同时，皇帝承担了保卫基督教世界和重振罗马帝国权威的重任，这成为德意志皇权的沉重负担。为了获得诸侯对帝国战略的支持，皇帝不断下放权力，导致诸侯势力逐渐增强，皇帝逐渐成为名义上的元首。

法兰克王国和神圣罗马帝国致力于在欧洲推行基督教，并在四处征伐过程中，逐步建立了封建制度。贵族被皇帝或国王封予采

① 据说，亨利在得知自己当选为国王时，正在捕鸟，故被称为“捕鸟者”亨利。

邑，采邑可以向下级贵族继续分封，分封者为封君，受封者为封臣，封君和封臣均享有相应的权利和义务，构成了一个等级森严的贵族体系。中世纪德意志的贵族体系非常复杂，主要分为皇帝、国王、选侯、公爵、侯爵、伯爵、男爵和骑士。

皇帝（Kaiser），该名称起源于罗马共和国晚期的独裁官尤利乌斯·恺撒（Julius Cäsar）的名字，后来成为最高统治者的称呼，并具有普世帝国的含义。西罗马帝国灭亡后，皇帝称号由东罗马帝国独享，直到查理大帝加冕。皇帝是西方“最高贵的统治者”，被视为“世俗世界的首领、最高的行政长官、整个基督教世界的庇护人和保护者”[①]。962年，神圣罗马帝国建立后，西方的皇帝称号就一直归德意志人所有，直到19世纪初拿破仑称帝。皇帝一般由德意志国王加冕产生。

国王（König），含义是“来自高贵血统的男人”[②]，即通过出身和血统获得高贵的地位。早期日耳曼部落的首领是由选举产生的。部落首领演变为国王后，试图实行王位世袭制度，但选举制传统依然很强大，世袭制度遭到王公贵族和罗马教皇的反对。后来德意志国王多是由世袭和选举两种方式的折中方式产生的，即国王在位期间，就努力让诸侯们同意选举其指定的继承人为下一任国王。在这个过程中，参加选举的诸侯就会提出各种权利要求与交换条件，对王权构成了很大的制约。

选侯（Kurfürst），就是拥有选举国王权力的侯爵。在选举国王的传统下，德意志逐步形成了选侯制度。德意志国王早期由部落分支的首领或公爵选举产生，后来帝国各级诸侯都参与了国王选举，

---

① 彼得·克劳斯·哈特曼：《神圣罗马帝国文化史：帝国法、宗教和文化1648—1806》，刘新利等译，北京：东方出版社，2005年，第24页。

② *Duden, Band 7,Etymologie,Herkunftswörterbuch der deutschen Sprache,* Mannheim: Dudenverlag, 1963,S.354.

12世纪时，人数达到100～200人，导致纷争不断。选举权后来逐步为实力雄厚的大诸侯所垄断。1257年，首次由七大诸侯选举国王。1356年，查理四世皇帝颁布《金玺诏书》（*Goldene Bulle*），正式确立七大选侯制度，即由美因茨大主教、特里尔大主教、科隆大主教、波西米亚国王、萨克森公爵、普法尔茨伯爵和勃兰登堡边境伯爵选举德意志国王。

选侯职位由于位高权重，成为高级贵族激烈追逐的对象。1618至1648年的三十年战争期间，巴伐利亚公爵由于效忠皇帝费迪南二世，在皇帝帮助下，夺取了普法尔茨伯爵的选侯职位。战争结束后，帝国重新册立普法尔茨伯爵作为第八名选侯。1692年，汉诺威公爵被册立为第九名选侯。1806年，选侯制度随着神圣罗马帝国的灭亡而消亡。

选侯一般由贵族兼任，但也可成为单独的职务和爵位。如萨克森的韦廷（Wettin）家族原来同时拥有选侯职位和公爵头衔。1464年，萨克森公爵兼选侯腓特烈二世去世之后，他的两个儿子瓜分了萨克森领地。1485年，长子恩斯特（Ernestine）继承了选侯职位，次子阿尔贝特（Albertine）继承了公爵头衔。

公爵（Herzog），“Herzog”源于哥特语“harjatuga”，意思是“军队首领”①。德意志最早的公爵都是各部落带兵打仗的首领，后来成为镇守一方的封疆大吏。公元10世纪，德意志形成了萨克森、施瓦本、巴伐利亚、法兰克尼亚和洛林五大公爵领地。洛林公爵领地长期是德、法两国的争夺对象，最后大部分领地归属了法国；施瓦本公爵领地和法兰克尼亚公爵领地逐步消失，萨克森和巴伐利亚则升格为王国。同时，德意志逐步产生了很多新的公爵领地。如1156年，皇帝腓特烈一世巴巴罗萨（Friedrich I. Barbarossa）将奥地

① *Duden, Band 7,Etymologie,Herkunftswörterbuch der deutschen Sprache,* Mannheim: Dudenverlag, 1963,S.264.

神圣罗马帝国皇帝与七大选侯

利从巴伐利亚公爵领地分出来，创设了奥地利公爵；1495年，德意志国王马克西米连一世（Maximilian Ⅰ）设立了符腾堡公爵。

侯爵（Fürst），“Fürst”本义是“最前面的、第一的、最高贵的”，与英语“first”（第一）同源。该词又有“统治者”的含义。12世纪时，侯爵是国王之下的最高等级，是所有统治贵族的合称。侯爵后来成为公爵和伯爵之间的爵位。①

伯爵（Graf），“Graf”的词源是“书写”的意思。伯爵最初可能由皇帝的秘书（Schreiber）演变而来，逐步被任命为治理地方的大臣，在墨洛温王朝早期是管理治安和执行国王命令的官员。②“法兰克的伯爵不是带有现代特征的行政官僚，而是国王信赖之人和国王在其地区的利益的代表，特别是王室地产的保护者和管理者。”③因此，伯爵在加洛林王朝时被授予采邑，后来逐步取得了世袭的领主地位。伯爵可大可小，既有作为一方诸侯的边境伯爵（Markgraf）、宫廷伯爵（Pfalzgraf）、地方伯爵（Landgraf），又有管理专项事务的城堡伯爵（Burggraf）、森林伯爵（Waldgraf）、莱茵伯爵（Rheingraf）、荒原伯爵（Raugraf）等。

男爵（Freiherr，Baron），字面意思就是“自由人”。男爵是帝国的直接封臣。

骑士（Ritter），最低级的贵族等级，一般拥有小块土地作为封邑，依附于大领主。中世纪兴起了骑士文化，骑士成了贵族的代表。11世纪兴起的十字军东征为骑士提供了广阔的舞台。“为领主效劳（Herrendienst）、为上帝效劳（Gottesdienst）和为女士效劳

---

① *Duden, Band 7,Etymologie,Herkunftswörterbuch der deutschen Sprache,* Mannheim: Dudenverlag, 1963,S.192.

② *Duden, Band 7,Etymologie,Herkunftswörterbuch der deutschen Sprache,* Mannheim: Dudenverlag, 1963,S.230.

③ 赫伯特·格隆德曼等：《德意志史》第一卷下，张载扬等译，北京：商务印书馆，1999年，第408页。

（Frauendienst）”成为骑士的主要任务。①

与英法贵族体系不同，德意志贵族体系中没有子爵（Vicomte）头衔。

在中世纪，贵族负责领导和参加战争，保卫国家或开疆拓土。由于欧洲是一个基督教社会，贵族地位虽高，但低于由基督教会的教士和修士组成的属灵阶层，后者负责祈祷和人的得救问题，这是中世纪所有人最关心的事情。再加上负责生产和供养贵族与教会的劳动阶层，中世纪欧洲社会逐步形成了三个等级制度，即祈祷者、作战者和劳动者，具体而言，就是教士修士、贵族、劳动者（农民和手工业者等）三大阶层。

第二节　纹章的起源与规则

公元7世纪起，耶路撒冷作为基督教的圣地一直处于穆斯林的统治之下，给基督徒的朝圣带来了很大的不便。1095年，教皇乌尔班二世（Urban Ⅱ）在法国克莱蒙召开的宗教会议上，号召进行十字军东征，夺回圣地耶路撒冷。教皇宣称，参加十字军的人，罪行都将得到赦免。1096年，第一次东征开始，所有人军服上都绣着十字，故称“十字军”。第一次十字军东征较为成功，占领了耶路撒冷，建立了耶路撒冷等4个基督教王国。1147年，为了解救穆斯林对基督教王国的攻击，第二次十字军东征发动。之后又陆续发动了8次，直到1291年才结束，基督教势力完全撤出了耶路撒冷等地区。

纹章起源于12世纪，正是欧洲十字军的第一次东征与第二次东征之间，于是，有学者认为纹章起源于伊斯兰或拜占庭的习俗；又因为在古希腊罗马的军旗、皇帝标志及日耳曼人早期的符号中发现

① 普雷斯蒂奇：《骑士制度》，林中泽等译，上海：上海三联书店，2010年，第96页。

类似纹章的图案，因此也有学者将两者作为纹章的起源。但现在学术界已经否定了这几种起源，普遍认为纹章产生于中世纪欧洲社会，背景是公元“1000年后封建社会的变化”与“11世纪末至12世纪前几十年军事装备的演变”。[①]纹章是“中世纪盛期西欧文化的独特产物……在历史上并无直接的榜样”[②]。

这从纹章的两个词源中也可得到旁证。纹章（Wappen）一词起源于中古德语“Waffe”（武器），其早期即作为武器的辅助工具使用。12世纪晚期，“Wappen”演变成“盾牌标志”的含义。16世纪时，“Waffe”（武器）作为战斗工具和“Wappen”（纹章）作为盾牌标志的含义才完全分开。[③]纹章学（Heraldik）的词源是“Herold”，起源于法语和拉丁语，意即传令官[④]，负有登记、检验比武的骑士纹章的职责。从这两个词的发展中，也可窥见纹章与当时的封建制度有着密切的关系。

西欧在封建社会形成的过程中，产生了大量的骑士和采邑，贵族之间为了争夺领地，战争频繁。12世纪时，随着冶炼技术的发展和军事装备的改善，骑士全身都披戴了盔甲，戴上全罩式头盔，只露出双眼。为了在战场上区别敌友，骑士们开始在盾牌和旗帜上画上特定的符号，这些符号逐步固定下来，由此形成了纹章。

中世纪形成了独特的骑士文化。骑士崇尚忠诚、勇敢。骑士的纹章也多与骑士的战争经历相关。例如，布吕歇尔（Blücher）家族

---

① 巴斯图鲁：《纹章学：一种象征标志的文化》，谢军瑞译，上海：上海书店出版社，2002年，第16—17页。

② Gert Oswald, *Lexikon der Heraldik,* Mannheim: Bibliographisches Institut, 1984, S.7.

③ *Duden, Band 7,Etymologie,Herkunftswörterbuch der deutschen Sprache,* Mannheim: Dudenverlag, 1963,S.754.

④ *Duden, Band 7,Etymologie,Herkunftswörterbuch der deutschen Sprache,* Mannheim: Dudenverlag, 1963,S.261.

布吕歇尔家族纹章

以两把钥匙作为纹章图案。据传说，这个家族的祖先是个勇敢的文德人武士。有一次，他跟从萨克森公爵狮子亨利远征罗德岛（Rhodus），因为勇敢，被封为骑士。有一次，他独自保卫一个小教堂，受到异教徒的猛烈攻击。他寡不敌众，在撤退的时候，身上还流着血，在血染的盾牌下，将教堂的钥匙交给领主。因此，他被赐名“流血者”（Blutiger，Blücher这个姓氏也是由此而来），并获得钥匙作为纹章图案。[①]布吕歇尔家族传统的纹章是银底盾徽，两把红色的钥匙，装饰有骑士头盔、斗篷和两把交叉的红色钥匙。19世纪初，布吕歇尔家族出了一位名将——在滑铁卢打败拿破仑的普鲁士元帅格布哈特·莱布雷希特·冯·布吕歇尔（Gebhard Leberecht von Blücher）。

阿尼姆家族纹章

又如阿尼姆（Arnim）家族，其族徽是红底上两条白色的条纹。据传说，在一场针对弗里斯人（Friesen）的战役中，将军命令一个姓安海姆（Arnheim）的容克贵族去摧毁他与弗里斯军队之间的一座木桥，以保证不被弗里斯人追到。安海姆勇敢地将桥的木板拆下，丢进水里。但当弗里斯人的军队追来时，仍剩下两块桥板。安海姆独自坚守阵地，直到援兵到来。后来他得到了荷兰领地作为奖赏，受封为骑士，并获得纹章。[②]该家族纹章中两条白色的条纹象征了战斗中的两块桥板；纹章

① J.G.T.Grasse, *Geschlechts-, Namen- und Wappensagen des Adels Deutscher Nation,* Dreseden: G.Schönfeld’s Verlagsbuchhandlung, 1876, S.16.

② J.G.T.Grasse, *Geschlechts-, Namen- und Wappensagen des Adels Deutscher Nation,* Dreseden: G.Schönfeld’s Verlagsbuchhandlung, 1876, S.5.

装饰有骑士头盔、斗篷、贵族冠冕和牛角。家族姓“Arnim”就是由“Arnheim”演变而来。

又如巴瑟维茨（Bassewitz）家族以野猪为纹章。据传说，该家族的博恩·冯·巴瑟维茨（Bernd von Bassewitz）获梅克伦堡公爵册封，成为骑士。在一场战役失败之后，他在逃跑时，正好有一只野猪跟在后面，挡住了追兵，他因此获救。[①]后来该家族纹章采用野猪图案，也许就是为了纪念野猪的救命之恩。

巴瑟维茨家族纹章

骑士们也会将凶猛的猎物作为自己的纹章，以此彰显自己的勇猛。如据《马内塞抄本》记载，哈瓦特（Herr Hawart）家族的纹章是金底黑熊，图中描绘了哈瓦特将一支长矛插入黑熊胸膛的场景。“能在战斗中打败一头熊在当时还是了不起的战绩，取得这一战绩者很有可能自豪地将熊头图案放到自己的纹章中。”[②]这成为哈瓦特家族纹章的起源。

在和平时期，骑士必须操练武艺，为随时可能爆发的战争做准备。君主会举行骑士比武大赛，骑士们参加时会登记纹章。骑士比武大赛诞生于法国，后来传到德国、英国等欧洲其他地区。“13世纪之前的比武大赛以实战训练为主，目的是以模仿战争的方式锻炼参赛者适应战场上的各种情况。13世纪以后，比武大赛向庆典和仪式型转变，参赛者往往借此表现自己的勇敢和武功技能，并更加侧重追求观众的赞赏。”[③]尤其是获得贵族女性的青睐。《马内塞抄

① J.G.T.Grasse, *Geschlechts-, Namen- und Wappensagen des Adels Deutscher Nation,* Dreseden: G.Schönfeld's Verlagsbuchhandlung, 1876, S.8.

② 巴斯图鲁：《纹章学：一种象征标志的文化》，谢军瑞译，上海：上海书店出版社，2002年，第61页。

③ 倪世光：《铁血浪漫：中世纪骑士》，北京：北京大学出版社，2010年，第82页。

哈瓦特家族纹章

骑士比武

本》记载了13世纪后半期，骑士瓦尔特·冯·克林根（Walther von Klingen）参加比武的场景：他的长矛刺向对方，战马顶住对方马颈，即将获胜；看台上则站有5名贵族女性，目光都集中在他身上，露出赞赏的表情。他的盾牌和马的战服上都画有黑底白狮的纹章，对方则是红黄条纹盾徽。

由于和战场上一样，骑士穿上盔甲、戴上头盔后，无法辨认身份，必须使用纹章来区分。骑士入场前，必须登记纹章，负责纹章登记的官员逐步演变为专门的纹章官（Herold）。纹章官在介绍比武的骑士时，会展示他们的纹章。纹章官在战场上负责传令，还作为使者，享有外交豁免权。随着纹章的日益复杂，需要专业的人士对纹章进行识别，社会上对纹章官的需求越来越大，几乎每个骑士都要为自己雇用一名纹章官。纹章官会身穿绘有领主纹章的制服，如神圣罗马帝国纹章官穿有帝国双头黑鹰纹章的金色制服。

中世纪的纹章官与游吟诗人很像，经常从一个宫廷到另一个宫廷，从一个战场到另一个战场。

由于纹章的独特性和排他性，纹章逐步成为标示贵族身份的符号，并且在“1200年前后，纹章开始能够被继承”①，这正好符合了日益复杂和森严的封建等级自我标识的需要。封建社会形成以后，爵位和采邑都可以继承，社会关系也日益复杂，“一种稳定、古老而又排他的血统意识不断被强化，而盾形纹章的发展正好为这种贵族血统的世袭提供了理想的符号”②。纹章在当时“通常具有三重功能：身份的象征、控制或拥有的标记、美化装饰”③。如贵族家庭的

---

① Gert Oswald, *Lexikon der Heraldik,* Mannheim: Bibliographisches Institut, 1984, S.10.

② 斯莱特：《纹章插图百科》，王心洁、马仲文等译，汕头：汕头大学出版社，2009年，第11页。

③ 巴斯图鲁：《纹章学：一种象征标志的文化》，谢军瑞译，上海：上海书店出版社，2002年，第25页。

神圣罗马帝国
纹章官

纹章只能由长子继承，其余子女和亲属则可以对纹章进行稍许修改后使用，由此既区别又体现了家族成员之间的关系。

纹章起源于欧洲中世纪的战争，最初的目的是为了在战场上区分敌我。后来由于适应封建体制而得以广泛采用，贵族用纹章来象征爵位、身份、职务和控制的领地等，纹章逐步可以世袭，因此有着与古代标志不同的特征。

纹章区别于古希腊罗马、古日耳曼人和东方社会的一些标志图案的特征在于它严格的规则和可继承性。只要遵守纹章的规则，自由人都可以使用纹章，尤其是一些富商家庭，通过为贵族效力，可以获得贵族头衔和御赐纹章。例如奥格斯堡著名的商人富格尔（Fugger）家族，主要从事银行业和采矿业，经常向皇帝等贵族放贷，富可敌国。乌尔里希·富格尔在1473年招待了途经奥格斯堡的皇帝腓特烈三世（Friedrich Ⅲ），将皇帝的行宫用金丝和棉布装饰得富丽堂皇。于是，皇帝赐予他四分的盾形纹章，右上和左下[1]各有两朵金色和蓝色的百合。1507年，雅各布·富格尔以抵押的形式从国王马克西米连一世那里获得基希堡（Kirchberg）和魏森霍恩（Weißenhorn），于是纹章左上方加入了白底穿黑袍戴红色主教冠的人像，这是基

富格尔家族纹章

① 本书中关于纹章的“左”“右”，以佩戴纹章者的左右为准。

希堡的纹章；右下部加入了魏森霍恩的红底三只白色号角纹章，“Weißenhorn”就是“白色号角”的意思。纹章上方装饰有骑士头盔、百合花和主教肖像。

“纹章的使用主要通过印章传播到非武士阶层。”[①]印章的产生早于纹章，但纹章产生之后，很快在12世纪就应用到印章的图案设计中，很多纹章图案就是通过印章保留到现代的。纹章是个人或团体的代表，于是成为人到场的标志。印章具有法律效力，代表“印章使用者真实情况和意志表达的真实性、完整性和有效性”，要求不能随意变更。[②]纹章恰好符合这个特点。以纹章为图案的印章成为独特的认证标志，在欧洲得到普遍使用。当统治者使用此类印章时，印章中的纹章图案同时成为统治的标志。

由此，纹章的使用逐步扩展到社会其他阶层，“向非武士、非贵族以及向不同类型的人群延伸，妇女（自1180年起或更早）、教士（近1200年）、开业人员与资产者（近1220年）、手工业者（近1230年）、市镇（自12世纪末起）、职业团体（近1240年）、民事或教会团体（13世纪末至14世纪初）等相继使用纹章”[③]。在中世纪德国，犹太人也被允许拥有纹章，这体现了当时对犹太人的宽容。但由于贵族是纹章的主要使用者，且因其设计精美、使用频繁而更多地保存了下来；法国在大革命时期将纹章视为贵族与封建制度的象征，废除过纹章，以致形成了只有贵族才使用纹章的误解。纹章在适应贵族等级制度过程中呈现出多样化的特征，但都遵循了严格的规则。

① 巴斯图鲁：《纹章学：一种象征标志的文化》，谢军瑞译，上海：上海书店出版社，2002年，第21页。

② Jürgen Hartmann, Der Bundesadler, *Vierteljahrshefte fürZeitgeschichte,* Heft 3, Jahrgang 56, 2008, S.497.

③ 巴斯图鲁：《纹章学：一种象征标志的文化》，谢军瑞译，上海：上海书店出版社，2002年，第20页。

纹章严格的规则体现在颜色与构成等多个方面。例如，在颜色上，纹章主要使用六种颜色：黄色（金色）、白色（银色）、红色、黑色、蓝色和绿色。黄、白色为一组，红、黑、蓝、绿色为一组。纹章颜色的基本规则是："禁止将属于同一组的色彩并列或叠加运用，除非涉及极小的细节之处，如动物的舌头或爪子。"①也就是说，如果盾徽底色是金色，那么纹章图案可以是红、黑、蓝、绿色，但不能是白色。例如，德意志皇帝纹章底色是金色，主体图案是黑鹰，其爪和嘴是红色。这种颜色搭配最初就是为了便于在战场上更快捷地分辨对方。这些规则在纹章发展过程中得到了较好的遵守，一直影响到现在，甚至很多国旗颜色的组合也符合这个规则。不过正如一句德国谚语所说：Keine Regel ohne Ausnahme（没有无例外的规则），如著名的耶路撒冷国王的纹章，就是金色的耶路撒冷十字架在白色的底面上。"因为它是圣城，所以得以允准。"②在基督教中，白色象征着纯洁，金色象征着天堂。

由于纹章主要绘制在盾牌上，纹章官或画匠必须改变图案的实际外形，以适应盾牌的不规则表面，因此，纹章图案多是象征性的。早期的纹章比较简单朴实，后期的纹章则日益精致。③盾牌上的纹章，被称为"盾徽"。

在构成上，纹章一般由顶饰、花环、王冠、头盔、斗篷、盾徽、扶盾者、铭文等部分组成。盾徽按照需要划分成数个部分，用于象征不同的事物。纹章有大中小之分，小纹章通常由最核心的图案组成，中纹章则在小纹章基础上加一些重要的装饰，大纹章则由全部的纹章图案和装饰组成。

---

① 巴斯图鲁：《纹章学：一种象征标志的文化》，谢军瑞译，上海：上海书店出版社，2002年，第47—48页。

② 斯莱特：《纹章插图百科》，王心洁、马仲文等译，汕头：汕头大学出版社，2009年，第73页。

③ Terence Weise, *Medieval Heraldry,* Oxford: Osprey Publishing, 2000, p.4-5.

在具备这些西方中世纪社会普遍使用的纹章特征之外，德国的纹章呈现出自己的特点。最具代表性的是贵族的纹章，与平民纹章相比，贵族的纹章典雅，装饰精美、复杂，含义更为丰富，更具代表性。中世纪德国的贵族分为世俗贵族和宗教贵族，都形成了各自不同风格的纹章。宗教贵族在德国有很高的地位，在德国中世纪七大选侯中，有三个是大主教，并担任帝国要职。

为了对纹章进行管理，各国成立专门的纹章院（Heroldsamt），负责纹章的记录、审查和授予等事务。德国纹章管理机构成立较晚，主要出现在普鲁士、巴伐利亚、萨克森和符腾堡四大王国以及哈布斯堡皇族的直属领地——奥地利公国。

1706年，普鲁士王国设立了普鲁士王室纹章院（Das königlich-preußische Heroldsamt），处理授予贵族头衔和纹章等事宜，1920年解散，档案保存在梅尔斯堡。普鲁士纹章官制服上绣有普鲁士之鹰的纹章，手杖上也有普鲁士之鹰的塑像。1808年，巴伐利亚王国成立了巴伐利亚王室纹章院（Das königlich-bayerische Heroldsamt），后来成为帝国纹章院（Reichsheroldsamt）。1902年，萨克森王国成立了贵族事务委员会（Ausschuss für Adelssachen），管理纹章事宜，各阶层都可申请纹章。在符腾堡王国，由外交部负责贵族和纹章事宜。在奥地利，纹章事务则是由内政部进行管理。

第三节　纹章的类别

骑士和贵族首先使用纹章，随着纹章的普及，涌现了越来越多的纹章类型：家族纹章、联盟纹章、职务纹章、教会纹章、市政纹章、行会纹章、言说纹章等。

贵族家庭都逐步拥有了各自的“家族纹章”（Familienwappen），很多纹章的来历还有一些动人的传说。例如俾斯麦家族的纹章是蓝

俾斯麦家族纹章

底盾徽，中间是三叶草和三片荨麻叶叠加在一起，盾徽上方装饰有骑士头盔、水牛角和象征贵族的冠冕等。三叶草代表着幸运，是比较常见的纹章图案，这大概是俾斯麦家族原先的纹章。荨麻则有刺且有毒，人碰到后会疼痛难忍。这两种图案是如何组合在一起的呢？据传说，曾有个侯爵向俾斯麦家族的一位小姐求婚，她的父亲同意了，但遭到她本人的拒绝。愤怒的侯爵于是发誓，要扯碎他们的三叶草，让它不会像荨麻叶一样在触摸时刺人。有一天，侯爵趁小姐父亲不在，将她抢走。但当侯爵将她抱在怀里喊道“你们的三叶草伤不了我！”时，她用匕首刺向了侯爵的心脏，并说道：“您现在有荨麻叶了。”[①]俾斯麦小姐的坚贞不屈名扬四方。从此，俾斯麦家族采用了这个纹章。俾斯麦家族最为著名的人物就是后来统一德国的铁血宰相奥托·冯·俾斯麦（Otto von Bismarck）。

梅特涅家族纹章

随着基督教的盛行，很多贵族家族开始采用一些具有基督教背景的元素作为纹章。如梅特涅家族，该家族起源于11世纪。萨克森王朝的最后一位皇帝亨利二世有一个血统高贵同时非常勇敢的卫队长，叫梅特（Metter）。皇帝非常信任他，引起了其他贵族的嫉妒。于是，他们模仿梅特的笔迹，写了一封充满谎言的信，故意“偶然地”使之落在皇帝的手里。皇帝看后，将之平静地放在旁边，说：“哦，梅特不会这么做！”（O Metter nicht！）皇帝此后反而更信

① J.G.T.Grasse, *Geschlechts-, Namen- und Wappensagen des Adels Deutscher Nation,* Dreseden: G.Schönfeld’s Verlagsbuchhandlung, 1876, S.15.

任他了。这句话口口相传。梅特进宫时，所有人都对他说：“Metter nicht”，这成了一个赞词，于是他的后人也以梅特涅（Metternich）为姓了。[①]梅特涅家族的纹章是贝壳。贝壳在古希腊是美神阿佛洛狄忒的象征。基督徒后来也将贝壳作为标志，因为贝壳能够产珍珠，如同马利亚身怀耶稣。贝壳在中世纪是使徒圣雅各的标志。传说一个骑士在海上差点被淹死时，遇到载有圣雅各尸体的船，圣雅各显灵，他被贝壳所保护，脱离了水面。[②]由此，这个贝壳被发现的西班牙西北部的圣地亚哥（Santiago，圣雅各的西班牙语写法）海岸，成了中世纪著名的朝圣之地。梅特涅家族后来比较著名的人物有曾担任奥地利首相的克莱门斯·文策尔·洛塔尔·冯·梅特涅（Klemens Wenzel Lothar von Metternich），他在拿破仑战败之后的维也纳会议上纵横捭阖，主导了会议。

中世纪以来，贵族领地、团体、家族或个人的联合促成了“联盟纹章”（Allianzwappen）的产生。家族之间联姻所产生的“婚姻纹章”（Ehewappen）就是一种典型的联盟纹章。在日耳曼传统与基督教传统影响下，欧洲社会都实行一夫一妻制，妇女具有相对较高的地位。婚姻纹章由男女双方的各自一半纹章拼合组成或两个纹章并列相连而成。女性纹章与夫家纹章的并列使用，彰显了女性的平等地位。各自一半组成的婚姻纹章，如神圣罗马帝国皇帝马克西米连一世（Maximilian Ⅰ）纹章旗上的盾徽。一名骑士高举着皇帝马克西米连一世的纹章旗，纹章旗上的金底双头黑鹰代表神圣罗马帝国皇帝，黑鹰胸前有个红底盾徽，被分为两个部分：红白红条纹是马克西米连一世家族领地——奥地利的纹章；黄蓝斜条纹是勃艮第的

① J.G.T.Grasse, *Geschlechts-, Namen- und Wappensagen des Adels Deutscher Nation,* Dreseden: G.Schönfeld’s Verlagsbuchhandlung, 1876, S.104.

② Eckhard Bieger, *Taschenlexikon christliche Symbole,*Leipzig: St.Benno-Verlag GmbH, 2012, S.81-82.

婚姻纹章（皇帝马克西米连一世纹章旗）

纹章，象征了他的妻子——勃艮第公主玛丽。这是一个典型的婚姻纹章。

两个纹章并列的婚姻纹章，如《富格尔家族荣誉手册》中记载的1513年雷蒙德·富格尔（Raymund Fugger）和卡特琳娜·图佐（Katharina Thurzo）结婚后的婚姻纹章，由两人的纹章并列连接而成。

当时帝国重要的官职有专门的纹章，即“职务纹章”（Amtswappen）。宝剑、权杖和金球都象征着权力，因此都成为贵族纹章中的常见元素，皇帝御膳总管、帝国大元帅和财政总管的纹章采用了这些图案，但各有其固定的底色和形制。

贵族领主通常将所拥有的多个领地的纹章与自己担任的职务的纹章都装饰在自己的纹章上，由此体现自己的权势与尊贵。有的贵族会将他所宣称拥有的领地纹章或宣称担任的职务纹章也装饰在自己的纹章上，纹章因此具有了一种宣示领主权的功能。

如皇帝御膳总管（Erztruchsess）的职务纹章是红底盾徽，中间是

婚姻纹章(富格尔家族)

金色的圆球，这被称为“帝国之球”（Reichsapfel），圆球上立有一个十字架，象征着皈依了基督教的世俗权力。选侯普法尔茨伯爵长期担任御膳总管的职务，因此，他的纹章上便有红底帝国之球纹章。黑底金狮纹章代表普法尔茨领地，蓝白菱形纹章代表巴伐利亚领地。又如帝国大元帅（Erzmarschall）的职务纹章是两把红色的帝国之剑（Reichsschwert）相互交叉，底面是黑白两分的盾徽。萨克森选侯长期担任此职务，纹章上便有双剑纹章。由于选侯的崇高地位，该职务纹章位于萨克森选侯纹章正中间，其他纹章代表萨克森选侯所拥有的众多领地。又如帝国财政总管（Erzkämmerer）的职务纹章是蓝底盾徽，中间是一根顶端立有一只单头鹰的金色权杖。勃兰登堡选侯长期担任此职务，他的纹章中间便有权杖纹章。

随着纹章使用群体的扩大，出现了教会纹章（Kirchliche Heraldik）、市政纹章（Stadtwappen）、行会纹章（Zunft wappen）、大学纹章（Universitätswappen）等多种纹章形式。

选侯纹章中的职务纹章

在世俗贵族纹章的影响下，12世纪起，基督教会也开始使用纹章，形成了独特的教会纹章，主要使用十字架、主教冠以及《圣经》中的元素作为纹章图案。由于教会也拥有大量世俗领地，所以教会会将领地纹章加入到教会纹章中。教会人士来自不同家族，所以他们也会在教会纹章中加入自己家族的纹章来标明身份。例如科隆大主教的纹章就具有这两个特点。

公元2世纪起，科隆成为德国最早的主教区之一。公元795年，查理大帝将科隆升格为大主教区。13世纪中叶，科隆大主教开始担任神圣罗马帝国选侯，兼任帝国意大利领地的首相。

科隆大主教纹章

科隆大主教的核心纹章是白底黑十字。随着教会领地和担任此职的人的变化，大主教的纹章也会不断变化。如17世纪初出版的《西布马赫纹章册》中记录的科隆大主教的纹章：盾徽由一个大的四分盾徽和一个小的四分盾徽组成。大四分盾徽的右上方是白底黑十字，这是科隆大主教最重要的象征。左上方的红底白马代表威斯特伐利亚地区，右下方的红底三个黄色心形图案代表恩根（Engern），左下方的蓝底白鹰代表阿恩斯堡（Arnsberg）。阿恩斯堡原来的纹章是红底，1378年科隆大主教买下该地后，将它的纹章改成了蓝底，就是为了避免纹章上的红底太多，由此可见纹章颜色规则的应用。大盾徽代表了科隆大主教的职务和所拥有的领地。

大盾徽的中间有个小盾徽，也被分为四部分，右上方和左下方是金狮，左上方和右下方是蓝白菱形图案，是维特斯巴赫家族的纹章，1583—1612年担任科隆大主教的恩斯特·冯·拜恩（Ernst von Bayern）正是来自这个家族。

盾徽上方是一个金色的主教冠，主教冠上有一个十字架。盾徽两侧分别是宝剑和权杖。主教冠和权杖象征了主教属灵方面的权威；宝剑象征了主教在世俗领域的权威。两侧各有扶盾动物，左边是金狮，右边是金色的鹰头狮身怪兽。

市政纹章也就是市徽，有的城市拥有多种市徽。如巴伐利亚州首府慕尼黑（München）市徽有大小之分。小市徽是银底盾徽，上面有一个穿红鞋着黑袍的修士，左手持一本宣誓书，右手举起作宣誓的手势。大市徽则是银色的方形底面，一个黑衣修士站立在一个红色的塔楼下面，一只灰金色的狮子头戴王冠，朝向右方站立在塔楼上方。

慕尼黑大小市徽

慕尼黑最早在修道院附近发展起来。“München”一词源于“Mönch”（修士），就是“在僧侣那里”的意思。公元8世纪时，当地建立了一个本笃会的修道院，附近还有弗莱辛主教区。伊萨尔河流经该地区，弗莱辛主教控制了河上的一座桥梁，向过往商人征税，引起了巴伐利亚公爵狮子亨利的嫉妒，于是他烧毁了弗莱辛主教的桥梁，改在本笃修道院附近的伊萨尔河上修建了一座新的桥梁，迫使商路改变，从而将税收纳入自己囊中。这也因此形成了一个新的市镇，慕尼黑就起源于此。弗莱辛主教不甘失败，到神圣罗马帝国皇帝腓特烈一世巴巴罗萨那里告状，没想到腓特烈一世却是狮子亨利的好朋友。腓特烈一世在1158年6月14日颁布《奥格斯堡敕令》，判决承认了慕尼黑的贸易特权，但需给予主教一定的赔偿。1175年，慕尼黑正式获得城市身份。1255年，慕尼黑成为上巴伐利亚公国的首都。

由于慕尼黑是围绕着修道院发展起来的，于是在13世纪修士被选择作为城市的纹章图案。

1806年，巴伐利亚公国升格为王国。1808年，巴伐利亚首任国王马克斯一世约瑟夫（Max Ⅰ. Joseph）授予慕尼黑一个新的纹章：一个古典的大门，门上有一个很小的王冠，门下蹲着一头金狮，金狮右爪持一把宝剑，左爪持一面盾牌，盾牌上有一个字母M，代表慕尼黑。当时正是一个启蒙的时代，人们对教会大加批判，认为教会是黑暗落后的，国王马克斯受到启蒙思想的影响，试图消除纹章上的教会痕迹。但慕尼黑的市民阶级抗议这种与历史的切割。作为妥协，1818年时，慕尼黑纹章被做了些修改，盾牌上画了一个修士的头像，取代了字母M，大门上有一个很大的王冠。

16世纪起，人们开始对城市纹章上的修士做各种版本的改编，使之逐步变成一个小孩的形象，被称为“慕尼黑之子”（Münchner Kindl）。1847年，画家卡斯帕·布劳恩（Kaspar Brauen）将Kindl的形象应用到非纹章的商业领域，Kindl从此风靡慕尼黑，广泛应用到广告、商标、餐具等物品上，成为慕尼黑人最喜爱的形象。到了20世纪20年代，Kindl被确定为是一个少女的形象。

1936年，纳粹政权对慕尼黑的市徽进行了修改，城门上是一个纳粹国徽，即纳粹之鹰站在橡树枝花环上，花环中间是卐字符号，这取代了以往城门里的金狮，Kindl张开双臂站在城门前。纳粹还印制了大量Kindl手持纳粹旗的海报等宣传材料。1945年，纳粹统治被推翻，带有纳粹标志的纹章被废除；Kindl也一度被人们疏离。直到1949年，慕尼黑重新确立了Kindl为市徽。[①]

随着中世纪城市的发展，手工业日益繁荣，同一行业的手工业者都形成了自己的社团，也就是行会（Zunft）。行会拥有合法的地位和自治的权力，通过自己制定规章制度，对本行业的产品数量与质量等进行严格规定，避免竞争。行会内部实行师徒制。各个行业的行会逐步形成了自己的纹章，即行会纹章。如右图所示，各行会都采用了盾徽，盾徽上的图案从上到下从左至右依次代表：

油漆工（Anstreicher）、医生（Aerzte）、建筑师（Architeckten）、面包工（Bäcker）、理发师（Barbiere）、铅皮匠（Beckenschläger）、矿工（Bergleute）、酿酒工（Brauer）、雕木工（Bildschnitzer），中间是药剂师（Apotheker）。

这些行会纹章大多符合纹章的颜色规则，即白黄两色之间、红黑蓝绿四色之间不能叠加。行会纹章可用作门店的招牌，这种形象化的设计有利于不识字的顾客能够找到所需要的商品。至今在德国街头，仍然可看到很多由纹章演变过来的招牌。纹章图案在使用上

① 1938年起，慕尼黑开始评选真人版的“慕尼黑之子”，作为十月啤酒节游行时的“主人”，通常在20至29岁之间，也被称为“慕尼黑大使”。十月啤酒节的第一个星期日，将举行民族服装游行，“慕尼黑之子”坐在马上，身穿金色与黑色的修士服。慕尼黑市徽的演变参见：http://www.hdbg.eu/gemeinden/web/index.php/detail?rschl=9162000。

行会纹章

并没有身份限制，没有规定某种图案只能为谁所用。如面包工行会纹章中也使用了贵族冠冕的图案。

行会纹章多采用本行业内的工具或产品图案，来体现本行业的特征；设计一般比较简单，没有什么装饰。其中起源比较复杂的是医生行会的蛇杖纹章：一说来自古希腊传说中的医神阿斯克勒庇俄斯（Asclepius）。他是阿波罗的儿子。有一次，他在给人看病时，一条蛇爬到他的手杖上，他将蛇打死，过了一会，爬来另外一条蛇，口里含着一些草叶，敷在死去的蛇身上，这条蛇就复活了。[①]由此，阿斯克勒庇俄斯发现了蛇具有疗伤与认识药草方面的神秘作用，于是在行医时带着一根蛇杖。一说来自《圣经》中的记载：摩西带领以色列人逃离埃及的过程中，很多人被蛇咬伤。耶和华对摩西说："你制造一条火蛇，挂在杆子上，凡被咬的，一望这蛇，就必得活。"[②]摩西依令而行，救活了民众。另外，在古人的观念中，蛇的蜕皮象征了新生。蛇杖

① 霍丽丽：《中西医药神话比较研究》，黑龙江中医药大学博士论文，2014年，第74页。

② 《旧约·民数记》（21：9）。本书《圣经》译文均采用《圣经》（和合本），上海：中国基督教三自爱国运动委员会、中国基督教协会，2007年。

印刷工行会纹章

从此成了救死扶伤的标志。

神圣罗马帝国皇帝经常将纹章作为恩典赐予臣属，行会也曾有此殊荣。如印刷工行会的纹章（Buchdruckerwappen）是1470年由皇帝腓特烈三世（Friedrich Ⅲ）赐予的。纹章采用了一般用于象征神圣罗马帝国皇帝的金底双头黑鹰盾徽，盾徽上方装饰有斗篷、骑士帽盔和王冠。黑鹰左爪持排字手盘（Winkelhaken），右爪持箍位带（Tenakel）。箍位带上有一个哥特体大写字母G，代表着西方金属活字印刷术的发明人——约翰内斯·古腾堡（Johannes Gutenberg）。15世纪40年代，德国人古腾堡研制出铅锡锑合金而成的铅活字，改进了油墨、排版等技术，完成了金属活字印刷术的发明。1455年，古腾堡成功印制了《圣经》。这项发明改变了欧洲依靠抄写来复制书籍的历史，在欧洲迅速推广，引发了西方社会的媒体革命，极大地促进了知识的传播，改变了人类社会的历史。

这个纹章最上方是一个鹰头怪兽（Greif），两只爪上各持有一个油墨球（Druckerball），对接在一起。鹰头怪兽图案也来自皇帝的恩赐。大概在16世纪，皇帝费迪南一世（Ferdinand Ⅰ）将鹰头怪兽图案赐予到这个纹章上，可见皇帝对印刷业的重视。有诗人曾赞赏道：“这一新的事业正受帝王垂青，他授予从事印刷术的工人非凡的使用特权，并将鹰头怪兽置于盾徽上。”①

中世纪晚期时，在意大利、法国和英国一些城市兴起了大学。“Universität”（大学）一词源于拉丁语“universitas”，该词含义就是“行会”，后来专指由教师和学生组成的学术性行会，也就是大学。中世纪大学多由教会或贵族创立，早期的管理模式就是行会制，具有一定的独立性，并形成了自己的纹章，即大学纹章，也就是校徽，如德国图宾根大学的校徽是一颗棕榈树。1477年，图宾根大学由符腾堡首任公爵埃伯哈特一世（Eberhard Ⅰ）创立，因此校徽采用了埃伯哈特一世纹章中的棕榈树图案。

图宾根大学校徽

还有一种比较特别的纹章叫“言说纹章”（redendes Wappen或sprechendes Wappen），即将自己的名称用纹章表现出来，也被称为名称纹章（Namenwappen）。如富格尔家族纹章中象征魏森霍恩（Weißenhorn）的纹章为白色号角。又如马格德堡（Magdeburg）的名称中，Magd是少女的意思，Burg是城堡的意思，Magdeburg就是“少女之城”的意思。马格德堡的市徽就是一个身穿绿裙手持绿色花环的少女站在红色的城堡上，它起源于13世纪中叶的城市印章。

马格德堡市徽

除了以上纹章，还有一种特殊的纹章——虚构纹章

① Eberhard Dilba, *Typographie-Lexikon,* Norderstedt: Books on Demand GmbH, 2008, S.26.

（Fabelwappen），也叫想象纹章，就是人们为宗教或神话中的神灵、文学传说中的虚构人物或纹章时代之前的真实人物等本没有纹章的对象所设想或赋予的纹章。如人们为查理大帝、罗兰骑士等设想的纹章。

第四节　纹章材料来源

在欧洲，纹章应用广泛，相关记录翔实，由此形成了专门的纹章学。中世纪以来的纹章学家积极编撰了各种纹章册和相关书籍。纹章相关文献浩如烟海，下面将介绍本书主要参考的一些纹章册和相关资料。

《西布马赫纹章册》（*Siebmachers Wappenbuch*）是由约翰·西布马赫（约1561—1611）从1596年开始出版记载纹章的册子，经过后人的不断完善，到1806年一共收录了约19000个纹章，包括皇帝、国王、选侯、公爵等各级贵族以及各地教会和城市的纹章。

《沙伊布勒纹章册》（*Scheibler'sches Wappenbuch*）是15至17世纪的手抄本，收录了施瓦本、法兰克尼亚等德意志南部地区600多个贵族纹章，原由沙伊布勒男爵家族收藏，现藏于巴伐利亚国立图书馆。

贵族或商人大家族也会编撰自己家族的纹章册。如16世纪时，富格尔家族编撰了《富格尔家族荣誉手册》（*Das Ehrenbuch der Fugger*），收集了家族的历代纹章，是研究家族纹章的绝佳材料。

1828年以来，纹章学家蒂罗夫（J.A.Tyroff）等人编撰了数十卷的《普鲁士王国纹章册》（*Wappenbuch der Preussischen Monarchie*）和《德意志邦国高级贵族纹章册》（*Wappenbuch des höheren Adels der deutschen Bundesstaaten*），系统整理了德国各级贵族家族的纹章。1846年，蒂罗夫出版了《欧洲在位君主纹章册》（*Wappenbuch der regierenden Monarchen Europas*）。由于德国当时邦国林立，该书主要内容是德国各邦君主的纹章。

1860年，苏黎世的文物协会（Der Antiquarischen Gesellschaft in Zürich）编辑出版了《苏黎世纹章册：十四世纪的纹章纪录》（*Die Wappenrolle von Zürich. Ein heraldisches Denkmal des vierzehten Jahrhunderts*），收录了施瓦本、瑞士等地区559个高级和低级贵族的纹章以及28面纹章旗。

由于纹章在政治上重要的象征作用和记录作用，进入20世纪后，纹章仍然受到人们的重视。1988年，尤尔根·安特（Jürgen Arndt）等人编撰出版了《德意志帝国及其各邦纹章与旗帜》（*Wappen und Flaggen des Deutschen Reiches und seiner Bundesstaaten*，1871—1918），收录了德意志帝国时期的帝国纹章和4个王国、5个大公国、5个公国、5个侯国、3个自由城市、1个帝国直属领地以及普鲁士12个省份和霍亨佐伦家族领地的纹章和旗帜。

中世纪的其他主题的手抄本和编年史等文献以及图册也含有纹章材料。如14世纪时，苏黎世马内塞家族委托人收集编撰了《马内塞抄本》（*Codex Manesse*），又名《大海德堡诗歌手抄本》（*Große Heidelberger Liederhandschrift*），目前收藏于海德堡大学图书馆。该抄本收录了中世纪人们用中古德语创作的诗歌，并配有100多幅插图，展现了中世纪骑士的生活、狩猎、比武、爱情等场景，插图上都绘有骑士的纹章，是纹章研究的重要材料。又如15世纪20年代，康斯坦茨市民乌尔里希·冯·里希塔尔（Ulrich von Richental）编纂了《康斯坦茨会议编年史》（*Concilium zu Constencz*），记载了1414至1418年德意志国王西吉斯蒙德主持召开会议期间，解决三个教皇并立的问题，处死异端胡斯，以及册封霍亨佐伦家族的腓特烈六世为勃兰登堡边境伯爵等重大事件，该书也包含大量插图和贵族的纹章材料。又如16世纪初，画家阿尔布莱希特·阿特多夫（Albrecht Altdorfer）绘制的《皇帝马克西米连一世凯旋游行图》（*Triumphzug Kaiser Maximilians I*）中，骑士们高举皇帝和各级贵族的纹章旗举行凯旋游行，集中展现了这个时代的贵族纹章。

纹章广泛运用于社会文化生活等各个领域，尤其是长期作为帝国纹章的黑鹰纹章。笔者找到了从德国中世纪以来各种印章、勋章、钱币、海报、雕塑、画像、旗帜大量使用鹰纹章和鹰图形的相关材料，这既说明鹰纹章的广泛影响，又是对相关主题不可或缺的佐证。魏玛共和国以来，德国各政党频繁将鹰的纹章和图形用于政治宣传，可见其历史影响深远。

本书试图以鹰纹章的变迁为线索，探讨鹰纹章在构建德意志国家过程中的角色和作用。为了阐述纹章的含义，本书将纹章等图像材料与书面材料相互对照和印证，如从纹章传说、《圣经》等经典、名人书信、官方文件等原始文献中寻找和解读纹章的寓意，从而对德意志之鹰及其相关纹章的演变与内在关联进行系统的研究。虽然本书以德意志之鹰为主要线索，但对德国史的叙述则不局限于鹰纹章，如在“鹰狮之争：皇权衰落与诸侯并立”这一节中，本书对狮纹章也给予了充分的叙述，从而对德国史保持多角度的审视。

第一章
帝国之鹰：神圣罗马帝国的兴衰

日耳曼人灭掉了西罗马帝国，并一直因未被罗马帝国征服而自豪，但其后裔——德意志人则成了罗马帝国传统的坚定继承者。德意志王国继承了罗马帝国的国号和皇帝的尊位，也继承了帝国之鹰的象征。

在欧洲纹章体系发展过程中，鹰被皇帝和世俗贵族广泛采用进纹章，而且是中世纪纹章中唯一以双头展示的动物图案。

第一节　从单头鹰到双头鹰

在动物界中，鹰由于体格凶猛、目光锐利、飞行迅速，被称为“百鸟之王”，自古以来受到很多国家和民族的崇拜。在古代叙利亚，“鹰作为太阳神的标志，是他的使者，将人的灵魂运送到太阳那里，人的躯体留在尘世”①。在古埃及，鹰是光明之神荷拉斯的标志。②

在古希腊神话中，鹰是宙斯的象征和信使。③如《荷马史诗·伊利亚特》中，宙斯听取人的祷告后，“他立刻派来一只鹰，飞禽中

① Johannes Enno Korn, *Adler und Doppeladler: ein Zeichen im Wandel der Geschichte,* Dissertation von Göttingen Universität, 1967, S.6.

② Johannes Enno Korn, *Adler und Doppeladler: ein Zeichen im Wandel der Geschichte,* Dissertation von Göttingen Universität, 1967, S.7.

③ Johannes Enno Korn, *Adler und Doppeladler: ein Zeichen im Wandel der Geschichte,* Dissertation von Göttingen Universität, 1967, S.8.

最可靠的预兆鸟，……它的翅膀伸开，宽得像富贵人家建造的高屋大厦正面闩上的大门，老鹰出现时翅膀也这样宽阔开展”[①]。鹰会严格执行宙斯的旨意。如普罗米修斯违背宙斯的旨意，给人类盗取火种后，宙斯将他缚在高加索山上，“派去一只凶猛的鹰。鹰每天飞来啄食普罗米修斯的肝脏。肝区的伤口不断地痊愈，又被鹰不断地啄开”[②]，直到有人愿意替代普罗米修斯受苦为止。后来英雄赫拉克勒斯经过这里，射死了鹰，半人半马族的喀戎愿意替代普罗米修斯，普罗米修斯才获得了自由。

鹰会带来好运。如在《荷马史诗·奥德赛》中，英雄奥德修斯用木马计攻破特洛伊后，返乡途中遭遇艰难险阻，在外漂泊十年。期间很多人向他的妻子求婚。有一天，奥德修斯的妻子梦见“鹰杀死了鹅”，鹰对她说：“鹅群就是那些求婚人，我刚才是老鹰，其实却是你的丈夫，现在回到家，将让所有的求婚人遭受可耻的毁灭。”[③]奥德修斯不久之后果然回到了家乡，与妻子团聚并报复了求婚人。

在古代传说中，鹰是太阳之鸟。根据亚里士多德《动物志》的记载：“海鹫（鹗）[④]视觉极为锐利，在雏鸟长出羽翼之前，亲鸟便教它们向太阳注视，雏鸟有不肯朝阳的，便挨一顿揍，并被扭回朝阳的方向；其中如发现有眼中滴出泪水的，亲鸟便啄死它，专哺另些雏鸟。”[⑤]亚里士多德还评论道：“它翔于高空，故能远瞻；于高

① 荷马：《荷马史诗·伊利亚特》，罗念生、王涣生译，北京：人民文学出版社，1994年，第563页。

② 施瓦布：《希腊古典神话》，曹乃云译，南京：译林出版社，1995年，第7页。

③ 荷马：《荷马史诗·奥德赛》，王涣生译，北京：人民文学出版社，1997年，第369页。

④ 海鹫，也称海雕，鹰的一种。

⑤ 亚里士多德：《动物志》，吴寿彭译，北京：商务印书馆，2010年，第443页。

飞而言，这可说是鸟类中惟一近似于群神的了。”[①]

由于鹰在古希腊具有崇高的地位，因此亚历山大大帝将宙斯之鹰的图案应用到硬币上。传说，亚历山大出生时，有两只鹰停留在皇宫的屋顶上。[②]鹰因此成为很多帝国的象征。“帝国的标志是一些能够展现天空和太阳的神圣力量的动物。首先是代表太阳或雷神的鹰与盘旋在天空的龙。两种动物都象征了……统治世界。”[③]

古罗马时代，鹰象征“不朽、人的灵魂与世俗的权力”[④]；还象征着主神朱庇特。[⑤]大约在公元前104年，鹰成为罗马共和国军团的标志。罗马帝国建立后，奥古斯都将自己等同于朱庇特，于是鹰成为罗马皇帝的象征。“罗马帝国是鹰历史上的关键点，几乎所有现代国徽中的鹰，都可在罗马之鹰中找到祖先。……根据传说，罗慕洛斯的宫殿上站了12只鹰，向他预示了未来的王国。”[⑥]元老院装饰有鹰的权杖，罗马帝国发行的钱币上也有鹰的图案。

鹰被用于神化罗马皇帝。在皇帝葬礼上，“皇帝尸体被放在柴堆上，与一只鹰绑在一起。在点火的时候，鹰会被释放，带着皇帝的灵魂飞向天空，皇帝灵魂被天堂所接纳，享受神圣的荣耀”[⑦]。

---

① 亚里士多德：《动物志》，吴寿彭译，北京：商务印书馆，2010年，第441页。

② Johannes Enno Korn, *Adler und Doppeladler: ein Zeichen im Wandel der Geschichte,* Dissertation von Göttingen Universität, 1967, S.9.

③ Karl Schwarzenberg, *Adler und Drache, Der Weltherrschaftsgedanke,* Wien: Verlag Herold, 1958, S.268.

④ Gert Oswald, *Lexikon der Heraldik,* Mannheim: Bibliographisches Institut, 1984, S.25.

⑤ Carl Alexander von Volborth, *Heraldry of the world,* London: Blandford Press Ltd, 1973, p.202

⑥ Johannes Enno Korn, *Adler und Doppeladler: ein Zeichen im Wandel der Geschichte,* Dissertation von Göttingen Universität, 1967, S.11.

⑦ Johannes Enno Korn, *Adler und Doppeladler: ein Zeichen im Wandel der Geschichte,* Dissertation von Göttingen Universität, 1967, S.13.

东哥特人鹰形别针

在罗马帝国早期的标志中，鹰是单头的。公元330年，君士坦丁皇帝将帝国首都迁到位于欧亚大陆接合部、地扼黑海与地中海咽喉的古希腊名城拜占庭，改名为君士坦丁堡。公元395年，帝国分裂为东罗马帝国和西罗马帝国，东罗马帝国继续以君士坦丁堡为都，其国家标志从单头鹰逐步演变为雄视东西方的双头鹰，“一个头象征着罗马，一个头象征着君士坦丁堡”[①]。

鹰在古代日耳曼社会中也占有重要地位。在日耳曼神话中，象征主神奥丁（Odin）的鸟是两只乌鸦，分别名为“思想”（Hugin）与“记忆”（Mulin）。但鹰与奥丁也有紧密联系，在奥丁神殿西门上，悬挂有狼和鹰的雕塑，两个动物都象征着神不可战胜的力量。鹰站在世界之树的一根树枝上，挥动翅膀，产生了风。[②]鹰后来经常被用于日耳曼部落的战争旗帜。据考古发现，公元5—6世纪时，东哥特人曾佩戴一种鹰形的金别针。

从词源上，可看出鹰的崇高地位。“Adler”在德语中的词源是“Edelaar”，12世纪在中古德语中写作“adelar”。“edel”是“高贵”的意思，“Adel”是“贵族”的意思，“Aar”是“鹰”的意

① Johannes Enno Korn, *Adler und Doppeladler: ein Zeichen im Wandel der Geschichte,* Dissertation von Göttingen Universität, 1967, S.70.

② Hans Hattenhauer, *Geschichte der deutschen Nationalsymbole,* München: Olzog Verlag,1990, S.97.

思，合起来是“贵族之鹰”或“高贵之鹰”的意思。[①]

公元476年，西罗马帝国灭亡，西欧进入中世纪时期，日耳曼人建立了法兰克王国等多个国家，并逐步形成了封建体制。法兰克国王查理征战一生，开疆拓土，统一了西欧，并击退入侵教皇国的伦巴第人，成为基督教会的保卫者。公元800年的圣诞节，查理在罗马圣彼得大教堂做礼拜时，突然被教皇利奥三世加冕为“罗马人的皇帝”，这一时刻标志着欧洲三大传统的统一：“教会领袖加冕一个日耳曼统治者为罗马人的皇帝，意味着日耳曼传统、基督教传统和罗马传统的融合，它成为中世纪文明的根本特征。”[②]查理大帝继承了古代罗马帝国的传统，也继承了帝国之鹰的标志。在查理大帝的亚琛行宫中，便有鹰的雕塑。意大利著名诗人但丁在《神曲·天国篇》中描述了罗马帝国历代皇帝在鹰旗下开疆拓土的功绩后，写道：“当伦巴第人的牙齿咬着圣教会时，查理大帝在它的翼翅下战胜他们，解救了圣教会。”[③]由此，但丁肯定了查理大帝继承罗马帝国皇权的正统性。

公元814年，查理大帝在亚琛去世，其子虔诚者路易继位。路易威望不足，较为软弱。他的三个儿子——洛泰尔（Lothar）、日耳曼人路易（Ludwig der Deutsche）和秃头查理（Karl der Kahle）之间由于争夺领地，爆发了战争。843年，三人签订《凡尔登条约》，瓜分了法兰克王国。日耳曼人路易获得东法兰克王国，这成为德国的起源；秃头查理获得西法兰克王国，之后发展为法国。洛泰尔获得中法兰克王国和皇帝的称号，但洛泰尔一系势力衰微，两代之后便失

① 这个词的形成与12世纪贵族的驯鹰习俗有关，皇帝腓特烈二世曾著有《驯鹰的艺术》。

② 马文·佩里：《西方文明史》上卷，胡万里等译，北京：商务印书馆，1991年，第271页。

③ 但丁：《神曲·天国篇》，田德望译，北京：人民文学出版社，2002年，第37页。

查理大帝塑像

查理大帝画像

去了皇帝称号，领地被东、西法兰克王国瓜分，这也成为后世德国与法国争夺帝国中部地区的根源。

可见，查理大帝是德国与法国两国共同的起源。因此，后世给查理大帝绘制的虚构纹章中，多是黑鹰与百合花，黑鹰象征德意志，百合花象征法兰西。如亚琛曾是查理大帝的统治中心，他统治期间修建了一座大教堂。亚琛大教堂里有一尊查理大帝的金色塑像，大概在1350年完成。查理大帝的塑像头戴皇冠，上身的上半部分装饰德意志黑鹰，下半部分装饰法兰西百合花。百合花在《圣经》中被多次提及，如“我的佳偶在女子中，好像百合花在荆棘内”[①]。由此，百合花被基督教会赋予了神圣的含义：早期象征耶稣的纯洁与得救的途径，后来主要象征圣母马利亚的贞洁。[②]而法国恰恰是个热衷圣母崇拜的国度，因此百合花图案自12世纪起在法国王室和贵族的纹章中被广泛采用，成为法兰西的象征。又如德意志文艺复兴时期的著名画家阿尔布莱希特·丢勒（Albrecht Dürer）创作的查理大帝画像。1423年，德意志国王西吉斯蒙德下令，将象征皇权的帝国珍宝（皇冠、皇袍、权杖、宝剑等）保存于帝国城市纽伦堡。1512年，丢勒受委托，画了一幅查理大帝佩戴帝国珍宝的肖像：查理大帝头戴皇冠，身穿绣有黑鹰图案的皇袍，左手持帝国之球，右手持宝剑，画像的上方则是两个盾徽，一个是金底黑鹰，一个是蓝底三朵金色百合花。黑鹰代表了德意志国王，三朵百合花代表法兰西国王，还象征了基督教的“三位一体”。随着法国王权的加强，15世纪晚期起，饰有三朵金色百合花的盾徽成为法兰西国王的专有纹章，丢勒的这幅画正反映了这种现象。正如这幅查理大帝肖像画所表示的，查理大帝是德国与法国的共同祖先，德、法两国

① 《旧约·雅歌》（2：2）。

② 陈文海：《中世纪法兰西王室徽章研究》，《历史研究》，2000年第5期，第132页。

亨利六世皇帝画像

后来成为查理大帝遗产的共同继承者。历史上德、法一直为继承查理大帝的帝国遗产而激烈竞争，战争不断，直到二战后，才真正实现了民族和解，开始通过和平的手段推动欧洲一体化来继续查理大帝的事业。

鹰作为皇帝的标志，经常出现在硬币上。12世纪纹章兴起后，德意志皇帝自然地采用了鹰作为纹章的图案。“在霍亨斯陶芬王朝（1138—1254）统治时期，鹰成为公认的德国统治者的象征。”①鹰从罗马帝国以来就是皇帝的标志，这是以罗马皇帝继承人自居的德意志皇帝采用鹰纹章最主要的原因。

较早使用黑鹰作为纹章的皇帝是12世纪后半期的腓特烈一世巴巴罗萨和亨利六世（Heinrich Ⅵ）。由于领地经常因为战争、婚姻而变化，不同家族、不同时期的德国皇帝的纹章各不相同。

据《马内塞抄本》记载的亨利六世画像看，亨利六世头戴王冠，手持权杖，坐在宝座上，他的右上方便是金底单头黑鹰纹章，

① 斯莱特：《纹章插图百科》，王心洁、马仲文等译，汕头：汕头大学出版社，2009年，第208页。

西吉斯蒙德皇帝画像

左上方是一只黑鹰站立在一个装饰有王冠的骑士头盔上面。

中世纪欧洲的双头鹰起源于拜占庭，在11世纪时已有装饰有双头鹰的物品从拜占庭流传到西欧。1100年左右，西欧已经接受了双头鹰，并应用到印章和硬币上。1189年，腓特烈一世巴巴罗萨发行的硬币上有双头鹰图案，有学者推论，“腓特烈巴巴罗萨已经采用了双头鹰为纹章”[①]。此后双头鹰的确开始逐步为皇帝所采用。15世纪初，国王西吉斯蒙德（Sigismund）正式确定了以双头鹰为纹章图案。[②]1433年，西吉斯蒙德加冕为皇帝。在16世纪40年代他的肖像画中，他坐在御座上，头戴皇冠，左手持帝国之球，右手持宝剑，左右有两个纹章：左边是金底双头黑鹰盾徽，盾徽上方有一顶皇冠，象征神圣罗马帝国皇帝；右边是金底单头黑鹰盾徽，盾徽上方有一顶王冠，象征德意志国王。两种黑鹰纹章的形制与德意志中世纪特殊的政治体制有关。当时德意志国王与皇帝的职位并存，国王由诸侯选举产生，再由教皇加冕为皇帝。1257年，七大选侯制度形成。1356年，查理四世皇帝（KarlⅣ）颁布《金玺诏书》，正式确立了七大选侯制度，同时否定了教皇的加冕权。在纹章发展的过程中，形成了与这种政治体制相适应的纹章文化。到13世纪时，已

① Johannes Enno Korn, *Adler und Doppeladler: ein Zeichen im Wandel der Geschichte,* Dissertation von Göttingen Universität, 1967, S.57.

② 巴斯图鲁：《纹章学：一种象征标志的文化》，谢军瑞译，上海：上海书店出版社，2002年，第58页。

经形成惯例：德意志国王登基后，会采用单头黑鹰作为纹章；国王加冕为皇帝后，则会采用双头黑鹰作为纹章。

从此，无论是单头黑鹰还是双头黑鹰都成了德意志的标志。这与15世纪以来英国、法国等民族国家的兴起也密切相关。在这个过程中，百合花成为法国的标志，狮成为英国的标志。德意志的民族意识也在增强，迫切需要一个独特的标志，作为帝国传统的黑鹰纹章满足了这个要求。1486年，皇帝腓特烈三世（Friedrich Ⅲ）将国号改为“德意志民族的神圣罗马帝国”，突出了德意志的特性，帝国之鹰成为德意志之鹰。

鹰作为皇帝的标志，除了源自古罗马的传统之外，还有一个原因是鹰在基督教中的重要地位。基督教对鹰的尊崇来源于犹太人。犹太人将鹰作为上帝的象征。如《旧约·出埃及记》中，耶和华对摩西说：“我向埃及人所行的事，你们都看见了，且看见我如鹰将你们背在翅膀上，带来归我。”[①]耶和华将自己比作鹰，这对基督教产生了深远的影响。

在欧洲进入基督教社会后，鹰还被作为福音书作者约翰的象征。[②]《新约·启示录》（4：7）中写到了《旧约·以西结书》（1：10）提及的异象，“第一个活物像狮子，第二个像牛犊，第三个脸面像人，第四个像飞鹰”。在基督教中，狮、牛、人、鹰分别成为马可、路加、马太、约翰四大福音书作者的象征。[③]由于马可、路加、马太较少描写耶稣属灵的一面，只有约翰“带着坚定的

① 《旧约·出埃及记》（19：4）。

② Johannes Enno Korn, *Adler und Doppeladler: ein Zeichen im Wandel der Geschichte,* Dissertation von Göttingen Universität, 1967, S.27.

③ 《新约·马可福音》以狮作为马可象征，详见下一节《鹰狮之争：皇权衰落与诸侯并立》；《新约·马太福音》以耶稣的家谱开篇，因此以人作为马太的象征。《新约·路加福音》以献祭开篇，因此以古代常用的祭品——牛作为路加的象征。

四福音书作者的象征

目光关注到内在和永恒的光明”[①]，因此，教会作家将这些动物中唯一能飞且自古便象征光明、人的灵魂或上帝使者的鹰选为了约翰的标志。

鹰也成为耶稣的标志。由于鹰翱翔在天空，且古代有鹰能返老还童的传说，所以基督徒将之比作“耶稣升天之路”[②]。《旧约·诗篇》第103首中提到“他用美物使你所愿的得以知足，以致你如鹰返老还童”[③]。古代传说中，鹰变老后，翅膀变得沉重，眼睛变得

① Johannes Enno Korn, *Adler und Doppeladler: ein Zeichen im Wandel der Geschichte,* Dissertation von Göttingen Universität, 1967, S.21.

② Johannes Enno Korn, *Adler und Doppeladler: ein Zeichen im Wandel der Geschichte,* Dissertation von Göttingen Universität, 1967, S.29.

③ 《旧约·诗篇》（103：5）.

浑浊，它会飞向太阳，烧掉旧的羽毛，甩掉眼中的浑浊物，然后再到清水中洗三次，就又年轻了。[①]在动物界中，鹰是蛇的天敌，而蛇在基督教中又是撒旦的象征，引诱始祖夏娃偷吃禁果的就是蛇，因此，鹰与蛇的斗争象征了基督与罪恶的斗争。《旧约·箴言》（30：19）中提到："鹰在空中飞的道。"教父对此的解释是："我们必须将此处的鹰理解为基督我们的主，在他复活之后，……如鹰一样飞向父，带上他的所得，也就是他从敌人的仇恨中解救出来的人。"[②]公元10世纪以后，西欧很多教堂在布道坛等地方装饰鹰的图案。

中世纪政教关系复杂，皇帝与教皇既有合作，又有激烈的权力斗争。中世纪早期，德意志皇权较为强大，甚至可以废立教皇。如963年，奥托一世皇帝废黜了为他加冕的约翰十二世，立利奥八世（Leo Ⅷ）为教皇。又如995年，德意志国王奥托三世（Otto Ⅲ）在其表侄兼宫廷牧师布鲁诺·冯·克恩滕（Bruno von Kärnten）和美因茨大主教维利吉斯等人的陪同下，前往罗马加冕，在路途中得知教皇去世。于是，在奥托三世操纵下，教廷选立年仅23岁的布鲁诺为教皇，即格里高利五世（Gregor Ⅴ），他是第一个出身德意志的教皇。996年，格里高利五世加冕奥托三世为皇帝。

11世纪时，随着教皇权势的增强，局面逐步发生了改变。1075年，爆发了皇帝与教皇争夺主教叙任权的斗争。1076年，皇帝亨利四世（Heinrich Ⅳ）宣布废黜教皇格里高利七世（Gregor Ⅶ）未能成功，格里高利七世反将亨利四世革除教籍，宣布解除德国封臣对他的效忠。德国诸侯为了削弱亨利四世的权力，乘机反叛，另选国

① Hans Hattenhauer, *Geschichte der deutschen Nationalsymbole,* München: Olzog Verlag,1990, S.98.

② Johannes Enno Korn, *Adler und Doppeladler: ein Zeichen im Wandel der Geschichte,* Dissertation von Göttingen Universität, 1967, S.21.

王。虽然后来亨利四世东山再起，打败格里高利七世，但这仍成为一个转折点，因为教皇第一次在德意志国王的合法性问题上起了决定性作用。1122年，亨利五世（Heinrich V）与教皇签订《沃尔姆斯协议》，皇帝放弃圣职的授予权，承认教会可以自由地按教规选举主教。皇帝在与教皇争夺主教叙任权的斗争中失败，皇权开始衰落，诸侯的地位更加重要起来。

佛罗伦萨皇帝党印章

皇帝和教皇的斗争使得这一时期的德国与意大利的历史交织在了一起。神圣罗马帝国继承古罗马帝国的法统后，在名义上还拥有意大利北部地区。这些地区多处于自治状态，形成了城市国家，正好位于皇帝势力和教皇势力之间。神圣罗马帝国皇帝南征时，首当其冲的就是这些城邦。这些小邦形成了支持皇帝的皇帝党（吉伯林党）和支持罗马教皇的教皇党（贵尔弗党），政治斗争激烈，但丁的故乡佛罗伦萨是两派斗争的中心。如佛罗伦萨皇帝党采用的一个印章上，图案是帝国之鹰踩在一条毒蛇上，毒蛇“喻示政敌教皇派”[①]，整个印章象征了皇帝派打败教皇派。

皇帝党多使用帝国之鹰作为旗帜，希望获得皇帝的援助。帝国之鹰印章和旗帜证明了神圣罗马帝国在意大利北部地区的影响；教皇党则使用法国王室的百合花旗帜[②]，这与法国对意大利的干涉有

① 斯莱特：《纹章插图百科》，王心洁、马仲文等译，汕头：汕头大学出版社，2009年，第200页。

② 但丁：《神曲·天国篇》，田德望译，北京：人民文学出版社，2002年，第37页。

关。1309年，法王腓力二世迫使教皇将教廷迁往邻近法国的阿维农，受法国控制，史称“阿维农之囚”。

在教皇党与皇帝党斗争激烈之际，1310年，卢森堡王朝的德意志国王亨利七世进军意大利，试图扩大势力，并于1312年在罗马加冕，是霍亨斯陶芬王朝腓特烈二世之后第一个加冕的皇帝。但亨利七世后来围攻佛罗伦萨时遭遇反抗，没有成功，他于1313年病逝。这段斗争历程被但丁[①]在《神曲》中记录了下来。但丁在《神曲·天国篇》中描述，许多灵魂在天空中形成百合花形的M型，后来又变成了鹰形。[②]按照学术界的解释，“这预示帝国的权力将落入国旗为百合花图案的法国之手，但这个图形只停留短暂的时间，灵魂们就将M变为鹰的形状，这预示帝国的权力将复归神圣罗马帝国”[③]。但丁在诗句中对神圣罗马帝国寄予了厚望。

在政教纷争的背景下，一些基督教学者赋予了双头鹰新的含义，如14世纪中叶，梅根堡的康拉德（1309—1374）认为：“双头鹰是一个标志，象征皇帝必须用他的剑捍卫的两个等级：教士与俗人。一个头象征教士阶层……一个头象征俗人阶层。……黑色象征所有信徒的集合，皇帝的任务就是让所有臣民皈依基督教并维持信仰；同时黑色是忏悔与哀悼的颜色，意味着皇帝要分担基督的殉难之苦。……鹰张开的翅膀象征耶稣在十字架上的双臂，盾牌的金色

① 但丁（1265—1321），出身于佛罗伦萨，本来是支持贵尔弗党的。贵尔弗党在取得政权后分裂为黑党和白党两派，斗争激烈。1302年，但丁作为白党领袖在政治斗争中失败，被流放。法国对意大利的干涉引发了但丁的愤慨，但丁转而支持皇帝，对神圣罗马帝国恢复意大利的秩序寄予厚望。

② 但丁：《神曲·天国篇》，田德望译，北京：人民文学出版社，2002年，第116页。

③ 但丁：《神曲·天国篇》，田德望译，北京：人民文学出版社，2002年，第120页。

是属灵之光。”[①]中世纪的教会一直致力于将从皇帝到骑士的各级世俗贵族驯化为基督的战士，赋予皇帝的双头黑鹰纹章基督教的含义正体现了这一努力。

第二节　鹰狮之争：皇权衰落与诸侯并立

勃兰登堡边境伯爵画像

12世纪纹章兴起后，诸侯贵族都开始拥有各自的纹章。这些纹章象征了独立的地位或特权，对皇帝的效忠或疏离。

12世纪，德意志皇权还比较强大，很多帝国诸侯采用了鹰作为纹章，表示对皇帝的效忠。如勃兰登堡边境伯爵大概在1170年开始使用红鹰纹章，奥地利公爵在1179年开始使用鹰纹章，巴伐利亚公爵在1196年左右的纹章是鹰，普法尔茨伯爵1196年的纹章也是鹰。《马内塞抄本》插图中描绘了勃兰登堡边境伯爵奥托四世（Otto Ⅳ）与贵族女子下棋的场景，插图正上方便是勃

① Johannes Enno Korn, *Adler und Doppeladler: ein Zeichen im Wandel der Geschichte,* Dissertation von Göttingen Universität, 1967, S.65.

兰登堡红鹰纹章。

但皇帝亨利四世在与教皇的主教叙任权斗争中失败后，皇权就开始衰落。随着诸侯独立性的增强，到了13世纪中叶，诸侯大多放弃了以鹰作为纹章，开始采用其他的图案。如普法尔茨伯爵大约在1229年改用金狮纹章，奥地利公爵大约在1230年开始使用红白红条纹纹章，巴伐利亚公爵大约在1242年改用蓝白菱形纹章。

1254年，霍亨斯陶芬家族绝嗣，导致德意志经历了20年的大空位时代，皇权更加式微，鹰纹章也被更多的诸侯舍弃。“13世纪末，勃艮第伯爵奥通四世在纹章中摈弃鹰图案而采用狮子图案。他想通过这种方式宣布与其君主皇帝断绝一切关系。”[①]这也是德意志皇帝在勃艮第地区丧失了影响力的标志。

诸侯对鹰纹章的舍弃，象征着诸侯对皇权的疏离。世俗诸侯采用最多的纹章图案是象征王权的狮子，这是与鹰相对抗的象征性动物。在自然界中，鹰会找到狮子吞食猎物的地方，与之争夺。“被誉为‘空中之王’的鹰，它有时是狮子百兽之王宝座的竞争对手，尤其到了近代，所有帝国都以鹰而不是狮子作为自己的象征。在纹章学中，这两种动物或多或少地处于相互对立的状态，那些使用狮子图案较多的地区（如比利时、卢森堡、丹麦）较少运用鹰图案，反之亦然（如奥地利、意大利北部）。”[②]奥地利和意大利北部正是皇帝直接统治或具有较大影响力的主要区域；比利时、丹麦等地正是与皇权疏远的地区。狮子图案约占欧洲纹章总数的15%[③]，鹰图案

① 巴斯图鲁：《纹章学：一种象征标志的文化》，谢军瑞译，上海：上海书店出版社，2002年，第94—95页。
② 巴斯图鲁：《纹章学：一种象征标志的文化》，谢军瑞译，上海：上海书店出版社，2002年，第61页。
③ 巴斯图鲁：《纹章学：一种象征标志的文化》，谢军瑞译，上海：上海书店出版社，2002年，第58页。

约占2%[①]。可见，鹰与狮纹章图案的使用区域和数量与皇权、诸侯权的消长在某种程度上存在着很大的吻合。

狮与鹰的对抗或疏离正体现了中世纪封建体制下诸侯在皇权下的自立与自治地位。中世纪时，一些诸侯直接采用狮纹章来表示与皇帝的对抗或断绝关系，这在一些诸侯以鹰纹章向皇帝表示效忠的同一时期就开始了，如1160年，弗兰德（Flandern）伯爵菲利普采用了狮盾徽，以此宣示对皇帝腓特烈巴巴罗萨的抗争。[②]皇权的衰落加强了鹰狮对抗的观念，这种观念在当时大概已经较为普遍。14世纪初，但丁在《神曲》中警告那不勒斯国王查理二世不要对抗神圣罗马帝国皇帝时写道："让这个新查理不要用他的贵尔弗党人去推倒帝国的鹰旗，而要害怕那曾撕下强大的狮子的毛皮的鹰爪。"[③]

当然，采用狮纹章作为疏离的标志作为一种趋势是逐步发生的，而且只是部分的趋势。有些皇室家族本身的纹章就是狮，如韦尔夫家族、霍亨斯陶芬家族和哈布斯堡家族。皇帝的直属领地也有很多采用狮纹章，皇帝腓特烈一世巴巴罗萨还曾将狮纹章赐予亲信波西米亚国王。

诸侯们之所以选择狮作为纹章图案，源于狮"百兽之王"的地位。在动物界中，狮以勇猛与威严著称，雄狮的鬃毛威风凛凛，它的咆哮更是让人闻风丧胆。金色的狮身和鬃毛如同太阳的光芒，因此，狮在古代美索不达米亚曾被视为太阳的象征。[④]

---

① 巴斯图鲁：《纹章学：一种象征标志的文化》，谢军瑞译，上海：上海书店出版社，2002年，第61页。

② Georg Scheibelreiter, *Wappenbild und Verwandtschaftsgeflecht, Kultur- und mentalitätsgeschichteliche Forschungen zu Heraldik und Genealogie,* München: Oldenbourg Verlag, 2009,S.66.

③ 但丁：《神曲·天国篇》，田德望译，北京：人民文学出版社，2002年，第38页。

④ Karl Schwarzenberg, *Adler und Drache, Der Weltherrschaftsgedanke,* Wien: Verlag Herold, 1958, S.281.

狮在古代曾生活在巴尔干半岛及地中海东部一带，13世纪时灭绝了，但狮的凶猛给古希腊人留下了深刻的印象。狮得到了哲学家的青睐。柏拉图认为人性，即“塑造人心灵的塑像”由一个大的怪兽像、一个中等的狮形的像和一个小的人形的像组成，从而将狮从兽类中脱离出来，认为狮代表“激情”[①]，具有高于兽性的品质。亚里士多德在《动物志》中对狮的性情等特征进行了详细的描述，“狮在进食时是最凶暴的；但已得饱餐，并不饥饿时，它是颇为和顺的”[②]。他称赞狮子“出于优种，高傲而勇敢”[③]。

然而狮在古希腊神话传说中则多是危害人类的猛兽形象。英雄赫拉克勒斯是宙斯的私生子，为宙斯妻子赫拉所嫉恨，曾被迈锡尼国王命令必须完成十二项任务，第一项任务就是打死在涅墨亚附近危害人类的狮子。狮子刀枪不入，赫拉克勒斯经过激烈搏斗，最后徒手杀死了狮子。

狮子在犹太人社会中，也是勇猛与凶恶乃至是恶魔的标志。如《旧约·阿摩司书》（3：8）写道：“狮子吼叫，谁不惧怕呢？”又如《新约·彼得前书》（5：8）中写道：“务要谨守、警醒，因为你们的仇敌魔鬼，如同吼叫的狮子，遍地游行，寻找可吞吃的人。”

与狮子搏斗、战胜狮子成为英雄的事迹。大卫曾战胜狮子，由此获得名声。大卫在上阵挑战巨人歌利亚之前，为表明自己的勇敢，曾向扫罗王说：“你仆人为父亲放羊，有时来了狮子，有时来了熊，从群中衔一只羊羔去。我就追赶它，击打它，将羊羔从它口

① 柏拉图：《理想国》，郭斌和、张竹明译，北京：商务印书馆，1986年，第380—383页。

② 亚里士多德：《动物志》，吴寿彭译，北京：商务印书馆，2010年，第472页。

③ 亚里士多德：《动物志》，吴寿彭译，北京：商务印书馆，2010年，第22页。

中救出来。它起来要害我，我就揪着它的胡子，将它打死。”[1]一方面，战胜狮子成为国王声望的重要来源。如查理大帝之父小丕平在篡夺墨洛温王朝的王位后，“发现他军队中的贵族常常在私下里轻蔑地议论他”，于是有一天，他放出了一头凶猛的公牛，然后又放出一只凶残的狮子，将公牛扑倒。丕平命令周围贵族将狮子拉开或杀死，没人敢这么做。于是“丕平满怀信心地从宝座上站起来，抽出宝剑，只一挥就把狮子从脖项那里砍断，同时也把公牛的头从肩胛上切掉。然后，他收剑入鞘，重登宝座，说道：‘你们认为我配作你们的主人吗？’”[2]从此，贵族们都彻底臣服了。

另一方面，狮子本身也逐步成为国王的象征。如在古埃及，狮象征了王权，狮身人面是法老的象征；又如新王国时代的法老经常被描绘为被驯服的狮子所围绕的形象。[3]在以色列，所罗门王“宝座两旁有扶手，靠近扶手有两个狮子站立。六层台阶上有十二个狮子站立，每层有两个：左边一个，右边一个”[4]。由此，狮子的形象有了较大的转变，邪恶的形象逐渐消失。

罗马时代以来，还流传安德罗克勒斯（Androcles）和狮子的故事。安德罗克勒斯是公元1世纪时的一个奴隶。为了逃避主人迫害，他逃到了一个山洞里。有一天，一只狮子走进山洞，向他举起一只红肿的爪，原来爪上有一根刺，它很痛苦。安德罗克勒斯帮它拔了出来。后来，安德罗克勒斯被奴隶主抓住，被送到角斗场中，与一头狮子决斗。没想到，这头狮子正是他救过的。狮子没有吃他，还

---

① 《旧约·撒母耳记》（17：34—35）。

② 圣高尔修道院僧侣：《查理大帝传》，戚国淦译，北京：商务印书馆，1979年，第93—94页。

③ Silvia Schroer, *Tiere in der Bibel,* Freiburg im Breisgau: Verlag Herder GmbH,2010,S.94.

④ 《旧约·历代志下》（9：18—19）。

拥抱了他一下。于是安德罗克勒斯获得了自由。[①]狮子以报恩者形象受到了人们的喜爱。

更为重要的是，狮成为犹大支族乃至耶稣的象征。在《旧约·创世记》（49：9）经文中，雅各临终时对儿子们说："犹大是个小狮子；我儿啊，你抓了食便上去。你屈下身去，卧如公狮，蹲如母狮，谁来惹你。"从此，狮便成为犹大支族的象征，而耶稣正是出自犹大支族。因此，狮也成为耶稣的标志。《新约·启示录》（5：5）中说道："不要哭！看哪，犹大支派中的狮子、大卫的根，他已得胜，能以展开那书卷，揭开那七印。"但有时根据经文，又会有相反的解释。如《旧约·诗篇》（91：13）记载："你要踹在狮子和虺蛇上，践踏少壮狮子和大蛇。"有人认为这句经文"预告了基督会战胜邪恶"[②]。

为了体现狮与基督教的联系，中世纪的神学家寻找到了更多的证据。大约公元4世纪时在埃及的亚历山大，有人用希腊语出版了一本生物学著作（*Physiologus*），记载了当时所认为的一些狮子的特征，到了10世纪时，教父学者对之做了基督教化的解释。如古人认为，母狮会生下"死幼狮"，到第三日，雄狮会通过咆哮将幼狮叫醒，教父学者认为这象征了耶稣的复活。又如古人认为狮子睁着眼睛睡觉，教父学者将之解释为，这象征耶稣钉上十字架后，会睁着眼睛再次降临。[③]

狮在基督教中还是福音书作者马可的标志。《新约·启示录》（4：7）中引用了《旧约·以西结书》（1：10）提及的异象："第

① 《不列颠百科全书》（国际中文版）第1卷，北京：中国大百科全书出版社，1999年，第325页。

② 理查德·泰勒：《发现教堂的艺术：教堂的建筑、图像、符号与象征完全指南》，李毓昭译，北京：生活·读书·新知三联书店，2010年，第124页。

③ Brigitte Riese, *Seemans Lexikon der Ikonografie,* Leipzig: E.A. Seemann Verlag,2007, S.270.

一个活物像狮子，第二个像牛犊，第三个脸面像人，第四个像飞鹰。”在基督教中，狮、牛、人、鹰分别成为马可、路加、马太、约翰四大福音书作者的象征。狮子之所以成为马可的象征，是因为《新约·马可福音》的开篇（1：3）中，即引用先知以赛亚的经文：“在旷野有人声喊着说，‘预备主的道，修直他的路’。”这预言了耶稣的降生，耶稣就是弥赛亚①，而弥赛亚时代一个重要特征就是“狮子必吃草，与牛一样”②。因此，狮子与马可联系起来。③另外一个说法是，《新约·马可福音》第1章中提到耶稣在旷野中受撒旦试探了40天，而旷野正是狮子的地盘。④因此，教父伊赫瑙斯（Irenäus）与希波吕特（Hippolyt）将马可与狮联系起来。还有一种说法，“马可的福音书被视为在强调耶稣的君主身份，所以获得的象征是狮子——百兽之王”⑤。象征马可的狮，通常是身上有一对翅膀的形象。

在中世纪，狮作为百兽之王，“象征权力、勇敢和战争美德”⑥，还有忠贞的美德，如狮子亨利（Heinrich der Löwe）的传奇。亨利出身韦尔夫（Welfen）家族，他的父亲是萨克森公爵兼巴伐利亚公爵——傲慢者亨利（Heinrich der Stolze）。傲慢者亨利在

① 弥赛亚（Messias）：希伯来语，翻译成希腊语就是“基督”，原义是“受膏者”，指上帝所选中的先知、国王等，他们在就职时要用油膏立。在犹太教信仰中，人们盼望弥赛亚降临拯救犹太人。在基督教信仰中，耶稣就是弥赛亚，上帝差遣来的救世主。

② 《旧约·以赛亚书》（65：25）。

③ Eckhard Bieger, *Taschenlexikon christliche Symbole,* Leipzig: St.Benno-Verlag GmbH,2012, S.40.

④ Eckhard Bieger, *Taschenlexikon christliche Symbole,* Leipzig: St.Benno-Verlag GmbH,2012, S.74.

⑤ 理查德·泰勒：《发现教堂的艺术：教堂的建筑、图像、符号与象征完全指南》，李毓昭译，北京：生活·读书·新知三联书店，2010年，第218页。

⑥ Gert Oswald, *Lexikon der Heraldik,* Mannheim: Bibliographisches Institut, 1984, S.260.

皇位竞争中败给了霍亨斯陶芬（Hohenstaufen）家族的康拉德三世（Konrad Ⅲ），公爵头衔和领地都被剥夺。1142年，皇帝康拉德三世将萨克森归还给了狮子亨利。狮子亨利后来越过易北河，征服了斯拉夫人地区，建立了吕贝克、布伦瑞克、吕讷堡等城市。由于狮子亨利与康拉德三世的侄子与继承人——新的皇帝腓特烈一世巴巴罗萨关系较好，因此在1156年，巴伐利亚也被腓特烈一世归还，狮子亨利成为德意志最强大的王公，建立了慕尼黑等城市。后来由于狮子亨利拒绝帮助皇帝腓特烈一世，两人关系破裂，亨利的领地再次被剥夺，被迫逃亡，投靠岳父——英国国王亨利二世，后来回国后，势力局限在布伦瑞克家族领地。他之所以获得“狮子”外号，来自一个传说。有一次亨利在朝圣的路上，遇见了狮与龙决斗，他帮助狮子战胜了龙，于是狮子跟他回到了布伦瑞克。亨利去世后，狮子绝食而死。布伦瑞克人为了纪念它，为它建了个纪念雕像，狮子从此也成为布伦瑞克的标志。[①]由于狮子亨利与英国联姻，曾逃亡英国，也有传说认为他的狮纹章来源于英王的赠礼。[②]亨利采用狮纹章也许不是出自与皇帝的对抗，但其两代父子与两代霍亨斯陶芬王朝皇帝斗争又合作再决裂的过程，的确演绎了一出狮与鹰对抗的传奇。

1189年，皇帝腓特烈一世巴巴罗萨铸造了硬币，一面是双头鹰，一面是带着王冠的狮子，开启了双头鹰和狮作为纹章图案的历史。各地王公热衷以狮为纹章，由此形成了多种狮纹章。

狮在欧洲中世纪成为王权的象征也是个逐步的过程。在纹章形成的12世纪，“在整个西方传统中，狮子最终成为百兽之王，而在此之前，在欧洲的很大一部分地区（日耳曼、克尔特、斯堪的纳维

① Brüder Grimm, *Deutsche Sagen,* Stuttgart: Reclam, 2000, S.124-127.

② J.G.T.Grasse, *Geschlechts-, Namen- und Wappensagen des Adels Deutscher Nation,* Dreseden: G.Schönfeld’s Verlagsbuchhandlung, 1876, S.22.

亚地区），则曾以熊为兽中之王”[1]。12世纪时，勃兰登堡边区的建立者阿尔布莱希特一世的外号就叫“熊”（Albrecht der Bär）。柏林市后来以熊作为纹章，正是继承了这个传统。狮纹章兴起时，“狮意味着一种在遥远的辉煌的世界里进行冒险，拥有新的机遇；熊、鹿、狼、野猪相反成了传统束缚的象征”[2]。

1306年，卢森堡家族的亨利七世（Heinrich Ⅶ）安排其子约翰与波希米亚公主结婚，1310年，约翰继承了波西米亚王位。1346年，约翰之子查理被选为德意志国王，次年继承了波西米亚王位，1355年，赴罗马加冕为皇帝，即查理四世。1356年，查理四世颁布《金玺诏书》，正式确立七大选侯制度，即由美因茨大主教、特里尔大主教、科隆大主教、波西米亚国王、萨克森公爵、普法尔茨伯爵和勃兰登堡边境伯爵选举德意志国王，即“未来的皇帝”（imperator futurus），无须教皇的加冕。七大选侯被称为“照耀在神圣帝国之上的七重才智一统的七支烛光”[3]，均位高权重，三位大主教也是世俗诸侯，美因茨大主教兼任帝国首相（Reichserzkanzler），特里尔大主教兼任勃艮第首相（Reichserzkanzler für Burgund），科隆大主教兼任帝国意大利领地首相（Reichserzkanzler für Italien）；四位世俗贵族则是皇帝的近臣和股肱重臣，波西米亚国王兼任宫廷掌酒官（Erzmundschenk）、萨克森公爵兼任帝国大元帅（Erzmarschall）、普法尔茨伯爵兼任御膳总管（Erztruchsess）、勃兰登堡边境伯爵兼任帝国财政总管

---

① 巴斯图鲁：《纹章学：一种象征标志的文化》，谢军瑞译，上海：上海书店出版社，2002年，第58—59页。

② Georg Scheibelreiter, *Wappenbild und Verwandtschaftsgeflecht, Kultur- und mentalitätsgeschichteliche Forschungen zu Heraldik und Genealogie,* München: Oldenbourg Verlag, 2009, S.59.

③ 阿·米尔：《德意志皇帝列传》，李世隆等译，北京：东方出版社，1995年，第233页。

七大选侯选举亨利七世

（Erzkämmerer）。在皇位空位期间，萨克森公爵和普法尔茨伯爵还担任帝国摄政（Reichsverweser）。

选侯制度摆脱了教皇对德意志皇帝选举的干涉，但同时承认了选侯在领地内的司法权、行政权、关税权等，加剧了皇权的衰落和德国的分裂。

上图描绘的是在1308年，七大选侯选举德意志国王亨利七世的场景。通过他们头顶的纹章，可以判定他们的身份，从左至右依次为：科隆大主教（黑十字）、美因茨大主教（车轮）、特里尔大主教（红十字）、普法尔茨伯爵（金狮）、萨克森公爵（菱形花环）、勃兰登堡边境伯爵（红鹰）、波西米亚国王（白狮）。在七大选侯中，以狮为纹章的有普法尔茨伯爵和波西米亚国王。

普法尔茨金狮

普法尔茨金狮：普法尔茨选侯采用金色的狮子作为纹章的图案。据传说，法兰克国王的一个先知曾说："我看见了未来，一个来自西方的神，带来了胜利，他们占领高卢人的土地，统治日耳曼人的牧场，陌生的鹰从河流退出，法兰克人像狮一样勇敢，像蛇一样智慧，进入罗马人的地方。"①法兰克国王将预言中的狮作为其标志，将狮提高到了很高的地位。这里的鹰估计是指罗马帝国，这个预言是鼓励法兰克人征服原罗马人统治的地区。后来法国继承西法兰克王国，以百合花为标志；而德国继承东法兰克王国乃至罗马帝国的法统后，以鹰为标志。法兰克国王的支系后裔仍然保留了狮作为标志。1229年，维特斯巴赫家族的奥托担任普法尔茨伯爵时，曾将狮作为骑士印章图案使用。②普法尔茨金狮就是起源于此。

在西布马赫收录的普法尔茨选侯纹章中，金狮位于纹章右上角；左上角是象征巴伐利亚的蓝白菱形图案，因为普法尔茨选侯也曾统治了上巴伐利亚部分领地。由于选侯还担任皇帝御膳总管，因此，纹章的下方是与之相应的红底金球的职务纹章，金球象征帝国

---

① J.G.T.Grasse, *Geschlechts-, Namen- und Wappensagen des Adels Deutscher Nation,* Dreseden: G.Schönfeld's Verlagsbuchhandlung, 1876, S.116-117.

② Arnold Babbow & Dieter Gube, Landswappen Rheinland-Pfalz, *Blätter zum Land Rheinland- Pfalz,* 1,1999,S.2.

权力，金球上的十字架象征了帝国的基督教信仰。盾徽上方装饰有骑士头盔和斗篷。纹章两侧还有金狮作为扶盾动物。

波希米亚白狮：波希米亚（捷克古称）被纳入德国的历史始于11世纪。1086年，神圣罗马帝国的皇帝册封捷克王公为波希米亚国王。14世纪中期，出生于布拉格的皇帝查理四世以波希米亚为统治中心，布拉格成为帝国首都，波希米亚的地位大大提高。在查理四世于1356年颁布《金玺诏书》确立七大选侯制度时，波希米亚国王排在四个世俗选侯之首，并担任皇帝侍卫官。

波希米亚国王文策尔二世画像

波西米亚最早的纹章是一个红色的锅，这是为了纪念波西米亚的保护神圣维特（St.Veit），他被丢进油锅殉道。波希米亚后来的纹章是一只母鹰，最后确定为一只头戴王冠的白狮。据传说，1159年，为了表彰波西米亚军队在1158年米兰战役中的勇敢表现，皇帝腓特烈一世巴巴罗萨授予波西米亚白狮纹章。由于狮子是直立的，尾巴不明显，所以有的波西米亚人认为，这看起来不像狮子，而是像猴子。皇帝听到后，就让人给狮子画了两条尾巴，流传至今。[①]从此，波希米亚国王采用双尾白狮作为纹章。该纹章沿用至今，也是目前捷克共和国的国徽图案。

在《马内塞抄本》中有波希米亚国王文策尔二世（Wenzel Ⅱ）的画像：文策尔二世头戴皇冠，手执权杖，侍卫环侍在侧，右上方是波希米亚红底双尾白狮盾徽；左上方是波希米亚王室领地摩拉维亚（Mähren）的蓝底鹰形盾徽。

除了位列选侯的普法尔茨伯爵和波西米亚国王的狮纹章，还有获得神圣罗马帝国皇位的家族的纹章有狮子图案，如斯陶芬黑狮与哈布斯堡红狮。

斯陶芬黑狮：霍亨斯陶芬家族起源于施瓦本地区的霍亨斯陶芬城堡（Burg Hohenstaufen），这个城堡所在的山丘呈锥形，像一个倒置的酒杯，这个家族的姓氏可能起源于此，“Stauf”在德语中就是“酒杯”的意思。1079年，该家族的腓特烈一世（Friedrich Ⅰ）获封施瓦本公爵。1127年，该家族的康拉德三世（Konrad Ⅲ）被选为德意志国王，开创了霍亨斯陶芬王朝。1152年，著名的腓特烈一世巴巴罗萨继位。他曾五次远征意大利，意大利人说他的红胡子是用他们的鲜血染成的，于是用“红胡子”的意大利语发音“巴巴罗萨”（Barbarossa）称呼他。

霍亨斯陶芬家族早期的纹章是一只直立的狮子，后来演变为三只横行的黑狮。三只狮子横行的纹章图案最早出现在霍亨斯陶芬家族1220年的一个印章上。13世纪的诗人康拉德·冯·穆赫（Konrad von Mure）在诗中记录了这个纹章：“施瓦本公爵的颜色是金色的，这样黑色的狮子形象就被凸显出来了。”[②]

① J.G.T.Grasse, *Geschlechts-, Namen- und Wappensagen des Adels Deutscher Nation,* Dreseden: G.Schönfeld’s Verlagsbuchhandlung, 1876, S.18.

② Peter Koblank, Stauferwappen, 2014.参见http://www.stauferstelen.net/texts/stauferwappen.htm.

1254年，霍亨斯陶芬王朝灭亡。皇权衰落，德国进入“大空位时代”（Interregnum，1254—1273）。1268年，霍亨斯陶芬家族的末代施瓦本公爵康拉丁（Conradin）在那不勒斯被斩首。传说，康拉丁被带去意大利后，和他一起长大的狮子被留了下来，很长时间没有康拉丁的消息。有一天，这只狮子从城堡里走出来，爪子流着血，啜泣得很厉害，也让人害怕。没有人能够解释它带血的前爪。过了一个星期，来了一个信使，带来了霍亨斯陶芬家族最后的男丁康拉丁在那不勒斯被杀的悲伤消息。人们才想起，狮子流着血走出来的时候，康拉丁在同一天的同一时刻血溅断头台。为了纪念这件事，霍亨斯陶芬家族纹章中的三只黑狮都有红色的前爪。[①]随着霍亨斯陶芬家族的灭亡，施瓦本公国也随之解体。

1273年，哈布斯堡家族的鲁道夫一世（Rudolf Ⅰ）当选为国王，结束了德意志的空位时代，恢复了统治秩序。鲁道夫一世曾想恢复施瓦本公国，但新的施瓦本公爵无法控制该地区，所以在1313年，其公爵的头衔被取消了。该地区逐步形成了符腾堡公国、巴登公国等领地。1806年，符腾堡公国升格为王国，继承了霍亨斯陶芬家族的黑狮纹章。符腾堡国王威廉一世（Wilhelm Ⅰ）纹章中间的盾徽由两部分组成，右边是金底三只鹿角；左边是金底三只黑狮，黑狮吐着红舌，高举着红色的右爪，十分显眼。盾徽左边扶

符腾堡国王威廉一世纹章

① J.G.T.Grasse, *Geschlechts-, Namen- und Wappensagen des Adels Deutscher Nation,* Dreseden: G.Schönfeld’s Verlagsbuchhandlung, 1876,S.185.

瓦德堡家族纹章

盾动物是一只雄鹿，右边扶盾动物是一只黑狮，也是吐着红舌，右爪为红色。盾徽上方是金色的骑士头盔和王冠，下方的绶带上写有格言“FURCHTLOS UND TREU”，意思是“勇敢与忠诚”，绶带下方还装饰有金色的勋章。

比较完整地继承斯陶芬黑狮纹章的还有瓦德堡（Waldburg）家族，该家族贵族曾是霍亨斯陶芬家族担任施瓦本公爵时的下属。该家族的纹章是金底三只黑狮，盾徽上方还装饰有骑士头盔和孔雀羽饰。

哈布斯堡红狮

哈布斯堡红狮：哈布斯堡家族发源于今瑞士境内的阿尔部（Aargau），曾是当地的重要领主。家族纹章是金底红狮盾徽。盾徽上方也装饰有孔雀羽饰、红狮斗篷和骑士帽盔。

有人认为哈布斯堡（Habsburg）这个名字起源于“Habicht”（鹰）或“Haupt”（头），有人则认为起源于阿尔部的城堡名。该城堡约于1020年由拉德博得（Radbod）伯爵建造，他的叔叔斯特拉斯堡主教给他写信说：“它意味着，所有的家产在北部得以保全。”[①]因此，该家族采用了这个城堡的名字。后来哈布斯堡家族通过战争和继承，逐步获得了奥地利等领地。

同时，哈布斯堡家族的鲁道夫一世继续在瑞士地区扩张，试图扩大家族领地，导致施维茨（Schwyz）、下瓦尔德和乌里三个州在1291年8月结成永久同盟，以对抗哈布斯堡家族，这成为瑞士联邦的起源。联盟多次打败哈布斯堡的军队，并于1415年占领了阿尔郜，使哈布斯堡失去了家族领地。

13世纪起，哈布斯堡家族长期担任奥地利大公、德意志国王和神圣罗马帝国皇帝，多采用奥地利红白红条纹纹章和双头黑鹰纹章，红狮纹章作为家族纹章有时也会出现在纹章中。

第三节　帝国自由城市之鹰：夹缝中的艰难生存

12世纪，当德意志皇权比较强大时，诸侯多采用鹰纹章，以示效忠。到了13世纪，皇权衰落时，诸侯们便试图摆脱皇帝的控制，逐步抛弃了鹰纹章。而同时，随着城市经济的发展，一些城市则试图借助皇帝的力量，摆脱世俗诸侯的控制。这些城市最终从皇帝那里获得一定的城市自治权，被称为帝国城市（Reichsstadt），它们以皇帝为最高领主，不属于任何其他封建领主，有权参加帝国会议，甚至可拥有自己的领地，同时它们有向皇帝纳税和提供军队的义务。还有一些城市经过斗争，摆脱了主教的控制，被称为自由城市（Freie Stadt）。15世纪时，为了获得城市的支持，皇帝西吉斯蒙德开始邀请自由城市参加帝国等级会议，两种城市的差别逐步取消了，被合称为“帝国自由城市”（Freie Reichsstadt）。

这些城市的纹章因此多采用了皇帝的象征——帝国之鹰，这宣

① J.G.T.Grasse, *Geschlechts-, Namen- und Wappensagen des Adels Deutscher Nation,* Dreseden: G.Schönfeld’s Verlagsbuchhandlung, 1876, S.57.

CÖLN.
ACH.
REGENSPVRG.
AVGSPVRG.
WORMBS.
SPEVR.
WINSHEIM.
WEISENBVRG IM NORKAV.
ESLINGEN.
HALL AM KOCHER.
LANDAW.
SCHLETSTAT.
RAVENSPVRG.
WIMPFEN.
MÜLHAVSEN IN TVRINGĒ.
BIBERACH.
SCHWEBISCH WÖRTH.
BVCHHORN.
DÜNCKLSPÜL.
ROSENHEIN.

Stätte.
VLM.
STRASBVRG.
LVBEGK.
ROTENBVRG AN DER TAVBR
FRIDTBERG IN DĒ WETERAV.
SCHWEINFOR:
WEISĒBVRG.
COLMAR.
WETZLAR.
GIENGEN.
KEMPTEN.
NÖRDLINGĒ.
OFFENBVRG.
KEYSERSBERG.
EYSIN.
GIENGĒBACH.
KAVFBEVRN.
WANGEN.
REVTLINGEN.
ZELL AM HARMERSPACH

德国城市纹章

Reÿchs Stätte
HAGENAW.
DV̈RCKHEIM.
MEMMINGEN.
SCHWEBISCH GMVNDT.
POPFINGEN.
LVTTICH.
BAMBERG.
WV̈RTZBVRG.
MAINTZ.
SALTZBVRG.
WIEN.
INSPRVCK.
PASSAW.
STRAVBING.
INGOLSTAT.
LANDSHVT.
AMBERG.

ndere Stätte
TVLL.
GOSSLAR
PFVLLENDORF.
AHLEN.
GELHAVSEN.
MVNSTER.
METZ.
BREMEN.
OSNABRVCK
STEYR.
VILLACH.
PRAG.
MVNCHEN
SVLTZBACH.
ONOLTZBACH.
PAYREVT.
EGER.

德国城市纹章

示着自由与自治。在1605年《西布马赫纹章册》记录的54个帝国自由城市中，据统计，有28个采用了鹰作为市徽，占51.8%。[①]它们的黑鹰纹章一直使用到现在，成为市徽，体现了帝国之鹰对现代社会的影响。

这些帝国城市中，有些城市承担着帝国职能，维持着帝国的运转，如国王加冕之地亚琛和美因河畔的法兰克福、保存着帝国珍宝的纽伦堡、帝国枢密法院驻地韦茨拉尔。

亚琛（Aachen），位于北莱茵—威斯特法伦州，是德国最西面的城市，地处德国、比利时和荷兰三国交界处，以温泉著称于世。市徽是金底黑鹰盾徽，鹰的嘴和爪都是红的。

亚琛在查理大帝时代是法兰克王国的统治中心，成为德意志王国前期历代德意志国王加冕的地方。公元813—1531年，共有32位德意志国王在此加冕。1166年，亚琛被皇帝腓特烈一世巴巴罗萨授予帝国城市的地位。1801年，亚琛被割让给法国，失去了自由城市的地位。拿破仑战败后，根据《维也纳和约》，亚琛归属普鲁士统治。

美因河畔的法兰克福（Frankfurt am Main），位于黑森州。市徽是红底白鹰盾徽，白鹰头戴王冠，鹰嘴和爪为蓝色。公元2世纪时，罗马帝国与日耳曼人大致沿着莱茵河与多瑙河对峙，在沿线修建了防御城墙，在此地修建了军事据点。6世纪时，法兰克人驱逐了占据此地的阿勒曼尼人，开始统治此地，法兰克福的名称可能就起源于此时，但直到8世纪末，这个名字才见于书面记载。据传说，查理大帝在征服萨克森的战争中，曾率大军来到美因河边，正值大雾弥漫，一时找不到渡口，情况十分危急。这时一只母鹿走过来，渡过了河，查理大帝命令军队紧随其后，果然顺利渡过美因河。为了纪

① Johann Siebmacher, *Siebmachers Wappenbuch,* 1605, S.219—220.

念此事，他后来下令在此建立城市，命名“Frankfurt am Main”，即“法兰克人在美因河畔涉水而过的浅滩”[①]。事实上，查理大帝与萨克森的战争并未波及法兰克福，因此这个传说并不可靠。

法兰克福在历史上曾是神圣罗马帝国的政治中心。1356年，皇帝查理四世颁布的《金玺诏书》规定，国王去世后，选侯必须在30天内，在法兰克福选举国王。1372年，查理四世授予法兰克福帝国城市的地位，法兰克福因此采用了鹰作为市徽。可能是为了与金底黑鹰纹章相区别，而采用了帝国军旗的红白色调。1562年，法兰克福取代亚琛，成为德意志国王加冕的地方，至1792年，有10位国王在此加冕。1806年，神圣罗马帝国解体。1815年，法兰克福又成为德意志邦联议会的所在地。1848年，德意志各邦派出代表，在法兰克福组成德意志国民议会，举行会议讨论了德意志的统一与自由问题。

二战后，法兰克福成为西占区管制机构所在地，美英法三国军事长官正是在此批准了《基本法》。法兰克福也是联邦德国首都的候选地，受到社会民主党的支持。1949年5月，法兰克福在议会委员会关于选择首都的表决中输给了波恩。基督教民主联盟反对法兰克福，试图避免让人觉得“新成立的联邦政府只是盟国占领当局的执行机构”[②]。联邦德国首任总理阿登纳认为，选择波恩决定性的原因在于英国人声明，波恩如果作为首都，可以脱离英占区，解除军事管制。而控制法兰克福的美国没有类似声明。[③]

在德国历史上作为政治中心的法兰克福虽然与联邦德国首

---

① 邵献图等：《外国地名语源词典》，上海：上海辞书出版社，1983年，第276页。

② 阿登纳：《阿登纳回忆录》（一），上海：上海人民出版社，1976年，第187页。

③ 阿登纳：《阿登纳回忆录》（一），上海：上海人民出版社，1976年，第187页。

都“擦肩而过”，但逐步成为德国的金融中心和航空枢纽，目前是欧洲中央银行和德国联邦银行的所在地，外号“美哈顿”（Mainhattan）和“银行滩”（Bankfurt）。

纽伦堡（Nürnberg），位于巴伐利亚州。1219年，皇帝腓特烈二世授予纽伦堡帝国城市的地位。1423年，国王西吉斯蒙德下令，将象征皇权的帝国珍宝（皇冠、皇袍、权杖、宝剑等）保存于此。

纽伦堡有大小两个市徽。大市徽的图案是蓝底盾徽，金色的人头鹰身，一个少女头戴三叶王冠。这个图案自1240年开始作为印章图案使用，象征纽伦堡开始拥有帝国自由城市的地位。

纽伦堡的小市徽一半是金底黑鹰纹章，一半是红白斜条纹。这个纹章可以追溯到13世纪。鹰象征德意志王国，红白斜条纹是13世纪纽伦堡伯爵的纹章。

纽伦堡在纳粹统治期间，成为举办纳粹党代表大会的城市，迫害犹太人的一系列法律在此宣布，后来被称为《纽伦堡法》。1945年11月至1946年10月，国际军事法庭对纳粹首要战犯的审判在此举行，清算了纳粹罪行，即“纽伦堡审判”。

韦茨拉尔（Wetzlar）位于黑森州。市徽原为金底黑鹰，现改为红底黑鹰，黑鹰头戴金色王冠，鹰嘴和爪都是金色，右翅上方有个白十字。1180年，韦茨拉尔被皇帝腓特烈一世巴巴罗萨授予帝国城市地位。1693年，成为帝国枢密法院（Reichskammergericht）驻地。该法院法官来自帝国各个领地，通过司法审判，“特别保障了帝国的和平秩序与受尊重的权利秩序，为各种大小不一的领地邦国和城市之间和平相处提供了保证”[①]。1772年，歌德曾在韦茨拉尔帝国枢密法院实习，爱上了少女夏绿蒂。1774年，歌德根据这段经历，创作了《少年维特的烦恼》。

① 彼得·克劳斯·哈特曼：《神圣罗马帝国文化史：帝国法、宗教和文化1648—1806》，刘新利等译，北京：东方出版社，2005年，第37页。

有的帝国城市虽然没有采用帝国之鹰作为市徽，但会在一些重要的城市标志中展现帝国之鹰纹章，如不来梅。不来梅在1186年获得帝国城市的地位，市徽是红底白色钥匙，源自守护圣徒圣彼得。1404年，不来梅市政广场树立了一尊中世纪骑士罗兰的塑像。

罗兰（Roland）是查理大帝的外甥，担任法兰克王国的伯爵。查理大帝在778年发动战争，讨伐西班牙的信奉伊斯兰教的萨拉戈萨王国。萨拉戈萨国王为使查理大帝撤军，假装臣服。查理大帝与群臣商议后，决定派一使臣前去了解实情。罗兰推荐继父甘尼伦前往。甘尼伦却认为罗兰在害他，于是投敌叛变，勾结萨拉戈萨国王，设下了圈套。罗兰在撤军时担任后卫，在荆棘谷误陷包围，寡不敌众，英勇牺牲。大概在11世纪末期，法国人根据这一故事写成了《罗兰之歌》（*Rolandslied*），将罗兰描绘为与异教作斗争的基督教战士，同时特别强调了罗兰的法兰西属性。罗兰战死前说道："不能让可爱的法兰西羞愧无光。"[①]罗兰等殉难将士被查理大帝称为"亲爱法兰西的花朵"[②]。这反映了中世纪法国民族和国家意识的觉醒。

12世纪后半期，德国一位名叫康拉德的神父（Pfaffe Konrad）受萨克森公爵狮子亨利委托，将《罗兰之歌》翻译成德语，并进行了改编，去掉了其中的法兰西元素，仍然将罗兰塑造成"为上帝殉难的战士"。罗兰在临终时说："永远献身上帝，希望得到上帝的恩惠和酬报。"[③]

尽管各国对罗兰故事的解读不同，但英勇、忠诚和虔诚的罗兰在中世纪成为骑士的象征，在法国、德国、波兰、捷克等欧洲很多国家都有罗兰的塑像。遍及欧洲的罗兰塑像反映了欧洲中世纪文化

① 《罗兰之歌》，杨宪益译，北京：人民文学出版社，2000年，第99页。
② 《罗兰之歌》，杨宪益译，北京：人民文学出版社，2000年，第124页。
③ 安书祉：《德国文学史》第1卷，南京：译林出版社，2006年，第72页。

不来梅罗兰塑像

内在的一致性。在不来梅的罗兰塑像，罗兰手持宝剑，胸前一个金底双头黑鹰盾徽，双头黑鹰头戴一顶金色的皇冠，代表神圣罗马帝国皇帝赐予这座城市的自由权利。盾徽边沿一圈铭文是：“VRYHEIT DO IK JU OPENBAR, D’KARL VND MĒNICH VORST VORWAR, DESSER STEDE GHEGHEUEN HAT, DES DANKET GOD’ IS MĪ RADT”，意思是：“我向你们宣告，查理皇帝和一些侯爵庄严地赐予这座城市的自由。我呼吁大家感谢上帝。”这种自由在当时主要是指“开设市场权和贸易权”，这是中世纪城市发展的基础。罗兰成了不来梅的标志和自由的象征。

由于罗兰生活在纹章时代之前，他所佩戴的纹章显然是一个虚构纹章。在各地的罗兰塑像造型各异，所佩戴的纹章也各不相同，如罗特豪森的罗兰塑像佩戴的是单头黑鹰纹章，这说明了虚构纹章的不稳定性。

自由城市中比较典型的是科隆（Köln）。科隆位于北莱茵—威斯特法伦州。科隆建城于公元50年，时值罗马帝国时代，曾是下日耳曼省的首府，被命名为“Colonia Claudia Ara Agrippinensium”，意为“克劳迪娅·阿格里皮娜的殖民地”。克劳迪娅·阿格里皮娜是罗马帝国克劳迪乌斯皇帝的皇后，出生于此，应她的请求，这块地方获得罗马殖民地的地位。科隆这一名称就是来自“Colonia”（殖民地）一词。公元2世纪起，科隆就成为主教区。公元795年，查理大帝将科隆升格为大主教区。

科隆早期的市徽是红白两分盾徽，上半部分红底上有三个金色的王冠。1475年，科隆获得自由城市的地位，于是采用了双头黑鹰纹章，两个鹰头后面都有金色的光圈，这是神圣的象征。两个鹰头中间是一顶皇冠，黑鹰左爪持权杖，右爪持宝剑，胸前是一个盾徽，盾徽分为两个部分，上半部分是红底三顶金色王冠，下半部分是银底11个火焰图案。盾徽采用红白底色这一汉萨同盟的颜色，因为科隆曾是汉萨同盟的主要成员。三顶王冠象征在基督出生时拜见过基督的三王[①]。三王遗

科隆市徽

① 三王指基督出生时拜见基督的东方三位博士。据《新约·马太福音》第2章的记载，耶稣出生的时候，有东方来的几个博士，看见了他的星，特来拜他，“进了房子，看见小孩子和他母亲马利亚，就俯伏拜那小孩子，揭开宝盒，拿黄金、乳香、没药为礼物献给他”。《圣经》中并未言明是三位博士，后人可能根据三种礼物推测他们有三位。

骨原来安葬在米兰。12世纪霍亨斯陶芬王朝统治时期，政教斗争激烈，皇帝腓特烈一世巴巴罗萨经常南征意大利。1164年，腓特烈一世攻占米兰后，将三王遗骨作为战利品赠送给他的首相兼科隆大主教莱纳德·冯·达瑟（Reinald von Dassel），由此三王遗骨到了科隆。科隆从此成为德国最重要的朝圣地，被称为“北方的罗马”。腓特烈一世试图将科隆建设成为与罗马相媲美的城市，由此在政教关系斗争中占据主动地位。朝圣为科隆带来了巨大的财富，科隆成为阿尔卑斯山以北最富有的大城市。1248年，为了安葬三王遗骨，科隆大主教开始主持修建科隆大教堂。但由于各种困难，直到1880年才完工。

11个火焰图案象征圣乌尔苏拉和11000名处女。据11世纪开始流传的传说，乌尔苏拉（Ursula）是布列塔尼国王的女儿，信奉基督教。一个信奉异教的英国王子埃特里乌斯（Aetherius）向她求婚。乌尔苏拉在同意之前，要求王子先受洗，并商定了一个考虑的期限。在此期间，她去罗马朝圣，由10个贵族少女陪同。11位少女各自有1000名侍女，由此一共有11000名少女参加朝圣。在返程时，她们在科隆受到匈奴军队的拦截，匈奴军队杀死了陪同人员，匈奴王要娶乌尔苏拉为妻。乌尔苏拉拒绝后，用箭自杀了。[①]

在科隆成为商业中心之后，为了争夺城市管理权，城市的贵族和市民与科隆大主教产生了很大的冲突。1288年，城市贵族和市民在沃林根（Worringen）战役中战胜大主教，科隆获得一定的自治权，成为自由城市。科隆大主教被驱逐出科隆城，被迫驻节波恩、布吕尔等地。

1265年，科隆大主教恩格贝特二世（Engelbert Ⅱ）联合克莱沃伯爵等诸侯，计划奇袭科隆城，先由人在市场纵火，然后以此为

① Heiko Steuer, *Das Wappen der Stadt Köln,* Köln: Greven Verlag, 1981, S.38-39.

号，乘乱攻占科隆。可恩格贝特二世一直没有看到纵火的信号。据传说，克莱沃伯爵进军时看到乌尔苏拉带领1万多名少女手持蜡烛绕着科隆城行走。克莱沃伯爵不敢与之对抗，于是撤军。由此，乌尔苏拉拯救了科隆城。[①]后来科隆人为了纪念乌尔苏拉，将11个火焰的图案置于市徽中。

1794年，科隆被法国拿破仑军队占领。贵族、行会及纹章制度一度被废除。拿破仑称帝后，重新确立了纹章制度。1811年，拿破仑为科隆颁布了新的市徽：红底盾徽顶端耸立着金色的拿破仑之鹰，盾徽的主要图案是蜜蜂和法兰克犁。拿破仑家族的纹章——三只金色的蜜蜂取代了三顶王冠，象征勤劳与秩序观念。[②]锯齿形的法兰克犁取代了11个火焰图案。盾徽由花环围绕，整个纹章具有浓郁的法兰西风格。在1811年科隆名誉卫队的一面燕尾旗上，两个旗角装饰了这种市徽。

科隆1811年旗帜

1814年1月，德国军队收复科隆。1815年，科隆划归普鲁士所有。1817年，普鲁士国王重新颁布了市徽，恢复了以三王王冠为主的市徽图案。

不来梅和科隆同时还属于汉萨同盟（die Hanse）城市。中世纪德国城市繁荣，为了抵抗诸侯的劫掠，结成了很多城市同盟，很多帝国城市与自由城市作为商业中心，也参加了城市同盟，在中世纪

① Heiko Steuer, *Das Wappen der Stadt Köln,* Köln: Greven Verlag, 1981, S.40.

② Gert Oswald, *Lexikon der Heraldik,* Mannheim: Bibliographisches Institut, 1984, S.65.

德国发挥了重要影响，其中以汉萨同盟最为强大和重要。

汉萨同盟于1266年由汉堡、吕贝克等海港城市发起成立。经过一百多年的发展，1367年，汉萨同盟成立了以吕贝克为首的领导机构，积极在波罗的海地区寻求贸易特权，并逐步成立战争同盟和舰队。同盟于1368年打败丹麦，1370年迫使丹麦承认其在波罗的海的贸易特权，“而且将海峡的几个城堡抵押给它15年，并甚至给予它在丹麦王位继承时有同意权”[①]。从此，汉萨同盟垄断波罗的海地区的贸易，在西起英国伦敦、东到俄罗斯的诺夫哥罗德的广大地域上建立商站，保障汉萨商人的利益，15世纪初鼎盛时成员达到160个城市。后来随着新航路的开辟，英国荷兰航海贸易的发展，汉萨同盟受到严重挑战。虽然汉萨同盟里有很多帝国自由城市，但得不到此时已式微的皇权的支持，于是日益衰败，于1660年解体。白色与红色是汉萨同盟的标志颜色，汉萨城市的市徽大多采用了这个颜色。汉萨同盟城市的首府设在吕贝克。

吕贝克市徽

吕贝克（Lübeck）位于石勒苏益格—荷尔斯泰因州，北邻波罗的海，是一座著名的海港城市。1226年，吕贝克获得帝国城市的地位，因此采用了金底双头黑鹰盾徽。由于它还是汉萨同盟城市，因此黑鹰胸前有白红条纹盾徽。这种纹章出现于1450年，沿用至今。在1606年的《西布马赫纹章册》中，吕贝克市徽被简化为红白两分盾徽。

吕贝克曾作为汉萨同盟的首府城市，地位十分显赫。1811年，

① 赫伯特·格隆德曼：《德意志史》第一卷下册，张载扬、陆世澄等译，北京：商务印书馆，1999年，第241页。

吕贝克被法国拿破仑的大军占领，因此被授予了新的纹章。纹章分为两部分，上部分是拿破仑家族的纹章：红底三只金色的蜜蜂，下部分是白底，中间是一个白红条纹二分盾徽，两边各有一个黑色的鹰的翅膀，取代了之前的双头黑鹰纹章。1813年，吕贝克解放后，才恢复之前的纹章。

多特蒙德（Dortmund）位于北莱茵—威斯特法伦州，鲁尔河与埃姆斯河流经该地。多特蒙德在中世纪是重要的商路交汇处，后来成为鲁尔区最大的工业城市。市徽是金底黑鹰盾徽。1220年，多特蒙德获得帝国城市的地位，于是采用了黑鹰市徽。盾徽开始是白色底，16世纪开始出现金底，但官方直到1946年才接受。1803年，多特蒙德失去独立的帝国城市地位，1815年被并入普鲁士威斯特法伦省。多特蒙德曾是汉萨同盟的成员，但没有在市徽中体现出汉萨的红白色，而是采用了红白两色的市旗，中间绘有市徽图案。

杜伊斯堡（Duisberg）位于鲁尔河与莱茵河交汇处，地处交通要道，罗马帝国曾在此驻军，中世纪以来是德国的商业中心之一，现为德国最大河港，属北莱茵—威斯特法伦州。杜伊斯堡在1170年被设立为帝国城市，市徽上半部分是金底双头黑鹰图案，下半部分是红底白色城堡。红白色象征杜伊斯堡曾经属于汉萨同盟。这个市徽可以追溯到1257年。

1290年，杜伊斯堡被德意志国王哈布斯堡家族的鲁道夫一世（Rudolf Ⅰ）以2000银币的价格典当给了克莱沃伯爵。可见帝国城市在皇帝庇护下的些许自治权十分脆弱，皇帝只是将其作为财富的来源。

在城市，市民阶级逐步发展起来，但由于德意志皇权的衰落，皇帝无法与城市实现英法式的联盟，即“封建国王为了巩固与拓展王权，比较注重利用城市的经济与政治力量。而城市为了求得生存与发展，摆脱大封建主的羁勒，也必须求助于王权。由此，双方密切‘结盟’共同反对大封建主的分裂割据势力”[1]。德国因此无法形成皇权主导下的民族国家。

第四节　哈布斯堡之鹰：“日不落帝国”的短暂辉煌

从15世纪起，哈布斯堡家族长期占据德意志帝国的皇位。哈布斯堡之鹰见证了哈布斯堡家族通过联姻等手段大大扩展帝国的领土，建立了一个“日不落帝国”，对德意志历史和国家构建都产生了深远的影响。

1282年，哈布斯堡家族夺取奥地利，将之变为家族的世袭领地。奥地利原由巴本堡（Babenberger）家族统治，巴本堡家族原以单头鹰作为纹章，大约在1230年改以红白红条纹为纹章。据传说，巴本堡家族的奥地利公爵利奥波德五世（Leopold V）参加了第三次十字军东征，在1190年与苏丹萨拉丁作战，战斗非常激烈，白色的军服被鲜血所染红，只有剑鞘所覆盖的衣服部分还是白色。这被抽象为红白红条纹，成为勇敢的标志。从此，红白红条纹纹章成为巴本堡家族和奥地利的象征。

1422年，哈布斯堡家族的阿尔布莱希特与国王西吉斯蒙德的女儿结婚。1438年，阿尔布莱希特被选为德意志国王，即阿尔布莱希特二世（Albrecht Ⅱ）。1440年，腓特烈三世加冕为国王，1452年加冕为皇帝。从此哈布斯堡家族长期占据德意志皇位，直到1806年帝国覆灭（1742—1745年除外）。帝国首都因此迁移到了哈布斯堡家族领地奥地利的首都——维也纳。

维也纳的市徽是黑底金色双头鹰，这与通常的金底黑鹰的风格正好相反。鹰头上是皇冠，胸前是红底白十字盾徽。

① 孟广林：《英国封建王权论稿》，北京：人民出版社，2002年，第269页。

维也纳在13世纪中期的市徽是单头鹰，可能源于奥地利公爵巴本堡家族的早期纹章。14世纪时，维也纳市徽加入红底白十字纹章，可能是为了纪念维也纳人参加的十字军东征[①]，因为红底白十字是帝国军队在十字军东征中的旗帜。1461年，为了强调维也纳作为帝国首都的地位，腓特烈三世皇帝授予维也纳黑底双头金鹰纹章，两个鹰头上方是顶皇冠。1465年，重新添加上红底白十字盾徽。

维也纳市徽

哈布斯堡家族虽然长期占据皇位，但在早期，直属领地只有奥地利，实力较为弱小。1475年，腓特烈三世之子马克西米连与勃艮第公爵大胆查理（Karl der Kühne）的独生女玛丽（Maria von Burgund）订婚。查理公爵长年征战，致力于领土扩张，并努力使勃艮第摆脱法国控制，成为独立的政治实体。1477年1

① Karl Lind, Das Wappen der Stadt Wien, *Mittheilungen der Kaiserl. Königl. Central-Commission zur Erforschung und Erhaltung der Baudenkmale*, Band 11, 1866, S.Ⅻ.

月，查理在南锡战役中战死，玛丽成为勃艮第女公爵，继承了勃艮第及其附属领地尼德兰。同时，法王路易十一世宣布勃艮第为王室领地（Kronland），力图夺回勃艮第，由此引发了“勃艮第继承战争”。玛丽为了获得外援，巩固地位，在8月与马克西米连结婚。1482年，玛丽骑马时意外坠亡。勃艮第地区逐步被法国国王占领，马克西米连获得了大部分尼德兰领地。勃艮第公国的消亡，使得法国王权更为强盛，也意味着德法之间没有了缓冲地带。随着哈布斯堡王朝的崛起，两国冲突更为激烈了。

1486年，马克西米连被选为德意志国王；但直到1508年，才加冕为皇帝，即马克西米连一世。马克西米连一世在位期间，四处征伐，但成效不大，反而耗尽了资源。他还试图改革帝国的税收和行政制度，加强中央集权，但由于诸侯们的反对，也归于失败。比较成功的是他的联姻政策，有一句格言是这样描述的：“让别人去打仗吧，你，幸福的奥地利，结婚去吧！战神马尔斯给别人的东西，爱神维纳斯会赐给你。”①

1496年，马克西米连一世让儿子美男子菲利普与西班牙②公主胡安娜结婚。1497年，他让女儿玛格丽特嫁给了西班牙王储胡安。同年，胡安就去世了。胡安娜和菲利普成为西班牙的继承人。1500年，他们的长子查理出生；1503年，次子费迪南出生。1506年，菲利普去世。丧夫心痛的胡安娜开始患有精神疾病，被称为“疯女胡

① 史蒂芬·贝莱尔：《奥地利史》，黄艳红译，北京：中国大百科全书出版社，2009年，第35页。

② 公元8世纪初，伊比利亚半岛被阿拉伯帝国征服后不久，基督徒就开始了收复失地的斗争，并逐步产生了阿拉贡和卡斯蒂尔两个国家。1469年，卡斯蒂尔公主伊莎贝拉与阿拉贡王子费迪南结婚。1474年，伊莎贝拉继位为卡斯蒂尔女王。1479年，费迪南继位为阿拉贡国王，两国从此合并为西班牙王国。1492年，西班牙收复了格拉纳达。同年，伊莎贝拉女王派遣哥伦布航海，开辟了前往美洲的新航路，并由此建立了庞大的殖民帝国。

安娜”（Johanna die Wahnsinnige），丧失了处理政事的权力。查理成了西班牙王位与德意志皇位的继承人。

1515年，马克西米连一世安排他的孙子费迪南与波西米亚兼匈牙利国王的女儿安娜订婚，从而为哈布斯堡家族继承波西米亚、匈牙利打开了道路，为日后的奥匈帝国埋下了伏笔。马克西米连一世通过王朝联姻政策，奠定了哈布斯堡王朝强盛的基础，同时使得帝国的构成成分日益复杂，影响了后来德意志的统一进程与民族国家的构建。

1516年，查理继承了西班牙王位，在西班牙被称为查理一世（Carlos Ⅰ）。1519年1月，皇帝马克西米连一世去世。6月，七大选侯在美因河畔的法兰克福举行了国王选举。强大的法王弗朗索瓦一世成为查理强有力的竞争者。查理在富格尔家族的巨额贷款支持下，拉拢了多位选侯，被选为德意志国王。1520年，查理在亚琛加冕，获得“当选皇帝”头衔，称为查理五世（Karl Ⅴ）。1530年，教皇克莱芒七世在博洛尼亚将他加冕为皇帝，他是最后一个由教皇加冕的德意志皇帝。他的领土包括德意志、尼德兰、勃艮第、西西里、西班牙、西属美洲等地，成为一个“日不落帝国”。此时的西班牙是一个庞大的海外殖民大国，占据了大部分的美洲领地，为他运来源源不断的黄金白银，他得以供养强大的军队。由此，查理五世成为德意志历史上最为富有和强大的皇帝。

查理五世纹章

查理五世从祖父那里继承了德意志皇位，从母亲那里继承了西班牙王位，因此，他的纹章体现了两个国家的特征，主体图案是帝国双头黑鹰，翅膀张开，嘴和爪都是金色。双头黑鹰和鹰头上方的皇冠象征德意志皇帝。

黑鹰的胸前是一个盾徽，分为16部分。第1行和第2行：2个红底金色城堡象征卡斯蒂尔（Kastilien）；2个白底红狮象征利昂（Leon）；黄红竖条纹象征阿拉贡（Aragon）；白底金色耶路撒冷十字架象征耶路撒冷王国（Königreich Jerusalem）；红白条纹象征匈牙利；盾徽第2行中间红色石榴象征格拉纳达（Granada）[①]；红底方形框内米字形金色锁链代表纳瓦纳（Navarra）；两个呈三角形的阿拉贡黄红竖条纹和两只黑鹰象征西西里（Sizilien）。第3行：红白红横条象征奥地利；红白条纹组成框形，内为蓝底百合花图案，象征新勃艮第（Neu Burgund）。第4行：红底金色蓝色条纹象征勃艮第；黑底金狮象征勃拉邦特（Brabant）。下半部分第3和第4行中间有个两分盾徽，左边的白底红鹰代表蒂罗尔（Tirol），右边金底黑狮代表弗兰德（Flandern）。

环绕纹章的是金羊毛骑士团勋章（Orden vom Goldenen Vlies）。金羊毛骑士团由勃艮第公爵菲利普三世仿照英格兰嘉德骑士团于1430年建立，“将金羊毛选作骑士团的纹章，一说它暗示了勃艮第的巨大财富来源——羊毛贸易；另一说法是它与大英雄阿尔戈有关——他对金羊毛的不懈追寻正暗合了菲利普希望自己的骑士具备的品质”[②]。这种品质就是忠贞和勇敢的骑士精神。勃艮第公爵绝嗣后，骑士团领主权转入哈布斯堡家族。

黑鹰的左下方是两根柱子，一根柱子上端是德意志民族的神圣罗马帝国的皇冠，另一个柱子上端是西班牙王国的王冠。这两根柱

① 卡斯蒂尔、利昂和格拉纳达的纹章都是“言说纹章”。卡斯蒂尔（Kastilien）、利昂（Leon）和格拉纳达（Granada）的词源分别是“城堡”、“狮子”和“石榴”，因此分别采用了相关的纹章图案。

② 斯莱特：《纹章插图百科》，王心洁、马仲文等译，汕头：汕头大学出版社，2009年，第149页。

子是希腊神话中的赫拉克勒斯之柱（Säulen des Herkules），象征直布罗陀海峡两岸的悬崖。[①]传说海峡两岸的悬崖原是一座山，大英雄赫拉克勒斯经过此地时，将这座山分为两半，作为界碑，标明这里是世界的尽头，让人不要再向前进。[②]这后来衍生出一句格言“NON PLUS ULTRA”，即“不再向前”，而查理五世将之改成了“PLUS ULTRA”，意为“更进一步”，作为自己的格言。查理五世将这句格言写在纹章下方缠绕着两根柱子的绶带上，表明了他开拓海外殖民地、建立世界帝国的野心。柱子与绶带构成了 $ 的形状，西班牙曾发行刻有此种图案的货币，后来包括美元在内的很多货币的简写符号 $ 就是来源于此。两根柱子下面是海水波浪，象征了帝国繁荣的海上贸易。

黑鹰的右下方是一个红色斜十字，象征勃艮第的圣安德烈十字架。圣安德烈是耶稣的十二个门徒之一，大约在公元60年，被钉死在斜十字架上，从此，这种十字架成为圣安德烈的标志。圣安德烈是勃艮第的守护神。[③]十字架上也系有金羊毛勋章的符号。

查理五世踌躇满志，试图恢复帝国的统一和荣耀，但这一计划被一个叫马丁·路德（Martin Luther, 1483—1546）的奥古斯丁会修士打破了。

16世纪初期，罗马教廷虽已开始衰落，但仍统治着西欧的精神世界，并在世俗领域与各地的君主们争权夺利，教士们生活腐败，很多教士违背守贞的诫命，威信扫地。普通老百姓则仍然致力于追求灵魂得救，生活在堕入地狱的恐惧之中。当时罗马教廷垄断了得

① Gert Oswald, *Lexikon der Heraldik,* Mannheim: Bibliographisches Institut, 1984, S.341.

② 但丁：《神曲·地狱篇》，田德望译，北京：人民文学出版社，2002年，第179页。

③ Gert Oswald, *Lexikon der Heraldik,* Mannheim: Bibliographisches Institut, 1984, S.38.

救的途径，宣称行善功，也就是做好事，便可得救。此时，路德正在埃尔福特的奥古斯丁修道院里积极行善功，苦行律法，却仍无法有得救的感觉，最后在《新约·罗马书》中重新发现了圣保罗“因信称义”的教义，于是豁然开朗，认为人的得救不是取决于人的善功，而是在于人对耶稣的真正信仰；得救是上帝的恩典，而非人行善功可以左右。后来很多人指责路德反对行善功，其实路德是认为得救的义人一定会行善功；而不是如罗马教廷所言，行善功就会称义。这实际上颠覆了教廷的核心教义。

赎罪券

此时的教皇利奥十世（Leo X）正沉醉于文艺复兴艺术的辉煌，对此危机浑然不觉。他为了重新修建圣彼得大教堂，在德国发行赎罪券（Ablassbrief）以敛财，宣称购买赎罪券便可得救，贫苦的百姓多受其骗。

教皇利奥十世发行的赎罪券上方是教皇本人的纹章。大概从11世纪开始，教皇开始使用纹章，通常一个盾徽，盾徽后方是一把金钥匙和一把银钥匙相交叉，盾徽上方则是三重冕（Tiara）。两把钥匙是圣彼得的标志，耶稣在《新约·马太福音》（16：19）中对彼得说：“我要把天国的钥匙给你，凡你在地上所捆绑的，在天上也要捆绑；凡你在地上所释放的，在天上也要释放。”这段经文构成了教皇权力的神学基础，教皇自称是使徒圣彼得的继承人，因此采用了钥匙作为纹章，并对钥匙的含义进行了进一步的阐释："金钥匙象征神授予教士的赦罪的权威；银钥匙象征教士对罪进行审查和裁判时，必须具备的学问和智慧。"①三重冕象征教皇的"普世训导权、司法最高权和现世影响力"②。两把钥匙和三重冕是每个教皇纹章都有的图案。盾徽图案则来自教皇的家族纹章或专用纹章，因此每个教皇的纹章都具有自己的特色。利奥十世出身于佛罗伦萨的美第奇（Medici）家族，因此在盾徽上使用了美第奇家族的纹章：金色底面六个球，最上面的一个球是蓝底三朵百合花，其余五个球为红色。蓝底三朵百合是法国国王路易十一世在1465年赐予美第奇家族的。由于罗马教廷宣称只有教皇才能解释《圣经》，拥有赦免人罪过的能力，因此，赎罪券上加上了教皇的纹章以增强其神圣性。

1517年10月，当贩卖赎罪券的商贩来到维滕堡附近时，此时已在维滕堡大学教授《圣经》的路德修士坐不住了，写下了著名的《九十五条论纲》，批判了赎罪券的作用，否定了教皇赦罪的权力，其中写道："基督徒须知，遇见贫者扬长而去，却把钱花在赎罪券上，这种人购买的不是教宗③的赦免，而是上帝的愤怒。"④路德

① 但丁：《神曲·炼狱篇》，田德望译，北京：人民文学出版社，2002年，第9页。

② [美]海威格：《现代天主教百科全书》，赵建敏等编译，北京：宗教文化出版社，2012年，第679页。

③ "教皇"和"教宗"是对罗马教廷首脑"Papst/Pope"的主要汉译名称，"教皇"这个译名概括了中世纪以来教皇在宗教和世俗领域的双重权力，主要由非教会人士使用；"教宗"这个译名则显示出教义本源或教会中的尊崇地位等含义，主要由教会人士使用。参见林纯洁：《Pope一词汉译史考》，《外语教育》，2013年第4期。

④ 马丁·路德：《路德文集》第一卷，雷雨田等译，上海：上海三联书店，2005年，第19页。

写信给美因茨大主教阿尔布莱希特（Albrecht von Brandenburg）[①]，并附上了《九十五条论纲》。阿尔布莱希特没有回复路德，导致了《九十五条论纲》的公开发表。据传说，路德在10月31日晚上，将《九十五条论纲》钉在城堡教堂的大门上。这个传说的真实性一直有争议，但《九十五条论纲》引发宗教改革则是毫无争议的。

路德玫瑰

《九十五条论纲》借助古腾堡发明的金属活字印刷术的威力，立即风行开来，一时“德国纸贵”，由此掀起了轰轰烈烈的宗教改革运动。路德本无意分裂罗马教会，但新的教义不容于罗马教廷，于是新教逐步成长起来。路德后来将《圣经》翻译为德语，奠定了现代德语的基础。新教的核心教义是因信称义，路德将这个教义设计进了自己的纹章中。这个纹章的核心图案是一朵玫瑰，因此，后人将之称为“路德玫瑰”（Lutherrose）。

玫瑰在基督教中具有神圣的含义，“玫瑰既象征天国的完美，又象征尘世的热情”[②]。“白玫瑰象征无辜、纯洁和贞节。在中世纪，玫瑰是处女的象征和马利亚的标志。传说在伊甸园，玫瑰本没有刺，刺是在亚当夏娃犯下原罪后产生的。”[③]

路德从1516年开始使用玫瑰纹章，并将自己对基督教信仰的理

① 阿尔布莱希特（1490—1545），出身于勃兰登堡的霍亨佐伦家族，是选侯约翰之子，选侯约阿希姆一世的弟弟，1514年开始担任美因茨大主教。

② Brigitte Riese, *Seemanns Lexikon der Ikonografie,* Leipzig: E.A.Seeman Verlag, 2007, S.355.

③ Brigitte Riese, *Seemanns Lexikon der Ikonografie,* Leipzig: E.A.Seeman Verlag, 2007, S.360.

解设计进了纹章。1530年7月8日，路德在写给纽伦堡的书记员拉撒路·斯本格勒的信中，描述了自己的玫瑰纹章的含义："最核心的图案是黑色的十字架，位于红色的心中间，这个颜色很自然地让人想起对耶稣的信仰让我们得救。'因为人心里相信，就可以称义。'［《新约·罗马书》（10：10）］……这颗红心位于白色玫瑰的中间，象征信仰带来欢乐、慰藉与和平，而不是尘世的和平和欢乐，因此玫瑰应该是白色的，而不是红色的，因为白色是圣灵和天使的颜色。玫瑰所在的背景应该是天堂的颜色，这些属灵和信仰的欢乐，是未来天堂之乐的开始……金色的边沿象征天堂的恩典是永恒的……"①

概括而言，黑色十字架象征耶稣的受难，红心象征信仰，白玫瑰象征信仰带来欢乐、和平与安慰，蓝色象征天堂，金色象征永恒的恩典，组合起来的含义就是：因信称义，人通过虔诚的信仰才能得救，得到天堂永恒的恩典。

路德玫瑰被广泛应用于纹章中，成为很多信仰路德宗的城市的市徽。路德玫瑰后来成为路德宗教会的标志，沿用至今。路德打破了罗马教廷的权威，引导信徒通过信仰直接与上帝沟通，开启了现代的精神自由，路德玫瑰记录了这个伟大的历程。

新教获得了萨克森选侯、黑森伯爵等诸侯的支持，查理五世试图召开帝国会议，让路德等人放弃新教教义，但失败了。

此时德国还面临土耳其帝国的巨大威胁。查理五世迫切需要团结诸侯，抵抗土耳其军队，并无精力以武力对付国内的新教诸侯。当时土耳其帝国正处于强盛期。1453年，土耳其人攻占了君士坦丁堡。东罗马帝国灭亡，双头鹰纹章为俄罗斯所继承。欧洲失去了屏障，土耳其帝国进一步扫清向东欧扩张的障碍，1529年，兵临维也

① Martin Luther, *D.Martin Luthers Werke. Kritische Gesamtausgabe. Briefwechsel,* 5.Band, Weimar: Verlag Hermann Böhlaus Nachfolger, 1934, S.445.

纳城下。德意志成为抵抗土耳其帝国的主要力量，因此背上了沉重的战略负担。法国由于已处于哈布斯堡王朝的包围之中，非常恐惧德意志皇帝力量的壮大，1536年，法王弗朗索瓦一世竟然与土耳其结盟，共同对付查理五世。

1546年，一直反对宗教战争的路德去世。由于帝国外部的威胁暂时解除，1547年，新教诸侯与天主教诸侯之间的施马卡尔登战争爆发了，查理五世战胜新教诸侯，俘虏了萨克森选侯。1552年，新教诸侯与法国结盟，战胜了查理五世。

查理五世与法国、土耳其、新教诸侯奋战终身，最终没有完成统一德国的大业。1556年，查理五世皇帝因镇压新教诸侯失败，心灰意冷，将德国皇位传给了弟弟费迪南，即费迪南一世（Ferdinand Ⅰ），同时将西班牙王位传给了儿子菲利普，之后他便在西班牙一个修道院走完了余生，于1558年去世。从此，哈布斯堡家族分为西班牙与奥地利两个支系。

马克西米连一世的联姻政策继续发挥着影响。1521年，费迪南按照祖父马克西米连一世的安排，与匈牙利兼波希米亚国王弗拉迪斯拉夫二世的女儿安娜结婚。1526年，弗拉迪斯拉夫二世在与土耳其的战争中战死，费迪南由此继承了匈牙利和波希米亚王位。1527年，费迪南和安娜生了一个儿子，取名马克西米连。1531年，费迪南被选为德意志国王。1556年，费迪南继承了哈布斯堡家族较为贫穷的一支，但面临着更多的挑战，尤其是新教徒的反抗和土耳其的威胁。费迪南试图使新教与天主教达成和解，但没有成功。1555年，费迪南代表帝国签订了《奥格斯堡和约》，赋予了路德宗合法的地位，并确立了“教随国定”（Cuius region, eius religio）的原则，也就是说领地内民众的信仰取决于君主的信仰。

1562年，费迪南一世之子马克西米连被选为德意志国王、波西米亚国王，1563年被选为匈牙利国王，1564年加冕为神圣罗马帝国

马克西米连二世皇帝纹章

皇帝，即马克西米连二世（MaximilianⅡ）。他对臣民采用了相对宽容的宗教政策，允许奥地利、波希米亚的臣民信仰新教，没有严格执行“教随国定”的原则。

马克西米连二世纹章的中心图案是象征皇帝的双头鹰，双头鹰头后都有象征神圣的光环，头上是神圣罗马帝国的皇冠，胸前是一个婚姻纹章，由象征奥地利的红白红条纹图案和象征卡斯蒂尔的城堡图案组成，代表马克西米连二世与卡斯蒂尔公主玛利亚的婚姻。双头鹰脖子上挂有一个金羊毛骑士团勋章，围绕着婚姻纹章。从右至左围绕双头鹰的纹章依次是：象征匈牙利的红白条纹、象征波希米亚的红底双尾白狮、象征克罗地亚的红白斜格、象征奥地利的红白红条纹、象征施泰尔的蓝底白豹、象征蒂罗尔的白底红鹰、象征克来恩的白底蓝鹰、象征勃艮第的黄蓝条纹、象征施拉封的手臂持刀图案、象征达尔马提亚的金底三个狮头、象征匈牙利的红底白色双十字架（大主教十字架）。皇帝虽然是全德国的皇帝，但在其纹章上，只列出了皇帝直接统治或领有的土地，明确显示出其对全德国并无实际的统治权。皇帝纹章上出现了两个象征匈牙利的纹章，分列在左右最上方，表明了匈牙利在帝国的重要地位。这个纹章与16世纪前半期皇帝查理五世的纹章相比，发生了较大的改变，减少了卡斯蒂尔、阿拉贡等西班牙元素，增加了波西米亚等元素，反映了哈布斯堡家族分家后领地的变化。

17世纪初，哈布斯堡皇室相对宽容的宗教政策发生了改变。1618年，执行强硬政策的费迪南二世当选为波希米亚国王，引起了波希米亚新教徒的反抗，爆发了三十年战争。1619年，费迪南二世当选为皇帝。他得到了哈布斯堡西班牙支系的强力支持，镇压了波希米亚起义后，又着手消灭国内的新教诸侯，引发了新教的丹麦和瑞典投入战争，丹麦和瑞典都受到了信仰天主教的法国的资助，但仍未能战胜皇帝。最后法国参战，打败皇帝的军队。最初的宗教战争演变为欧洲的争霸战争。1648年，皇帝费迪南三世被迫签署了《威斯特伐利亚条约》，德意志各邦国获得几乎独立的地位，分裂进一步加剧，哈布斯堡王朝的辉煌结束了。三十年战争严重破坏了德国的经济，导致德国人口大约减少了三分之一。瑞士从神圣罗马帝国彻底分离出去，法国占据了阿尔萨斯和洛林地区，哈布斯堡王朝在欧洲的霸权为法国所取代。

西班牙的哈布斯堡王朝在三十年战争中也受到很大的削弱。1700年，西班牙国王查理二世迫于法国波旁王朝的压力，将王位传给了他姐姐与法国国王路易十四的孙子安茹公爵菲利，引起了奥地利哈布斯堡家族的强烈不满。1702年，奥地利联合其他跟法国有矛盾的国家，如英国、荷兰等国，发动了对法国的战争，史称“西班牙王位继承战争”。直到1714年，战争才结束。波旁家族最终获得了西班牙王位，但前提是西班牙不得与法国合并。哈布斯堡家族获得了一些领土作为补偿，但最终失去了西班牙。为了感谢担任勃兰登堡选侯的霍亨佐伦家族对战争的支持，皇帝利奥波德一世同意将霍亨佐伦家族的普鲁士公国升格为王国，从此，普鲁士踏上了成为欧洲列强的道路，普鲁士的黑鹰旗帜开始飘扬在欧洲上空。普鲁士之鹰见证了德意志帝国走向民族国家的过程。

第二章
普鲁士之鹰：民族国家的建立

中世纪以来，德国有着与其他国家相同的目标，即建立一个统一的民族国家，但德国走的道路与英法等国相反。英法等国王权早期非常弱小，通过与城市结盟，逐步强大起来，战胜贵族，逐步建立起统一的民族国家。德国则一开始王权非常强大，但自从戴上罗马的皇冠后，就将国家重心放在了意大利，德意志国王念兹在兹便是进军罗马，获得教皇的加冕。皇帝为了获得诸侯对南征意大利的支持，下放了很多权力给诸侯，导致皇权不断衰落，诸侯逐步坐大，国家日益分裂。宗教改革唤起了德意志人的民族情感，但在宗教和政治上加剧了德国的分裂。三十年战争后，皇帝丧失了统一国家的实力，具有一定实力的萨克森、巴伐利亚等邦国也在战争后一蹶不振，统一的重担最后落在了地处德国东北边陲，由霍亨佐伦家族统治的普鲁士王国肩上。普鲁士王国建立在勃兰登堡选侯领地和普鲁士公国合并的基础上，而普鲁士公国的产生，则起源于十字军东征时期的条顿骑士团。

第一节　普鲁士的起源

一、十字军东征与条顿骑士团

1095年，罗马教廷倡导发动十字军东征，此时正值教廷势力鼎盛时期，很多骑士被教导成为“基督的战士”。十字军东征开始后，兴起了很多骑士团。骑士团是一种军事化的修会组织，成员都必须遵守“贫穷、贞节、服从”的誓言，不得有私人财产，不得结婚，必须绝对服从上级命令。其中最有名的有三个：医院骑士团、圣殿骑士团和条顿骑士团（Deutscher Orden）。在三大骑士团中，条顿骑士团当时的实力和声望是最弱的，但它对历史的影响则远超过其他骑士团。

条顿骑士团纹章

1189年，神圣罗马帝国皇帝腓特烈一世巴巴罗萨率兵参加了第三次十字军东征（1189—1192），次年6月，溺亡于行军途中。很多来自德意志地区的骑士参加了这次战争，获得了一些封地，于是1198年，在巴勒斯坦成立了条顿骑士团，采用白底黑十字盾徽作为纹章。骑士团成员穿白色外套，外套上有黑色十字架标志。

但条顿骑士团在巴勒斯坦地区发展缓慢，被迫寻找新的出路。1211年，条顿骑士团团长赫尔曼·冯·萨尔查（Hermann von Salza，约1162—1239）应匈牙利国王安德鲁二世之邀，去驱逐异教的库曼人，从而将条顿骑士团的活动中心从中东转移到了东欧。但当库曼人被赶走后，条顿骑士团却受到安德鲁二世的猜忌和排斥，因此，萨尔查于1225年又应马佐维公国波兰人康拉德公爵的邀请率部去征服信奉异教的普鲁士人，乘机进入到维斯杜拉河以北的普鲁士地区，并在此建立了军事要塞。

为了在普鲁士地区取得合法地位，团长萨尔查利用与神圣罗马帝国皇帝腓特烈二世（Friedrich Ⅱ）的良好关系，使皇帝在1226年颁布了《里米尼诏书》，将普鲁士地区授予条顿骑士团。1234年，骑士团又获得教皇格里高利九世（Gregor Ⅸ）的诏令，诏令宣布“所有骑士团在普鲁士的未来占领地都属于‘圣彼得的权利和所有’，应置于教皇的保护之下，作为他的‘永久产业’”[①]。1283年，骑士

① 丁建弘、李霞：《普鲁士的精神和文化》，上海：上海社会科学院出版社，2003年，第17页。

团征服普鲁士人，并迫使他们接受了基督教。骑士团积极招徕德意志人移民到普鲁士，成立了一个骑士团国家。从此，条顿骑士团的历史与普鲁士紧密联系在了一起。

条顿骑士团团长纹章

骑士团团长采用的是黑鹰纹章。一般认为，1229年，皇帝腓特烈二世赐予骑士团团长萨尔查帝国之鹰作为纹章。后来据研究，这只是一个传说。骑士团团长的纹章中出现黑鹰，最早的证据可以追溯到1310年。当时很多诸侯将皇帝的黑鹰纹章加入自己的纹章，所以骑士团团长也做出了同样的行为，将之作为帝国领地的标志，加强与帝国的联系。①后来，黑鹰从团长的纹章演变成骑士团国家的标志，人们将这个骑士团国家称为普鲁士。

骑士团在普鲁士建立了一系列城市，如1253年建立默麦尔，1255年建立了柯尼斯堡②，并广泛参与了波罗的海的贸易。遵守“贫穷、贞节、服从”誓言的骑士成了骑士团国家高效有力的官员。骑士团成员过着一种“强调纪律、义务和秩序的苦行生活”，“这些行为准则，就成了后来普鲁士军官团法规的基础”③，对德国历史影响深远。

---

① Johannes Enno Korn, *Adler und Doppeladler: ein Zeichen im Wandel der Geschichte,* Dissertation von Göttingen Universität, 1967, S.82-83.

② 柯尼斯堡（königsberg），意为“国王之山”。骑士团在征服这个地区的过程中，得到了波西米亚国王奥托卡二世的支持，为表示对他的敬意，因此命名。

③ 丁建弘、李霞：《普鲁士的精神和文化》，上海：上海社会科学院出版社，2003年，第19—20页。

骑士团在普鲁士地区的扩张引起了周边的波兰、立陶宛等国的警惕，波兰和立陶宛结成了联盟。骑士团团长乌尔里希·冯·容金根（Ulrich von Jungingen）决定先发制人，于1409年向波兰宣战。1410年，骑士团在坦能堡（Tannenberg）战役中惨败，团长容金根阵亡。大多数骑士团城堡向波兰国王屈服，骑士团国家处于崩溃的边缘。只有施韦茨（Schwetz）地区的首领（Komtur）亨利·冯·普劳恩（Heinrich von Plauen）没有投降，他率兵保卫团长驻地——马林堡（Marienburg），打退波兰人的进攻。1410年11月9日，普劳恩因此被选为新的骑士团团长。1411年2月，普劳恩与波兰谈判，签订第一次《托尔恩和约》，骑士团在领土上未受太大损失，但须支付大量赔款。这迫使普劳恩加大了征税，为此他邀请市民和乡村贵族参加等级议会，希望他们支持增税。

为了应对波兰的威胁，普劳恩决定对波兰发动一次突袭，但这遭到了下属的反对。1414年，普劳恩的领导被下属推翻。但普劳恩的增税政策仍在继续，这遭到了城市和贵族的强烈反对。1440年，城市和贵族结成了“普鲁士同盟”（Preußischer Bund），与波兰结盟，反对骑士团的统治。1454年，骑士团镇压同盟，导致了延续13年的内战。同盟向波兰国王求援，在波兰的压力下，1457年，骑士团失去马林堡，将总部迁往柯尼斯堡。1466年，骑士团被迫与波兰签订第二次《托尔恩和约》，割让了大部分领土给波兰，并承认了波兰的宗主权。骑士团从此一蹶不振。

1511年，来自霍亨佐伦家族法兰克尼亚支系的阿尔布莱希特（Albrecht）被选为骑士团团长，从而开启了霍亨佐伦家族与普鲁士的联系。他的父亲是安斯巴赫（Ansbach）侯爵，母亲是波兰公主。阿尔布莱希特的纹章中间是白底黑十字架，黑十字架中间又有一个金色的百合十字架，即十字架四端各有一朵金色的百合，这于14世纪起开始应用到骑士团团长纹章；十字架中间是金底黑鹰盾徽，左下的黑白四分图案象征霍亨佐伦家族，左上是象征波莫瑞的白底红色鹰头狮身怪兽，右下的黑狮象征安斯巴赫侯爵，右上的白底红鹰象征勃兰登堡。这个纹章记载了阿尔布莱希特的职务和家族渊源，霍亨佐伦家族和普鲁士的联系在这个纹章中已经体现出来了。

二、勃兰登堡与普鲁士合并

霍亨佐伦家族纹章

霍亨佐伦家族起源于德意志西南部施瓦本地区的佐伦（Zollern）家族。“Zollern”可能起源于“Zoll”，“Zoll”就是海关的意思，该家族可能负责该地区的通行关税。该家族的纹章是黑白四分的盾牌，简洁而冷酷。1185年，佐伦家族的腓特烈三世（Friedrich Ⅲ）与纽伦堡伯爵的女儿结婚。1192年，腓特烈三世被皇帝封为纽伦堡城堡伯爵，改称腓特烈一世（Friedrich Ⅰ），并在家族名称前面加上“hohe”（高贵的），改成霍亨佐伦（Hohenzollern）。纽伦堡是非常重要的帝国城市。城堡伯爵负责守卫皇帝的城堡和该地的治安工作。

1227年，腓特烈一世的领地扩张到纽伦堡所在的法兰克尼亚一带，开创了家族的法兰克尼亚支系，留在施瓦本的则被称为施瓦本支系。

15世纪初，霍亨佐伦家族入主勃兰登堡，这对德意志历史产生了深远影响。勃兰登堡位于帝国北部易北河流域，原是斯拉夫人的居住区。公元10世纪起，德意志掀起了向东征服的潮流，贵族骑士不断征服易北河以东地区，并招徕移民，建立了很多庄园。1157年，阿斯坎尼（Askanier）家族的“熊”阿尔布莱希特

（Albrecht der Bär）征服这片区域，建立了勃兰登堡边境区（Mark Brandenburg）。勃兰登堡的纹章是白底红鹰，最早在1170年由阿斯坎尼家族的奥托一世（Otto Ⅰ）采用，纹章装饰有骑士头盔、斗篷、贵族冠冕和羽饰。1356年，勃兰登堡边境伯爵获得选侯地位，并兼任帝国财政总管，于是在纹章中加入了相应的职务纹章：红鹰头戴选侯冠，左爪持宝剑，右爪持权杖，胸前是蓝底黄色权杖图案。

勃兰登堡红鹰

1320年，阿斯坎尼家族的勃兰登堡支系绝嗣，勃兰登堡落入巴伐利亚的维特斯巴赫家族手中，但该家族的“懒人”奥托酗酒成性，对勃兰登堡不管不问，并将之卖给了皇帝查理四世。勃兰登堡土地荒芜，是个混乱的边境地带，强盗横行，不受贵族重视，于是数次在贵族家族间被抵押，落入卢森堡家族手中。1412年，卢森堡家族的国王西吉斯蒙德继承勃兰登堡后，派遣霍亨佐伦家族法兰克尼亚支系的纽伦堡伯爵腓特烈六世（Friedrich Ⅵ）前往勃兰登堡担任总督。腓特烈六世到任后，强力镇压，恢复了秩序，深得国王赞赏。1415年，在康斯坦茨会议期间，国王正式册封腓特烈六世为勃兰登堡边境伯爵和选侯，腓特烈六世改称为勃兰登堡的腓特烈一世。《康斯坦茨会议编年史》中记载了这个场景，腓特烈一世单膝跪地，手举勃兰登堡红鹰

霍亨佐伦家族入主勃兰登堡

纹章旗，身后的随从则举霍亨佐伦家族纹章旗。勃兰登堡从此成为霍亨佐伦家族的世袭领地。

随着1511年霍亨佐伦家族的阿尔布莱希特成为普鲁士条顿骑士团团长，霍亨佐伦家族在扩张中开辟了新的领域。

普鲁士条顿骑士团自签订第二次《托尔恩和约》后，势力日益衰落。1517年宗教改革爆发，罗马教廷和帝国各种力量开始陷入宗教改革的洪流中，条顿骑士团团长阿尔布莱希特发现，摆脱教廷和帝国控制、获得自主的时机已经到来。

1523年，阿尔布莱希特拜访了马丁·路德后，决定施行宗教改革。1525年，阿尔布莱希特解散骑士团，将普鲁士改为世俗性质的公国，接受波兰国王西吉斯蒙德一世的册封，任公爵。普鲁士公国选择黑鹰作为纹章，黑鹰脖子上戴有公爵冠，胸前缀有字母S，代表波兰国王西吉斯蒙德（Sigismund），象征着普鲁士对波兰国王的臣服。在1605年《西布马赫纹章册》记载的普鲁士公国纹章中，大盾徽是首任公爵阿尔布莱希特的纹章，小盾徽就是胸前缀有S的白底黑鹰。纹章上方装饰有骑士头盔、黑鹰和羽饰等。

骑士团的解散造成了两大后果，一是使普鲁士与勃兰登堡的合并成为可能；二是残存的骑士与当地贵族融合，强占农民份地，剥夺农民权利，建立了庄园经济，形成了容克贵族（Junker）。容克贵族成为霍亨佐伦专制主义统治的重要支柱。

勃兰登堡一开始特别反对宗教改革，选侯约阿西姆一世（Joachim Ⅰ）曾禁止路德翻译的德语《圣经》出版，但他的妻子是个路德宗教徒，他们的儿子选侯约阿西姆二世（Joachim Ⅱ）受母亲影响，也成为路德宗教徒。为了追求普鲁士公国的继承权，1534年，约阿西姆二世同信奉天主教的波兰公主结婚。1539年，约阿西姆二世开始在勃兰登堡推行宗教改革，措施非常温和，成功地使天主教徒和新教徒和平相处，也没有激怒波兰王室。1569年7月19日，波兰国王同意将普鲁士公国的世袭继承权授予他。

普鲁士公国纹章

1594年，为了更加有把握继承普鲁士，选侯约翰·乔治（Johann Georg）让他的孙子约翰·西吉斯蒙德（Johann Sigismund）同普鲁士公爵阿尔布莱希特·腓特烈（Albrecht Friedrich）的女儿安娜结婚。1603年，选侯约阿西姆·腓特烈（Joachim Friedrich）通过与普鲁士签订的《盖拉谅解》，正式确定普鲁士公国领土将由勃兰登堡选侯继承。[①]

1609年，约翰·西吉斯蒙德继任为勃兰登堡选侯；1611年，得

① 丁建弘、李霞：《普鲁士的精神和文化》，上海：上海社会科学院出版社，2003年，第42页。

到其岳父普鲁士公爵的继承权。1613年，选侯改信加尔文宗。由于其臣民都是路德宗信徒，选侯采取了宗教宽容的政策。

经过霍亨佐伦家族一百多年的经略，通过联姻等各种手段，终于在1618年使勃兰登堡与普鲁士合并。1618年，普鲁士公爵阿尔布莱希特·腓特烈去世，他的女婿勃兰登堡选侯约翰·西吉斯蒙德继承了普鲁士公爵爵位。虽然选侯继承普鲁士公爵爵位的同时也继承了对波兰的封臣地位，但已开始对普鲁士有实际控制权。

1618年是德意志历史上非常关键的一年，这一年爆发了三十年战争，德意志地区成为主要战场。1619—1640年，勃兰登堡正值选侯乔治·威廉（Georg Wilhelm）统治期间，政治上软弱，军事上无能。1631年，当瑞典的军队攻入柏林时，霍亨佐伦王室逃到普鲁士的柯尼斯堡，才得以保存实力。选侯乔治·威廉的儿子腓特烈·威廉（Friedrich Wilhelm）吸取教训，开始建立常备军，使霍亨佐伦的领地逐步强大起来，被尊称为“大选侯”（der Große Kurfürst）。大选侯利用波兰与瑞典的战争，使普鲁士摆脱波兰的宗主权，而成为独立的公国。

勃兰登堡科学协会印章

霍亨佐伦家族除了整军备战，也非常重视科学文化事业。16世纪以来，在德意志王侯纷纷建立大学的浪潮下，霍亨佐伦家族建立了奥德河畔的法兰克福大学（1506年）、柯尼斯堡大学（1544年）、哈勒大学（1694年）、杜伊斯堡大学（1655年）和埃尔朗根大学（1743年），是德意志王侯里建立大学最多的家族。其中哈勒大学是勃兰登堡选侯腓特烈三世（Friedrich Ⅲ）于1694年创办的。1700年7月，在莱布尼茨的建议下，腓特烈三世在柏林创立了勃兰登堡科学协会（Societät der Wissenschaft），也就是后来的普鲁士王室科学院（Königlich-preußische Akademie der Wissenschaften）。莱布尼茨任科学协会首任主席。科学协会的印章采用了莱布尼茨设计的图案：一只鹰展翅飞翔，背景是远方的群山和星空，印章边缘是一句铭文“COGNATA AD SIDERA TENDIT”，意思是“它追求变化的星辰”。莱布尼茨对此解释道：“鹰首先象征人的灵魂，来自天堂的灵魂再次寻找它的起源；然后，象征伟大侯爵的精神，他的威严和崇高；最后，象征由他所建立的协会，这个协会通过科学的道路，不是寻求人所见的天空，而是天堂的主和灵魂的光芒，增进上帝的荣耀。但可以确认的是，鹰作为王者之鸟，携带着朱庇特的武器，同时因为它的强大和敏锐的视力受到赞扬，展现着充满智慧的权力；在象形文字和古老的硬币中象征着神性、崇拜和灵魂的不朽。”[①]鹰在这里象征人的灵魂、普鲁士的精神，还象征对科学的追求。

大学和科学院的建立为普鲁士培养和储备了大量人才，为普鲁士的崛起奠定了坚实的基础。

第二节　普鲁士的崛起

1697年，一直梦想着以莱茵河为天然边界的法国，趁着德意志四分五裂的状态，向德意志莱茵河地区扩张。皇帝利奥波德一世（Leopold Ⅰ）倡导德意志诸侯组建了反法的奥格斯堡同盟，勃兰登堡选侯腓特烈三世站在皇帝一边，最终打败法国。1700年，霍亨佐伦家族在西班牙王位继承战争中再次站在皇帝一边，将8000军队租给皇帝使用，终于换来皇帝允许普鲁士公国升格为王国。1701年1月18日，普鲁士王国在柯尼斯堡成立，腓特烈三世改称腓特烈一世

① Johannes Enno Korn, *Adler und Doppeladler: ein Zeichen im Wandel der Geschichte,* Dissertation von Göttingen Universität, 1967, S.85.

普鲁士王国纹章

（Friedrich Ⅰ）。1月27日，国王腓特烈一世颁布敕令，修改纹章。纹章主体是一个方形盾徽，继续以黑鹰作为图案，并采用白底，正好符合霍亨佐伦家族纹章的黑白色调。盾徽上方是一顶王冠，两侧各有一名手持木棍的扶盾者，周围则绕着一圈勋章。黑鹰胸前缀有拉丁字母FR，意思是“腓特烈国王”（Fredericus Rex）。黑鹰头戴王冠，左爪持有象征权力的金球，右爪持有权杖。黑鹰胸前的字母从S变成FR，体现了普鲁士的独立建国和王权的权威。而王权的兴起正是近代民族国家构建的核心要素。王权“逐渐把政治权力集于一身并贯彻到国土的‘边缘’地区，确立了相对固定明确的领土边界；借助不断强大的民族主义，把原本分散的政治认同统一起来，形成了现代国家意识和民族意识”[①]。普鲁士国王积极加强王权，同时借助了黑鹰的神圣含义。

黑鹰勋章

国王腓特烈一世在登基的当天，成立了黑鹰骑士团（Schwarzer Adlerorden），国王亲自担任团长（Großmeister）[②]，并设立了黑鹰勋章，这是普鲁士最高级别的勋章。腓特烈一世颁布的《普鲁士王国黑鹰骑士团的地位》这一文件阐述了他对黑鹰作为纹章的理解：“在这些动物中间，鹰特别高贵，因为它是鸟中之王，是正义的象征，以此创造了普鲁士王国的纹章。鸟中之王赋予我们的国王以尊严，因此，我们要将之置于王冠的顶端。作为我们的王国纹章，它实际上说明了这个骑士团的地方和位置，从而很快就与其他骑士团区分出来：作为正义的象征，它给我们展示了我们王国和骑士团的最终目标，包含两个方面：即履行公平和正义，各得其所。”[③]可见，普

① 杨雪冬：《民族国家与国家构建：一个理论综述》，《复旦政治学评论》，2005年，第3辑，第100页。

② Gustav Adolph Ackermann, *Ordensbuch sämmtlicher in Europa blühender und erloschener Orden und Ehrenzeichen,* Annaberg: Verlag von Rudolph & Dieterici 1855, S.23.

③ Johannes Enno Korn, *Adler und Doppeladler: ein Zeichen im Wandel der Geschichte,* Dissertation von Göttingen Universität, 1967, S.84.

鲁士将国王的尊严追溯到黑鹰，黑鹰象征了普鲁士的王权和对公平与正义的追求。

关于黑鹰勋章的设计，该文件解释道："鹰的一只爪上是月桂花环，另一只爪上是雷电，在其头上有一句拉丁语箴言：赏罚分明（Suum Cuique）。用花环去施行奖赏的正义，用雷电去施行惩罚的正义，以赏罚分明彰显普遍的公平。不是一人根据这个，一人根据那个，而是完全地根据每个人的贡献进行对待。"[①]鹰在这里象征了赏罚的施行者，即普鲁士国王。鹰头上方的箴言清楚地展示了腓特烈一世的治国理念和普鲁士的政治传统。

腓特烈一世之子腓特烈·威廉一世（Friedrich Wilhelm Ⅰ）勤勉节约，却热衷于扩充军备，经常亲自操练士兵，人称"士兵王"（Soldatenkönig）。他酷爱穿军装，引发贵族的仿效，成为欧洲贵族的风尚。1713年，普鲁士有军队3.8万人，到了1740年达8.3万人。他推行征兵制，使得普鲁士成为欧洲第二大军事强国。

腓特烈·威廉一世之子腓特烈二世（Friedrich Ⅱ）在普鲁士施行"开明专制"，自称为"国家的第一仆人"。他利用其父遗留的强大军队，开疆拓土，被尊称为"腓特烈大帝"（Friedrich der Große）。18世纪中叶，在腓特烈二世统治时期，出现了一种新的黑鹰形式，即呈自然状态直立着，头戴王冠，两爪持有权杖和金球。腓特烈二世很喜欢这个图形，将之用于硬币上，因此，这种鹰也被称为"腓特烈之鹰"（friderizianischer Adler）。这个鹰没有成为普鲁士国家的纹章，但后来成为魏玛共和国时期普鲁士邦的纹章。

从腓特烈二世开始，普鲁士成为哈布斯堡奥地利的劲敌。从此，普鲁士之鹰开始与哈布斯堡奥地利的双头鹰在欧洲范围内展开了竞争，并积极争夺统一德意志的领导权。

---

① Johannes Enno Korn, *Adler und Doppeladler: ein Zeichen im Wandel der Geschichte,* Dissertation von Göttingen Universität, 1967, S.84.

西普鲁士省徽

东普鲁士省徽

1740年，哈布斯堡王朝的皇帝查理六世（Karl Ⅵ）去世，按照他1713年颁布的国本诏书，由其女儿奥地利大公特蕾西娅继位。但普鲁士等邦国不同意，由此爆发了奥地利王位继承战争，普鲁士国王腓特烈大帝乘机攻占了奥地利的西里西亚。最终的结果是：1745年，特蕾西娅大公的丈夫——洛林公爵继承了神圣罗马帝国皇位，即弗兰茨一世（Franz Ⅰ），由此开创了哈布斯堡—洛林王朝；代价是奥地利承认普鲁士获得了西里西亚。

但奥地利并不甘心失去西里西亚，于是与俄国、法国、瑞典等国结成反普鲁士的联盟，普鲁士则与英国结盟。1756年，战争爆发，即“七年战争”。俄奥联军一度占领柏林，普鲁士危在旦夕。1762年，俄国沙皇彼得三世继位，由于他是腓特烈大帝的崇拜者，于是退出了反普联盟，普鲁士因此得救，这被称为“勃兰登堡王室的奇迹”。普鲁士得以最终打败奥法联军，英国则在海外夺取了法国在北美的大量殖民地。1763年，战争结束，普鲁士成为欧洲列强，奥地利开始衰落。

尽管普鲁士和奥地利矛盾日益激烈，但在侵略波兰的问题上是一致的。1772年，普奥联合俄国第一次瓜分波兰；1793年，三国第二次瓜分波兰；1795年，三国第三次瓜分波兰，波兰至此亡国。1815年，普鲁士在瓜分到的波兰土地上，建立了西普鲁士等省份。西普鲁士省的纹章以黑鹰盾徽为主体，普鲁士黑鹰脖子上挂着王冠，还伸出一条人的胳膊，手握宝剑。盾徽上方装饰有骑士头盔和斗篷，头盔上方又是一顶王冠，王冠上立有一只和盾徽上一样的黑鹰，脖子上伸出胳膊，手持宝剑。纹章两侧有扶盾的人和骑士，各自持有普鲁士纹章旗。该纹章设计较为繁复，一个纹章上竟有四只普鲁士黑鹰，三只黑鹰持有宝剑，象征了普鲁士的征服和统治地位。

原普鲁士地区则成立了东普鲁士省。东普鲁士省的纹章样式与西普鲁士纹章一致，不同之处在于盾徽和纹章旗采用了和普鲁士王国纹章完全一样的普鲁士黑鹰纹章，显示了东普鲁士作为普鲁士王国起源的独特地位。

1786年，腓特烈大帝去世，其侄子腓特烈·威廉二世（Friedrich Wilhelm Ⅱ）继位。1788年，为了纪念腓特烈大帝的功勋，腓特烈·威廉二世决定在柏林市中心新建勃兰登堡门。勃兰登堡门位于菩提树下大街，坐西朝东，因面向通往勃兰登堡的方向，故名。

勃兰登堡门是按照古希腊神庙的风格建造的。1793年，勃兰登堡门顶端安装了高达5米的胜利女神（Siegesgöttin Viktoria）铜像，女神翅膀张开，左手驾着四匹马拉的战车，右手持权杖，权杖顶端是头戴王冠的普鲁士之鹰，立在一个橡树花环上，花环中间是一个

勃兰登堡门

勃兰登堡门胜利女神

拿破仑一世纹章

铁十字架。勃兰登堡门后来逐步成为德国的象征，胜利女神及其权杖上的黑鹰与之一起见证普鲁士和德国历史的变迁。

英国在七年战争中为了保护北美殖民地，花费巨大，于是增加赋税，引发北美13个殖民地的反对，最终演变为独立战争。1776年，美国宣布独立。法国为了报在七年战争中的仇，大力支持美国独立战争，导致财政亏空。1789年，法国大革命爆发。法国在革命中推翻了君主制，建立了共和国，引起了各君主国的恐慌。普鲁士、奥地利、俄国捐弃前嫌，联合起来，组织反法同盟。在对抗反法同盟的战争中，一个叫拿破仑·波拿巴的军官逐渐掌握军权。1799年，拿破仑发动“雾月政变”，夺取了政权。1804年12月2日，拿破仑称帝，即法兰西第一帝国的拿破仑一世。拿破仑在登基当天，就授予军队罗马帝国时代的军旗，军旗的顶端站立着一只金鹰。拿破仑采用了蓝底金鹰作为帝国纹章，鹰象征继承了罗马帝国的传统，金蓝两色则是传统法国国王纹章的颜色，象征着对法国传统的继承。拿破仑自视为一只雄鹰，称呼自己的儿子为“雏鹰”。[①]

中世纪以来，西欧通常只有一位皇帝，即神圣罗马帝国的皇

① Johannes Enno Korn, *Adler und Doppeladler: ein Zeichen im Wandel der Geschichte,* Dissertation von Göttingen Universität, 1967, S.91.

帝，在世俗统治者中享有最高地位。拿破仑称帝是对哈布斯堡皇朝的一个强大挑战。为了保住皇位，1804年12月7日，神圣罗马帝国皇帝弗兰茨二世（Franz Ⅱ）正式宣布自己为奥地利皇帝，即弗兰茨一世（Franz Ⅰ）。“采用这个称号实际上是承认失败，它意味着哈布斯堡权力和威望所依赖的传统世界图景的终结。”[①]

奥地利帝国纹章

1806年，在拿破仑的主导下，巴伐利亚、巴登、符腾堡、萨克森等16个诸侯成立了莱茵邦联（Rheinbund），宣布脱离帝国，并与法国结盟。神圣罗马帝国形同解体，作为神圣罗马帝国皇帝的弗兰茨二世正式退位。哈布斯堡家族依然将双头黑鹰作为奥地利帝国的国徽，两个鹰头都戴有王冠，上方是一顶皇冠，脖子上挂有金羊毛勋章，左爪持金色的帝国之球，右爪持有宝剑和权杖，胸前的盾徽则由三部分组成：象征哈布斯堡家族的金底红狮、象征奥地利的红白红条纹和象征洛林家族的金底红色斜梁上三只无喙的白鹰。这里黑鹰的两个头不再代表罗马和君士坦丁堡，而是代表“罗马皇帝和奥地利皇帝双重的尊严”[②]。

神圣罗马帝国的双头黑鹰失去了作为普世帝国的象征地位，拿

① 史蒂芬·贝莱尔：《奥地利史》，黄艳红译，北京：中国大百科全书出版社，2009年，第102页。

② Johannes Enno Korn, *Adler und Doppeladler: ein Zeichen im Wandel der Geschichte,* Dissertation von Göttingen Universität, 1967, S.81.

破仑之鹰成为法兰西帝国之鹰。拿破仑军队举着金鹰军旗，跨过莱茵河，多次打败普鲁士、奥地利等德意志邦国。

勃兰登堡门上的胜利女神没能看到普鲁士的胜利。1806年，普鲁士在对法战争中惨败，霍亨佐伦王室再次逃往柯尼斯堡。拿破仑占领柏林，将胜利女神塑像作为战利品，抢到巴黎。1807年，普鲁士被迫同法国签订《提尔西特和约》，法国割占了普鲁士一半的领土。普鲁士国王腓特烈·威廉三世（Friedirch Wilhelm Ⅲ）痛定思痛，决定实行改革。改革由首相施泰因（Stein）和哈登堡（Hardenberg）领导进行，内容包括解放农奴、财产自由、城市自治、实行普遍兵役制度。普鲁士国王还在1810年建立了世界上第一所现代大学——柏林大学。在改革过程中，普鲁士的国力逐渐恢复。

1812年，拿破仑远征俄国失败，为德国的民族解放运动提供了契机。普鲁士继续坚持组织反法同盟。1813年，普鲁士联合俄国、奥地利等国，终于在莱比锡战役中打败法国，莱茵邦联解散。1814年，普鲁士布吕歇尔元帅率领普鲁士军队渡过莱茵河，解放了被法国占领的德意志领土，攻入法国境内，直到巴黎投降，拿破仑被迫退位。1815年，拿破仑复辟后，布吕歇尔元帅率兵在滑铁卢战役中与英军一起彻底打败了拿破仑。普鲁士之鹰最终战胜了拿破仑之鹰。普鲁士夺回了胜利女神像，将之重新安装在勃兰登堡门上。

布吕歇尔元帅身先士卒，作战勇敢，被称为“前进元帅”（Marschall Vorwärts）。由于在反抗拿破仑的战争中功勋卓著，普鲁士国王封他为瓦尔斯塔特侯爵（Fürst von Wahlstadt），授予铁十字勋章，布吕歇尔因此采用了新的纹章：一个大的四分盾徽，右上和左下是头戴王冠的普鲁士黑鹰，左上是花环和宝剑等图案，右下是铁十字；大盾徽中间是布吕歇尔家族传统的两把钥匙盾徽，是勇敢的象征；大盾徽两侧有头戴王冠的黑鹰扶盾，盾徽上方装饰有骑

布吕歇尔侯爵纹章

士头盔、黑鹰、钥匙、宝剑和铁十字等图案，纹章还装饰有斗篷，斗篷上方是侯爵冠。整个纹章彰显了布吕歇尔作为普鲁士元帅的功勋，纹章中所凸显的黑鹰在此见证了普鲁士军队的荣耀。

1814—1815年，战胜法国的欧洲列强在维也纳举行会议，对欧洲领土进行了重新划分。奥地利首相梅特涅主导了这次会议。奥地利放弃了莱茵河流域的帝国领地，但在东欧获得补偿，重心东移，德意志属性减弱。为了遏制法国再次向东方扩张，普鲁士得到了莱茵兰地区。在夺取整个萨克森未果的情况下，普鲁士获得了五分之二的萨克森等地区。1815年，普鲁士成立萨克森省，纹章以萨克森菱形花环盾徽为主，添加了普鲁士之鹰纹章旗等装饰。

1822年，普鲁士成立莱茵省。莱茵省的纹章采用了普鲁士黑鹰盾徽，黑鹰头戴王冠，左爪持有金球，右爪持有权杖，胸前一个蓝底白色斜杠盾徽，白色斜杠象征莱茵河。盾徽上方装饰有斗篷、骑士头盔和羽饰。盾徽左侧的扶盾者是一个身着铠甲的骑士，骑士手持莱茵省纹章旗。盾徽右侧的扶盾者，手持普鲁士之鹰纹章旗。

可见，普鲁士之鹰随着普鲁士领土的扩张而加到了多个领地的纹章上。1850年，时任普鲁士议员的容克贵族奥托·冯·俾斯麦

普鲁士莱茵省徽

（Otto von Bismarck）在议会演讲时说："我们都愿使普鲁士之鹰把从默麦尔河到当纳斯山都置于其卵翼和统治之下。"①

1815年，维也纳会议认可了神圣罗马帝国被解散、帝国内邦国林立的事实，在此基础上，德意志邦联（Der Deutsche Bund）成立，邦联议会（Bundesversammlung）设在美因河畔的法兰克福，由各邦派代表组成；议会由奥地利人担任主席，因此邦联印章采用的是奥地利纹章。奥地利和普鲁士是德意志邦联最重要的成员，争夺德意志主导权的双雄争霸局势日益激烈。

第三节　德国的统一与民族国家的建立

1815年，德意志邦联成立后，由于不是一个国家实体，一直没有专门的纹章，直到1843年，乌尔姆的一个军事要塞提出了相关的问题：在新铸的大炮上应该挂什么样的标志？这个问题被提交到邦联议会，议员们经过一番争论，决定采用双头鹰纹章。有的人反对

① 艾伦·帕麦尔：《俾斯麦传》，高年生、张连根译，北京：商务印书馆，1982年，第53页。默麦尔河（Memel），今位于立陶宛和白俄罗斯境内；当时是普鲁士最东面的河流，流经东普鲁士省。当纳斯山（Donnersberg），北普法尔茨山的最高峰，今位于德国莱茵兰—普法尔茨州。

采用双头鹰，因为“双头意味着分裂”[①]，德国历史上采用双头鹰的时代的确是邦国林立的分裂时期，而此时又正值奥地利和普鲁士双雄争霸。主张单头鹰的代表实际上是倾向于让普鲁士来领导德国实现统一，即“小德意志方案”，普鲁士的纹章正好又是单头黑鹰。但大多数代表还是主张采用传统的双头鹰纹章。

1848年3月，德国爆发了争取自由与统一的革命。1848年3月9日，德意志邦联议会通过决议，采用双头鹰作为邦联纹章：“旧的德意志帝国之鹰，带有铭文‘德意志邦联’，使用旧帝国旗帜的颜色——黑红金，作为德意志邦联的纹章和颜色。”[②]

邦联议会选择双头鹰作为纹章，意味着当时德意志社会对奥地利领导德国统一寄予了更大的希望，但奥地利“显然会拒绝关于大德意志主张的一切建议，因为这样做定会同哈布斯堡帝国的多民族结构发生冲突，……看来除了把德意志的皇冠献给作为小德意志的最重要的邦国的统治者普鲁士国王外就别无他法了”[③]。在此背景下，1849年3月，法兰克福国民议会选举普鲁士国王腓特烈·威廉四世（Friedrich Wilhelm Ⅳ）为皇帝，但遭到了他的拒绝。他作为专制君主当然不会接受议会授予的皇冠，因为这意味着议会的权威高于君主的权威。普鲁士拒绝了议会授予的皇冠，它将通过自己的努力，用铁与血的战争为自己加冕。

普鲁士和奥地利等邦国都镇压了革命，但普鲁士一直在努力完成德意志统一的目标。1858年，容克贵族赫尔穆特·冯·毛奇（Helmut von Moltke）被任命为普鲁士军队的总参谋长

① Hans Hattenhauer, *Geschichte der deutschen Nationalsymbole,* München: Olzog Verlag,1990,S.97.S.108.

② Johannes Enno Korn, *Adler und Doppeladler: ein Zeichen im Wandel der Geschichte,* Dissertation von Göttingen Universität, 1967, S.87.

③ 艾伦·帕麦尔：《俾斯麦传》，高年生、张连根译，北京：商务印书馆，1982年，第50页。

（Generalstabschef）。毛奇对总参谋部进行了大刀阔斧的改革，注重对军官的培训，在任务导向下赋予前线指挥官以一定的自由；注重战前对敌人的充分研究和战争计划的制订；在战争中充分利用铁路、电报等技术；建立了现代的参谋指挥和国防动员体制。

1862年，威廉一世任命俾斯麦为普鲁士首相。俾斯麦雄才大略，主张通过“铁和血”的战争途径统一德国，被称为“铁血宰相”。他通过德丹、普奥、普法三场战争统一了德国。

德丹战争的起因是荷尔斯泰因与石勒苏益格的归属问题。荷尔斯泰因公国在法律上一直是德意志的领地，但长期由丹麦国王担任公爵；石勒苏益格是丹麦公国，但南部已经德意志化。1863年，丹麦国王决定强行吞并这两个地方，引起德国人的强烈不满。于是，1864年，普鲁士联合奥地利攻占了丹麦治理下的石勒苏益格与荷尔斯泰因。总参谋长毛奇在此战指挥中发挥了关键作用，从此获准直接参与国王的御前军事会议，使得总参谋部的地位大大提高。战后，普鲁士和奥地利对两地分别统治，普鲁士统治石勒苏益格，奥地利统治荷尔斯泰因。

由于荷尔斯泰因离奥地利很远，却与普鲁士相邻，普奥两国在荷尔斯泰因管理问题上矛盾加剧，1866年，爆发了战争。普鲁士军队在总参谋长毛奇的指挥下，在7周的时间里击败了奥地利军队，将奥地利从德国排除出去，德意志邦联宣告解散。普鲁士借机吞并了在战争中支持奥地利的汉诺威、黑森等地，1866年，成立了汉诺威省；1868年，成立了黑森—拿骚省。两个省份虽然没有在核心纹章中加入普鲁士黑鹰，但扶盾者手持普鲁士黑鹰纹章旗。其他普鲁士省份的纹章上也都出现了扶盾者的黑鹰纹章旗。这体现了普鲁士的领土扩张和对这些土地的主权。

在1866和1867两年间，普鲁士组织成立了北德意志邦联（Norddeutscher Bund），基本上统一了德国北方。北德意志邦联旗帜是黑白红三色旗，纹章则是顶端为王冠的黑白红条纹盾徽。黑白色象征普鲁士，红白色象征汉萨同盟城市。还有一种说法，认为红白色来自勃兰登堡的白底红鹰纹章①。和普鲁士一样，勃兰登堡是霍亨佐伦家族崛起的核心区域。

奥匈帝国纹章

奥地利战败后，国内矛盾加剧。1867年，奥地利与匈牙利改组为奥地利—匈牙利二元帝国，但仍然采用了原来奥地利帝国的纹章。这引起了匈牙利的不满，直到1915年，奥匈帝国才采用了新的纹章，一个由两个大盾徽和一个小盾徽连接而成的“联盟纹章”：右边大盾徽是金底双头黑鹰，两个鹰头都戴有王冠，胸前是象征奥地利的红白红条纹盾徽，黑鹰左爪持有金球，右爪持有宝剑和权杖，盾徽上方是奥地利皇冠；左边大盾徽象征匈牙利，由三个部分组成，红白条纹、红白方格和立在青山顶端的王冠上的红底白色大主教十字架②，盾徽上方是镶嵌有

① Alois Friedel, *Deutsche Staatssymbole*, Frankfurt a.M: Athenäum Verlag, 1968, S.29.

② 大主教十字架（Patriarchenkreuz）是一种双十字架（Doppelkreuz），竖梁上有两根横梁，上面的横梁较短，在上面写有拉丁字母I.N.R.I.（Iesus Nazarenus Rex Iudaeorum），意思是“拿撒勒人耶稣，犹太人的国王”。这种十字架在罗马教会传统中成为大主教的一种标志。公元6世纪时，大主教十字架从东方传到欧洲，后来被简化为纹章图案。公元1000年，斯蒂芬（Stepfan）建立了匈牙利王国，他皈依了基督教，教皇授予他“使徒国王”（Apostolischer König）的称号，因此他采用了这种十字架作为王国的标志。

绿宝石的匈牙利王冠，王冠上有一个倾斜的十字架；中间有个小盾徽，分为三个部分，金底红狮是哈布斯堡的家族纹章，红白红条纹象征奥地利，金底红色斜梁上三只无喙的白鹰象征洛林公爵，盾徽上方也有一顶王冠，围绕小盾徽的是金羊毛勋章。整个纹章下方有一句拉丁文铭文“INDIVISIBILITER AC INSEPARABILITER”，含义是“不可分离与不可分割的”。

普鲁士的崛起引起法国的警惕。此时法国处于法兰西第二帝国拿破仑三世统治之下。拿破仑三世是拿破仑一世的侄子，1852年登基后，再次采用了拿破仑之鹰作为纹章，以示对法兰西第一帝国的继承。

日耳曼妮娅守卫莱茵河

拿破仑三世在普奥战争中保持了中立，希望得到莱茵河西岸等作为补偿，遭到了俾斯麦的拒绝。占据莱茵河西岸，以莱茵河为德法的天然边界一直是法国的梦想，这引起了德意志人的警惕。1860年，画家洛伦茨·克拉森（Lorenz Clasen）画了一幅《守卫莱茵河》（*Wacht am Rhein*）：天空中愁云密布，远方是蜿蜒的莱茵河和巍峨的城堡，日耳曼妮娅[1]身穿战袍，左手扶着双头黑鹰盾牌，右手持宝剑，站立在河边的山冈上，守卫着莱茵河，盾牌上写有“德意志之剑守卫着德意志的莱茵河”。

① 日耳曼妮娅（Germania）是德意志民族的女性形象，出现于中世纪公元1000年左右。

1869年，西班牙邀请霍亨佐伦家族施瓦本支系的利奥波德亲王担任国王。作为家族首领的普鲁士国王威廉一世（Wilhelm Ⅰ）本来不是很热心，但法国反应非常激烈，历史上哈布斯堡家族包围法国的噩梦似乎要由霍亨佐伦家族重演。1870年7月，法国大使前往威廉一世正在度假的埃姆斯，要求威廉一世答应永远不让霍亨佐伦家族的成员担任西班牙国王，威廉一世拒绝了这一没有时间限制的无礼要求，并将这一情况拍电报通知了俾斯麦，史称“埃姆斯急电”。俾斯麦将电报内容进行编排，使其显得是国王粗暴地对待了法国大使，然后发表在报纸上。法国受到了刺激，7月19日，对普鲁士宣战，普法战争爆发。普鲁士军队在总参谋长毛奇的指挥下，利用铁路迅速完成动员和集结。9月2日，普鲁士军队在色当战役中击败法国，拿破仑三世被俘，他的统治因此结束。普鲁士之鹰再次战胜拿破仑之鹰。随着战争的失败，拿破仑之鹰彻底退出了法国历史。

德意志南部的巴伐利亚、符腾堡、巴登与黑森四个邦国慑于普鲁士的军事胜利，与普鲁士达成了关于国家统一的谈判。

1871年1月18日，在普鲁士王国成立170周年之际，普鲁士国王威廉一世在法国巴黎郊外的凡尔赛宫加冕为德意志皇帝（Deutscher Kaiser），这宣告了德意志帝国的成立。

普鲁士王室清醒地意识到皇帝称号在历史上给德国带来的灾难性后果，因此，威廉一世在最初宁可采用国王称号，但俾斯麦认为，当时德国境内已经有了巴伐利亚、萨克森、符腾堡等王国，不可能让已有的国王自动降级为公爵，因此让普鲁士国王勉强接受了皇帝称号。①

德意志帝国国旗依然采用北德意志邦联的黑白红三色旗，纹章方面则没有采用简单的黑白红条纹纹章，也并没有采用传统的象征

① 俾斯麦：《思考与回忆——俾斯麦回忆录》第二卷，杨德友、同鸿印等译，北京：生活·读书·新知三联书店，2006年，第97—100页。

帝国的双头鹰纹章，而是继续采用了普鲁士的单头鹰纹章。有的解释认为，这可能是为了与奥地利进行区分。[①]还有一种解释认为，皇帝威廉一世在1848年革命期间担任亲王，曾主张军事镇压革命，被斥为“霰弹亲王”（Kartätschenprinz），被迫逃亡英国，因此不喜欢德意志邦联的双头鹰与黑红金三色。[②]但从普鲁士统一德国及其国王加冕为皇帝的过程来看，单头鹰纹章正符合其小德意志方案，标志着德意志民族国家的建立。

纹章的主体是金底单头黑鹰，纹章周围环绕着黑鹰勋章项链。但普鲁士朝廷在纹章的细节上爆发了激烈的争论。皇储腓特烈亲王希望延续帝国的传统，同时赞同在帝国之鹰胸前悬挂霍亨佐伦家族的纹章，这符合纹章的传统，也得到了俾斯麦的支持；但普鲁士王室纹章院的纹章官施蒂尔弗里德伯爵（Stillfried）顽强地坚持在纹章中加入普鲁士之鹰，以此体现普鲁士的荣耀，这得到了皇后的支持，最终威廉一世皇帝采纳了纹章官的意见。[③]1871年8月3日，皇帝颁布法令，确定帝国纹章是：“单头黑鹰，头朝向右，嘴、舌、爪均为红色，没有权杖和帝国之球；胸前是装饰有霍亨佐伦家族纹章的普鲁士之鹰盾徽；纹章上方是查理大帝皇冠式样的皇冠。”[④]

法令并没有规定国徽的底色，于是采用了传统的金色。纹章周围环绕着普鲁士黑鹰勋章；帝国之鹰胸前佩戴普鲁士的黑鹰纹章，体现了普鲁士在帝国中的核心地位。普鲁士黑鹰胸前则是霍亨佐伦家族的黑白四分盾徽，象征了该家族在帝国中的统治地位。这种设

① Carl Alexander von Volborth, *Heraldry of the World,* London: Blandford Press Ltd, 1973, p.203.

② Johannes Enno Korn, *Adler und Doppeladler: ein Zeichen im Wandel der Geschichte,* Dissertation von Göttingen Universität, 1967, S.87.

③ Hans Hattenhauer, *Geschichte der deutschen Nationalsymbole,* München: Olzog Verlag,1990, S.110-111.

④ *Reichsgesetzblatt,* 1871, Nr.681, S.318.

计虽然在艺术上不太美观，但与当时的政治体制却是高度一致的。霍亨佐伦家族出任皇帝和普鲁士国王，普鲁士王国在帝国中占据主导地位，拥有帝国三分之二的领土和五分之三的人口，在由各邦选派代表组成的帝国参议院中拥有否定权，帝国首相由普鲁士首相兼任。

普鲁士立国以来开疆拓土的武功则记载在它的大纹章中：整个纹章在一个华丽的巨大斗篷下面。纹章中间是一个巨型的64分大盾徽，每一个小盾徽代表一块领地。值得注意的是，在普鲁士领地划分为省之后，纹章中并未直接加入各省的纹章，而是仍采用原贵族的纹章。如石勒苏益格—荷尔斯泰因省徽由两个公爵纹章联合而成，与现代州徽相似。而在这个大纹章中，荷尔斯泰因公爵纹章位于第二行左起（从观察者角度）第二个；石勒苏益格公爵纹章位于第二行右起（从观察者角度）第二个，两只蓝狮头朝向右方（外），这是石勒苏益格公爵最初的纹章，来自丹麦王室纹章。而在省徽中，蓝狮头朝向左方（内），体现了对国家的向心力。省份的划分彰显了现代政治权力的划分和建构，王国体制则强调对贵族等级的尊重，两种政治文化的差异在纹章中体现了出来，展示了普鲁士向现代国家过渡的历程。

大盾徽正中间从上到下叠加了三个纹章，依次是勃兰登堡边境伯爵纹章、普鲁士王国小纹章和霍亨佐伦家族纹章，这是霍亨佐伦家族的渊源赖以发展和核心领地。尽管随着神圣罗马帝国的解体，选侯职务已经消失，勃兰登堡边境伯爵红鹰纹章上依然配饰有象征选侯地位的帝国财政总管的职务纹章，显示了霍亨佐伦家族的历史地位和荣耀。大盾徽两侧各有一名扶盾者，扶盾者分别手持普鲁士黑鹰纹章旗和勃兰登堡红鹰纹章旗。斗篷上方是一顶王冠和普鲁士黑鹰旗帜，强调了普鲁士的崇高地位。

德国在普法战争后夺回了阿尔萨斯和洛林，将之设为帝国直辖

普鲁士王国大纹章

石勒苏益格—荷尔斯泰因省徽

区。阿尔萨斯—洛林纹章是普鲁士黑鹰，黑鹰上方是一顶皇冠，胸前有一个盾徽，分为三个部分，左边是象征洛林公爵的金底红色斜梁上三只无喙的白鹰；右上是红底金色斜杠，斜杠两边各有三个王冠，代表上阿尔萨斯；右下是红底白色斜杠，代表下阿尔萨斯。盾徽上方是一顶公爵冠。这个纹章象征阿尔萨斯—洛林地区重新回到了德意志帝国的统治之下。

为了纪念德丹战争的胜利，1864年，普鲁士开始在柏林修建胜利柱（Berliner Siegessäule），胜利柱的修建时期正好是普鲁士进行普奥战争和普法战争并取得胜利的时期。1873年9月2日，在色当战役中战胜法国三周年之际，胜利柱的落成典礼举行。胜利柱的顶端是金色的胜利女神，女神身上有一对翅膀，女神左手持权杖，右手持花环，头顶矗立着一只金鹰。金鹰与胜利女神一起见证了普鲁士在统一战争中的胜利和荣耀。

在德国的统一过程中，俾斯麦和毛奇居功至伟。俾斯麦利用高超的政治和外交手腕创造了进行统一战争的有利局势；毛奇指挥的普鲁士军队无往不胜，实现了统一德国的战略目标，并使德军的总参谋部制度名扬天下，成为各国军队效法的对象。威廉一世对他们进行了论功封赏。1870年，毛奇被封为伯爵。毛奇新的伯爵纹章中间是金底盾徽，盾徽中间是一个黑色铁十字，铁十字三端写有1864、1866和1870，代表毛奇指挥的普鲁士与丹麦、奥地利和法国的三次战争。铁十字中间是毛奇家族传统的白底三只黑琴鸡（Birkhuhn）纹章。盾徽上方是伯爵冠。盾徽两侧的扶盾动物都是头戴王冠的普鲁士黑鹰，黑鹰都持有蓝白红纹章旗。纹章上方装饰有斗篷、骑士头盔和侯爵冠，顶端是一个孔雀羽毛装饰，羽毛的中间是白底普鲁士黑鹰纹章。纹章下方的铭文是毛奇的座右铭“ERST WÄGEN, DANN WAGEN”[①]，意思是“谋定而后

阿尔萨斯—洛林纹章

毛奇伯爵纹章

① 这是一句谐音的德语谚语。“wägen”是“称重、衡量”的意思，“wagen”则是“敢于、冒险”的意思。

俾斯麦侯爵纹章

动”。这也是毛奇赋予德军总参谋部的特质。

1871年，俾斯麦被封为侯爵，采用了新的侯爵纹章：中间是俾斯麦家族传统的蓝底三叶草和荨麻叶盾徽，盾徽上方装饰有骑士头盔、水牛角和贵族冠冕。盾徽左侧扶盾的是头戴选侯冠的勃兰登堡红鹰，右侧扶盾的是头戴王冠的普鲁士黑鹰。纹章上方装饰有斗篷和侯爵冠。纹章下方是拉丁语铭文“IN TRINITATE ROBUR”，意思是“三位一体给我力量”。这可能跟家族纹章中的三叶草和三片荨麻叶有关。

毛奇和俾斯麦的纹章记载了他们在统一德国过程中建功立业的荣耀，都是由象征普鲁士的黑鹰作为扶盾动物，充分说明了德意志皇帝对他们的宠信。

中央党海报

当俾斯麦战胜了法国这一最大的敌人回到柏林时，发现国内又出现了一个力量强大的敌人——天主教徒所组织的中央党（Deutsche Zentrumspartei）。普鲁士原先是个新教国家，但随着领土的扩大，尤其是德国的统一，境内的天主教徒越来越多。天主教徒为了捍卫自己的权益，于1870年12月，成立了自己的政党。在威廉二世皇帝统治时期中央党的一幅宣传画上，中间

柏林胜利柱

是中央党三位领袖的照片。照片下方是两棵巨树，巨树中间是一座山，山顶有一个塔楼，塔楼上飘扬着十字旗，象征着天主教会。最下方则写有“为了真理、自由和正义”。最上方是德意志帝国的国徽——黑鹰纹章，这或许是为了表明天主教徒对帝国的忠诚，但俾斯麦显然不认同这一点。

由于天主教会受到罗马教会的管辖，俾斯麦立即开始着手压制中央党。俾斯麦颁布法令，取消天主教会在管理教育、婚姻等方面的权力，这后来被称为“文化斗争”（Kulturkampf）。但随着俾斯麦对天主教的压制，天主教徒的反抗日益激烈，在议会中席位不断增加。俾斯麦试图取消天主教会的自治地位，也没有成功。

对另一股在19世纪后半期迅速崛起的势力——工人运动及其组织，俾斯麦也予以了严厉镇压。1878年，俾斯麦推动议会通过了镇压社会主义工人运动的法律，解散了社会主义工人党等工人组织。但从19世纪80年代起，俾斯麦开始推行社会保障政策，使得工人和职员阶层得以参加疾病、意外事故和残疾等保险，改善他们的工作环境，缓和了阶级矛盾，奠定了现代社会福利保障制度的基础。

在外交方面，俾斯麦则更为成功。为了防范法国的复仇和巩固德国的国际地位，在俾斯麦主导下，德国构建了一个复杂的外交联盟体系。德国与奥匈帝国捐弃前嫌，结成了联盟；1881年，两国与俄国结成三皇同盟；1882年，德国利用意大利与法国在北非争夺殖民地的矛盾，同意大利结盟。奥匈帝国和俄国在巴尔干半岛争夺势力范围的矛盾非常激烈，德国试图调解俄奥矛盾，但没有成功。

1888年，威廉一世去世，具有自由主义倾向的腓特烈三世（Friedrich Ⅲ）继位。但腓特烈三世仅在位3个多月，便去世了。1888年7月，其子威廉二世（Wilhelm Ⅱ）继位。

1888年12月初，威廉二世登基后不久便颁布了新的帝国纹章。纹章主体图案仍然是单头黑鹰，黑鹰勋章移到了黑鹰的胸前，但去

德意志帝国纹章

掉了与神圣罗马帝国相关的金色底面，更加突出了普鲁士的黑白色元素，整体上以黑白红色调为主，与德意志帝国的黑白红三色旗颜色一致。帝国纹章的更换标志着一个新的时代到来了。

威廉二世希望掌握实权，亲自执政，与首相俾斯麦冲突日益扩大。1890年，俾斯麦被迫辞职，其继任者没有延续与俄国的联盟。俄国感到威胁，在1892年与德国的宿敌法国联合起来，俾斯麦最担心的事情发生了。

虽然威廉二世渴望专制的权力，但他不得不面对俾斯麦的老对手——帝国议会。由于并未实施真正的代议制，帝国首相和政府都只对皇帝负责，帝国议会权力受到了很大限制，但其拥有对政府预算的批准权和一定的立法权，对专制权力构成了一定的约束，而且在政治上影响越来越大，从而受到威廉二世的厌恶。

1894年，新的帝国议会大厦竣工。大厦修建始于1884年，是一座新文艺复兴风格的建筑，主要是为了满足统一后领土扩大导致议员增加的需求。帝国黑鹰纹章被雕刻在了帝国议会大厦正面的顶端。帝国纹章下方写有“DEM DEUTSCHEN VOLKE”，意思是“为了德意志人民”，这句铭文原计划在大厦竣工时就镶嵌上去，但在当时引发争议。据说这遭到了威廉二世的反对，他曾建议改为“DER DEUTSCHEN EINIGKEIT”（为了德国的统一）。由于意见不一，直到1916年一战期间，皇帝才将这句铭文镶嵌上去。组成

威廉二世

帝国议会大厦

这句铭文的金属字母是由普鲁士在拿破仑战争期间缴获的两门法国大炮熔化后铸造而成的。[①]选择这个时间点大概是为了让民众继续支持战争，选择的材料则似乎是为了唤醒民众关于普鲁士战胜法国的记忆。

帝国议会大厦上方的四个塔楼象征普鲁士、萨克森、巴伐利亚和符腾堡四大王国。大厦正门两侧的墙壁上雕刻有组成德意志帝国的各个王国、公国、侯国和自由城市等各邦的纹章。这组纹章雕刻体现了德意志帝国的联邦传统。按照德意志帝国的体制设计，帝国政府掌管军事、外交、海关、民法、刑法等重大事务，各邦则保有教育、宗教等事务的管辖权。

普鲁士以军国主义统一德国，军国主义在威廉二世时代愈演愈烈，黑鹰成为战争的标志。威廉二世热衷于扩充军备，他常年穿着军服，其头盔上装饰有鹰的雕像。普通将士的军帽上也多装饰有普鲁士之鹰的图案。

---

① Rainer Haubrich, Dem Deutschen Volke, Das Reichstagsgebäude und andere Hauptstadt Architekturen, *Die Welt,* 24.Juli, 1999.

威廉二世开始夺取殖民地。1897年，威廉二世派兵强占中国山东胶州湾，开启了列强瓜分中国的浪潮。1898年1月，英国报刊《攻击》上发表了题为“新的角色”的漫画，描绘的是威廉二世梳起了长辫，脱下军帽，戴上了清朝的顶戴花翎，身着清朝龙袍，龙袍的中心图案正是德意志帝国的黑鹰纹章，一条龙则侧侍在黑鹰纹章右边。威廉二世有了“中国皇帝”这个新的角色！这幅漫画讽刺了德国在中国的殖民扩张和威廉二世的侵略野心。

德国对胶州湾的侵占导致了山东境内义和团运动的兴起。反帝排外的义和团运动很快发展到京津冀地区，一度获得清政府的支持，最终引起1900年的八国联军侵华战争，八国联军给中国带来巨大灾难。威廉二世派出的瓦德西元帅担任了联军司令。

漫画《新的角色》（1898年）

威廉二世还亲自为远征中国的军队设计了勋章，图案是一只鹰战胜了龙。在德国官方发布的纪念文件中，图案也是头戴王冠的普鲁士黑鹰翱翔在空中，鹰爪下方是一句铭文“心怀上帝，为皇帝和帝国而战”（Mit Gott für Kaiser und Reich），两侧飘扬着普鲁士之鹰的旗帜，地上是一条被剑刺穿的龙与一面倾倒的中国的旗帜，龙头垂地，龙尾处还有一份清单，记载着八国联军侵略中国的进军路线“Taku、Tongku、Tientsin、Paotingfu……”（大沽口、塘沽、天津、保定府）这都直接展现了德国鹰战胜了中国龙。龙是中国的象征，起源纷繁复杂，其中一种说法认为龙源于蛇，很多西方人赞同这个说法，而蛇在西方是邪恶的象征。鹰与龙（蛇）的战斗成为“世界上最强大的鸟与最危险的爬行动物之间的斗争，两者之间的战斗具有非凡的意义”[①]。德国赋予了鹰以神圣性，而将龙贬为邪恶的象征，试图以此来美化侵略战争。

与此同时，德国大力建设海军，引起英国的极大不安。为了遏制德国，1904年英法达成协约；1907年，英俄达成协约。至此，德奥意三国同盟与英法俄三国协约正式形成。

德皇威廉二世亲自设计的“为远征中国服务”勋章。1901 年。

德国国防部发给“中国远征军”参与者的纪念文件。文件正上方是一只张开翅膀的德国雄鹰，正下方则是一条被利剑刺穿的中国龙，龙身翻转，脚朝天，头垂地。1901 年。

德国“为远征中国服务”勋章与纪念文件

1908年，德国发行了一种100马克的纸币，图案是日耳曼妮娅身穿华服，头戴霍亨佐伦皇冠，坐在一棵大橡树下面。她右手将宝

① 施爱东：《16—20世纪的龙政治与中国形象》，北京：生活·读书·新知三联书店，2014年，第105页。

剑插立在地上，左手搁在盾牌上，盾牌上是德意志帝国黑鹰国徽。日耳曼妮娅旁边堆放着铁犁、铁砧，远方是德国的三艘战列舰。德国发展海军的热情一览无余。这种纸币被称为“舰队百元大钞”（Flottenhunderter）。

100马克纸币（1908年）

1914年，奥匈帝国皇储在塞尔维亚萨拉热窝遇刺，奥匈帝国对塞尔维亚发出最后通牒，俄国支持塞尔维亚，德国站在了奥匈帝国一边，导致第一次世界大战爆发。与俄国矛盾尖锐的土耳其帝国在1914年10月加入了德国主导的同盟国阵营；而意大利在1915年5月退出了同盟国，加入了协约国。

在1914年，画家腓特烈·考尔巴赫（Friedrich Kaulbach）绘制了一幅《日耳曼妮娅》（*Germania*），背后笼罩在黑夜中，近处火光四起，日耳曼妮娅头戴皇冠，身穿盔甲和黑裙，左手持一个金色盾牌，挡在身前，盾牌上面是头戴王冠的普鲁士黑鹰纹章；右手持一柄宝剑，蓄势待发；目光坚定，望向远方。黑鹰盾徽和宝剑象征着德国强大的军事力量，这幅画表现了一战刚开始时，德国高昂的士气和必胜的决心。

德国战争公债海报（1918年）

德国由于其地理位置，陷入两线作战的困境。法国复仇心切，斗志昂扬，打破了德国速战速决的计划，战争陷入阵地战。在1918年德国的一幅海报中，远方是绵延起伏的山峦，一只巨大的黑鹰飞翔在一只衔着橄榄枝的鸽子的上面，海报下方写的是“请认购战争公债”，这被解读为“通过战争获得和平”①。这显示德国此时在财政上已经支撑不住，但试图坚持作战，以战求和，为谈判积累更多的筹码。

1917年4月，美国对德宣战。1917年11月7日，俄国发生“十月革命”②，推翻了沙皇统治，退出了一战。德国与之签订了苛刻的《布列斯特和约》，占据了东欧大量领土。但东线的胜利不能挽救美国参战后的西线战局。1918年11月，德国爆发了革命，宣告了其在战争中的失败，皇帝威廉二世被迫退位，流亡荷兰，霍亨佐伦家族在德国的统治结束了。

一战还导致奥匈帝国、俄罗斯帝国以及土耳其帝国的垮台，原来在四个帝国统治下的东欧各个民族纷纷独立，波兰、捷克斯洛伐克、匈牙利等国成为独立的国家。

德国人在帝国的废墟上建立了魏玛共和国，这是德国人为追求自由、建立现代民主国家长期奋斗的结果，但由于共和国是伴随战败而建立的，其前途注定是崎岖的。

---

① Reiner Diederich, *Der deutsche Adler, Funktionen eines politischen Symbols,* Frankfurt a.M: Frankfurter Kunstverein, 1973, Abb.12.

② 公历11月7日，是俄历10月25日，故称“十月革命”。

《日耳曼妮娅》（1914年）

第三章

从共和之鹰到联邦之鹰：现代国家的建立与重构

建立统一与自由的德意志现代国家是19世纪以来德国人的梦想，在抵抗拿破仑侵略的民族运动和1848年革命中都展现出来了。1871年，普鲁士实现了德意志统一的理想，但其建立的民族国家并不是现代的民主国家。德意志帝国所采用的黑白红三色旗以及采用了这个色调的普鲁士黑鹰纹章在精神上与1848年革命的象征——黑红金三色旗是相违背的。

这两种颜色组合的兴废见证了专制、军国主义与民主、自由的斗争。当德意志之鹰最终采用了黑红金三色时，则体现了德意志构建现代民主自由国家的实现。

第一节　共和之鹰：魏玛共和国与现代国家的建立

一、1848年革命

19世纪30年代，德国工业革命兴起后，鹰开始成为社会其他阶层的象征，如新兴的资产阶级开始以鹰为标志。1835年，德国的第一条铁路——纽伦堡与菲尔特之间的铁路通车，火车取名为“雄鹰号”（der Adler），“这标志着鹰符号功能的转变”[1]。当时德国四分五裂的局面严重阻碍了国内统一市场的形成和德国工商业的发展

① Reiner Diederich, *Der deutsche Adler, Funktionen eines politischen Symbols,* Frankfurt a.M: Frankfurter Kunstverein, 1973, Abb.1.

以及在国际市场上的竞争力，资产阶级迫切追求德国的统一。资产阶级对鹰的尊崇暗含了对国家统一的追求。德意志各地开始兴建铁路，逐步形成了贯通全境的铁路网。与此同时，普鲁士积极推动组建德意志邦国间的关税同盟。1834年，以普鲁士为核心的德意志关税同盟成立，奥地利没有加入，开始放弃在德意志的领导地位。铁路网的形成和德意志关税同盟的建立，导致了全德统一市场的逐步形成，德意志人统一和自由的愿望更为强烈了。

1848年2月，法国巴黎爆发革命，推翻君主统治，建立了共和国，引发欧洲各国争取民主自由的革命浪潮。3月，维也纳、柏林相继爆发革命。奥地利首相梅特涅被迫下台，普鲁士国王腓特烈·威廉四世被迫披着黑红金三色旗向革命烈士致哀，一度被迫实行君主立宪制。

1848年3—4月，德意志邦联议会通过两项决议，决定在全德意志范围内选举代表，制定宪法。5月，议会在美因河畔的法兰克福的保罗教堂召开，史称“法兰克福国民议会”（Frankfurter Nationalversammlung），议会讨论了德国的统一和自由问题。1849年3月，国民议会制定了一部民主自由的宪法，史称《保罗教堂宪法》（Paulskirchenverfassung）。这部宪法未曾在德国实施，但对20世纪的《魏玛宪法》和《基本法》都产生了深远影响。

法兰克福国民议会继承了邦联议会所制定的黑红金三色的双头鹰纹章，黑红金三色在1848年革命中被赋予了新的含义，成为德国追求统一、民主和自由的标志。黑红金三色旗起源于19世纪初德国人民反抗法国的民族解放运动时期。1813年，吕措（Lützow）男爵得普鲁士国王授权，面向全国招募组织志愿军。他们身穿黑色的制服，制服镶有红色的边，钉有金色的纽扣。他们虽没有军饷，自带装备，但作战勇猛，被称为“黑衣军”。现代黑红金三色首次组合在了一起。1815年，一些参加过吕措志愿军的大学生在耶拿成立了德国第一个大学生联合会，采用了志愿军制服的颜色作为自己旗帜的颜色。1816年，耶拿的妇女们为大学生联合会绣了一面红黑红条纹旗帜，黑色条纹上绣有金色的橡树枝，旗帜装饰有金色的流苏。1817年10月，在宗教改革爆发三百周年前夕，耶拿等德国各地的大学生在路德曾隐居过的瓦特堡举行爱国集会，呼吁争取自由和统一。他们都配有黑红金三色的帽徽，从此，黑红金成为自由和德意志统一的象征。

黑红金与普鲁士之鹰所象征的专制传统是相违背的。1848年革命期间，普鲁士军队被迫撤离柏林，行军途中曾唱到："黑红金三色旗在阳光下闪烁，受到亵渎的黑鹰低头忧伤。"[①]当俾斯麦向威廉亲王（后来统一德国的威廉一世）讲述这段歌词时，威廉亲王痛苦不已。

画家菲利普·怀特为法兰克福国民议会创作了一幅充满象征意义的《日耳曼妮娅》（*Germania*），挂在了举行会议的保罗大教堂的墙上。画中的日耳曼妮娅头戴象征忠诚的橡树叶花环，红色衣袍上绣有金底双头黑鹰纹章，左手扶有黑红金三色旗，右手持一把宝剑和一段枝叶；右脚旁边一个松开的手铐象征着自由；背后地平线上光芒万丈，太阳即将升起，象征一个新的时代的到来。日耳曼妮娅成为德意志民族的人格化代表，黑鹰纹章和黑红金三色旗成为最为重要的德意志象征符号。

1849年，奥地利和普鲁士等邦国集结军队，对革命进行了镇压，1848年革命以失败告终。普鲁士镇压了革命，但后来还是完成了德国的统一，这是1848年革命的两大任务之一；另一个任务就是自由。

① 俾斯麦：《思考与回忆——俾斯麦回忆录》第一卷，杨德友、同鸿印等译，北京：生活·读书·新知三联书店，2006年，第36页。

二、十一月革命与魏玛共和国的建立

普鲁士统一德国后，奉行君主专制和军国主义政策。德国人继续追求着民主和自由。资产阶级纷纷组成政党，如民族自由党、德意志进步党等，在议会中争取民主权利；工人阶级也走上了历史舞台。早在1848年，马克思和恩格斯就发表了《共产党宣言》，号召工人阶级进行斗争。随着第二次工业革命的蓬勃展开，德国成为世界第二大工业国，同时工人运动也随之兴起了。德国工人积极争取民主权利，1863年，成立了德意志工人协会联合会。1865年，成立了社会民主工党。1875年，两党合并改组为德国社会主义工人党，后来发展成为德国社会民主党（Sozialdemokratische Partei Deutschlands，简称SPD）。

1914年，第一次世界大战爆发，德国陷入两线作战的巨大困境。民众生活日益贫困，发起多起罢工。1918年11月3日，基尔水兵起义，引发了十一月革命。11月9日，柏林起义，皇帝威廉二世被迫退位。德国建立了共和国，社会民主党人接管了政权。

社会民主党海报（1919年）

1919年1月19日，德国进行了立宪国民议会（Verfassunggebende Deutsche Nationalversammlung）选举。社会民主党在竞选过程中发布了一张海报：一只头戴自由之帽[①]的黑鹰站在台基上，鹰嘴叼着选票，将之投入票箱中，海报上方写有“请选择社会民主党”，台基上写有“德国社会民主党”。普鲁士黑鹰虽然在一战后坠落了，但黑鹰依然是德国人民的象征，黑鹰戴的王冠变成了象征自由的红帽。黑鹰成为各类政党海报中非常常见的元素。

1919年2月，德国立宪国民议会在魏玛举行，社会民主党领袖艾伯特（Friedrich Ebert）当选为总统。2—7月，立宪国民议会制定了一部民主自由的宪法，史称《魏玛宪法》，因此，人们也将这个新的共和国称为“魏玛共和国”。但实际上，德国国号没有改变，与德意志帝国时期相同，仍然是“Deutsches Reich”，这也可以翻译为“德意志国”，因为“Reich”有“帝国”和“国家”等多重含义。

1919年6月28日，魏玛共和国领导人签订了《凡尔赛和约》，割地赔款，德国损失了约七分之一的领土，如阿尔萨斯—洛林地区重新归属法国，莱茵河左岸地区成为非军事区，军队减少为10万人，等等。条约受到民族主义者的强烈攻击。如果与二战后盟军对德国的惩罚相比较，《凡尔赛和约》还算温和的，因为德国割让出去的领土绝大部分是普鲁士和德国通过侵略战争夺来的。但德国人已经不能接受这样的失败和条约。战败后不久，德国就开始流传“背后捅刀子”（Dolchstoßlüge）的谣言，认为德国之所以战败，是由于社会民主党和犹太人在后方捣乱。社会民主党背上了导致战败的黑锅，同时又签订了屈辱的条约，这大大影响了社会民主党的执政权威。

1919年8月，魏玛共和国颁布了宪法，建立了民主的体制，如赋予妇女选举权，实行比例选举制，保证司法独立，保障结社自由、

① 自由之帽（Freiheitsmütze），一种红色的无边软帽。据说在古罗马，被释放获得自由的奴隶会戴此种帽子。后来在法国大革命中它被称为“自由之帽”，成为追求自由民主的象征，被广泛使用。

信仰自由等各种基本权利，但该宪法也具有较大的缺陷，如赋予了总统很大的权力，总统在紧急状态下，为恢复公共安全和秩序拥有独裁权，可以不经议会批准，直接任免总理；同时没有对政党进入议会设立门槛，导致小党林立，很难建立稳定的政府。

在立宪会议上，立宪委员就国旗颜色爆发了争论。右派政党主张德意志帝国时代的黑白红三色；社会民主党等主张象征1848年革命理想的黑红金三色。最后达成妥协以黑红金为国旗，以黑白红为商旗。这虽然只是颜色之争，但德国宪法史学者们认为，其“所表达的是对国家的基本问题还缺乏共识”[①]。国旗颜色的确定为国徽的色调奠定了基础。

魏玛宪法并没有规定国徽的设计，帝国之鹰停止使用后，一些人主张使用字母组合DR（Deutsches Reich）来作为国徽，由此摆脱旧帝国的色彩。[②]经过激烈的争论，德国最终仍然采用了黑鹰纹章，但进行了新的设计。1919年11月11日，总统艾伯特颁布《关于国徽与国家之鹰的公告》：“基于政府的决定，我在此宣布，国徽采用金底单头黑鹰，头朝向右方，翅膀张开，但羽毛收起，鹰嘴、舌与爪都是红色”。[③]

共和之鹰（魏玛共和国国徽）

① 蒋劲松：《德国代议制》第二卷，北京：中国社会科学出版社，2009年，第1040页。

② Jürgen Hartmann, Der Bundesadler, *Vierteljahrshefte für Zeitgeschichte,* Jahrgang 56, 2008, Heft 3, S.499.

③ Bekanntmachung, betreffend das Reichswappen und den Reichsadler, 1919.载http://www.documentarchiv.de.

鹰在形态上继承了德意志帝国时期的单头黑鹰纹章，但从色彩上看，魏玛共和国的国徽整体上更多继承的是1848年德意志邦联的国徽，黑红金三色成为国徽的主要色彩，这被称为第一个“共和之鹰”（republikanischer Adler）[①]。共和之鹰融合了普鲁士之鹰与邦联之鹰的特征，象征要建立一个统一的民主自由的德意志民族国家。这个国徽是由帝国时代皇室御用纹章画家埃米尔·多普勒（Emil Doepler）设计的，但国徽上的黑鹰可能因为不太美观，不受民众欢迎，有人认为它像“鹦鹉骨头”；在20世纪20年代通货膨胀的背景下，有人形容它如“面临倒闭”或“受惊的股票经纪人”。[②]在巨大的争议面前，1928年，德国采用了托比阿斯·施瓦布（Tobias Schwab）的设计图案，这一图案原本是为德国奥林匹克体育代表团设计的。新的国徽图案仍然是金底黑鹰，但更为简洁，线条更为流畅，第二个共和之鹰从此诞生。

魏玛共和国没有对帝国的社会基础和权力架构做出改革，原有的军官集团和地主权贵等统治阶级仍占据要职，但他们对魏玛共和国却心怀敌意。普鲁士由王国变为共和国的一个邦（Freistaat Preußen），但仍然占据着全国三分之二以上的领土。普鲁士邦的纹章依然是白底黑鹰，但去掉了王冠之类的装饰，鹰呈自然站立的姿势。其采用的正是“腓特烈之鹰”。普鲁士除了割让出去的部分，原行政区划未作变更。纹章则去掉了帝制时代复杂的装饰，变得十分简洁。如莱茵省的纹章，上方是白底黑鹰，象征其作为普鲁士的一个省，下方是蓝底白色斜杠，象征莱茵河。又如萨克森省的纹章，上部分是白底黑鹰纹章；下部分是萨克森传统的菱形花环黑金

① Jürgen Hartmann, Der Bundesadler, *Vierteljahrshefte für Zeitgeschichte,* Jahrgang 56, 2008, Heft 3, S.500.

② Johannes Enno Korn, *Adler und Doppeladler: ein Zeichen im Wandel der Geschichte,* Dissertation von Göttingen Universität, 1967, S.88.

条纹纹章。

20年代初，德国开始出现通货膨胀。德国由于经济困难，无法履行赔款。1923年1月，法国联合比利时派兵占领了德国最重要的工业区——鲁尔区，引发了“鲁尔危机”，德国政府消极抵抗。这进一步导致了恶性的通货膨胀，使许多德国家庭的积蓄一夜之间化为乌有，引发了社会的动荡。1923年11月，一个小面包值200亿马克，一份报纸值500亿马克。[①]该月，德国发行了面额为50000亿马克的纸币，上面盖有德国国家银行的黑鹰印章，然而黑鹰在此象征的国家信用已荡然无存。

50000亿马克纸币（1923年）

1924年，为了帮助德国稳定经济，恢复赔款能力，美国主导实施了“道威斯计划”，向德国提供大量贷款和投资。德国经济开始复兴，出现了一个“黄金时代”。但敌视共和国的右翼势力并未放弃推翻共和国的活动。

1924年5月，德国举行了国会选举。德国民族人民党

① 卡尔·哈达赫：《二十世纪德国经济史》，扬绪译，北京：商务印书馆，1984年，第23页。

（Deutschnationale Volkspartei，简称DNVP）参加竞选。有一张海报的内容是：一只巨大的普鲁士黑鹰，爪上抓着黑白红三色旗，居高临下，盯着一只瘦小的无助的、身上缠有黑红金三色旗的共和之鹰。海报上还写着："选择黑白红！这是德意志民族的。"这张海报清晰地展现了右翼分子对共和国的敌视态度和共和派的真实处境。

为了捍卫共和国，社会民主党、中央党和民主党（Deutsche Demokratische Partei，简称DDP）在这次选举中结成了"魏玛同盟"（Weimarer Koalition）。三党同盟的海报中：三个人身穿制服，分别持有黑红金盾徽，盾徽中间红色条纹上是黑色的共和之鹰，由金色的圆边所围绕。他们头顶飘扬着黑红金三色旗。黑红金和黑鹰都象征着魏玛共和国的民主共和体制，表明三党是共和国的坚定捍卫者。海报下方引用了康德1795年的名言："每个国家的公民宪法都应该是共和制的。"然后得出结论："因此要选择社会民主党或民主党或中央党。"然而政治斗争不是引经据典写作论文，现实是残酷的，捍卫共和制的三党的得票率都有所下降，德国民族人民党等反对共和制的右翼政党的得票率反而增加了。

德国民族人民党海报（1924年）

1924年底，一些右翼报刊攻击总统艾伯特等社会民主党人在1918年1月参加了柏林工人罢工，认为这是卖国行为。马格德堡法院组织了对艾伯特等人的审判。艾伯特据理力争，但被判有罪。艾伯特备受打击，心力交痹，耽误了疾病的治疗，于1925年2月去世。3月，德国进行了总统选举。保皇派的代表、一战时期的德军司令保罗·冯·兴登堡（Paul von Hindenburg）元帅被选举为共和国总统，保守派的势力大为增强。

魏玛同盟（社会民主党、中央党和民主党）海报（1924年）

1929年，世界经济大危机在美国爆发，蔓延到欧洲各国。德国经济由于过于依赖美国贷款，危机更为严重，失业人口剧增。希特勒组织的纳粹党大力宣扬反犹太主义和反共主义的纲领，蛊惑人心，逐步夺取了政权。由于体制缺陷和国内外局势等多方面因素的影响，德意志民族建立现代民主国家的实践就此失败。

一战的失败也导致了奥匈帝国哈布斯堡皇室的倒台。1918年11月12日，奥地利成立了“德意志奥地利共和国”。1919年5月8日颁布了新的国徽，抛弃了象征神圣罗马帝国的双头黑鹰，改为单头黑鹰。黑鹰头戴金色的城墙王冠，象征市民阶级；黑鹰胸前有一个红白红条纹盾徽，象征传统的奥地利公爵，是勇敢的象征；黑鹰左爪所持的金色铁锤象征工人阶级；黑鹰右爪所持的金色镰刀象征农民阶级。镰刀和锤子符号说明了当时欧洲

奥地利共和国国徽

的社会主义风潮。

奥地利的非德意志因素都被去除了，仅剩下德意志人居住的核心区域，于是希望加入德国新成立的共和国，建立一个德意志人的民族国家。1919年，协约国担心德国再次崛起，因此反对德奥合并的方案，将奥地利国名从“德意志奥地利共和国”改为“奥地利共和国”，以此来切断奥地利与德国的联系。

第二节　纳粹之鹰：法西斯暴政与现代国家的失败

一战结束二十年后，来自奥地利的阿道夫·希特勒出人意料地再次将奥地利与德国连接起来，并挑起了第二次世界大战，给全世界带来深重灾难的同时，也深刻地改变了德国和奥地利的历史。1889年，希特勒出生于德奥边境的奥地利小城勃劳瑙的一个海关小职员家庭，从小受到大日耳曼主义思想的影响，对德奥分离的事实心怀不满。第一次世界大战爆发后，希特勒在巴伐利亚参加了德国军队，在战争中表现勇敢，曾两次获得铁十字勋章。

德国在一战中战败，让希特勒十分失望。他回到慕尼黑，决定投身政治。1919年，希特勒加入德国工人党。希特勒思想激进，擅长演讲，很快夺取了该党的领导权。1920年，希特勒将该党改名为“德国民族社会主义工人党”（Nationalsozialistische Deutsche Arbeiterpartei），简称为“NSDAP”或纳粹党（Nazi），以反犹、反共和反民主为主要纲领。希特勒为纳粹党设计了纹章：圆形白底，中间是黑色卐字符号，红色圆边上写着民族社会主义工人党的德语名称。希特勒在《我的奋斗》中解释说：“红色象征我们这个运动的社会意义，白色象征民族主义思想，卐字象征争取雅利安人胜利的斗争的使命。”[①]卐字符号非常古老，曾是希望与安慰的标志；它像一个四角的轮子，是太阳的象征。纳粹认为，这是古代印欧民族的神圣标志，古代印欧民族也就是所谓的雅利安人，德国人就是雅利安人最优秀的代表。[②]纳粹党纹章黑白红的色调是第二帝国国旗和军旗的颜色，希特勒曾在这个颜色的旗帜下战斗过，因此很喜欢这个颜色。

1922年，希特勒还模仿古罗马的样式，为纳粹党设计了一面锦旗：红色方形旗帜中间是圆形白底黑色卐字符号，旗帜上方和下方写有“Deutschland erwache”，意思是“觉醒吧，德国！”旗帜上方有个长方形的金属框，框里写着纳粹党的德语简写“NSDAP”；框上方又有一个中间是卐字符号的银色花环，在花环的上方站立着一只张开翅膀的鹰。神秘的卐字符号与帝国传统的鹰纹章结合在一起，产生了强大的蛊惑能力。纳粹党宣传：“国王所征服的，由亲王建成，元帅保卫，士兵拯救和统一。”[③]国王指开疆拓土的普鲁士国王腓特烈大帝，亲王指统一德国的铁血宰相俾斯麦，元帅指一战中的德军总司令兴登堡，士兵就是参加一战的希特勒下士。希特勒被描绘为帝国权力的继承者，这在黑鹰符号中也体现了出来。

1923年11月8日至9日，希特勒在慕尼黑一家啤酒馆发动暴动，失败后入狱。希特勒在狱中思考了纳粹党的发展方向，决定以后将以议会选举的合法方式夺取政权，并撰写了《我的奋斗》（*Mein Kampf*），对反犹主义与争取“生存空间”（Lebensraum）等主张进行了详细阐述。

---

① 威廉·夏伊勒：《第三帝国的兴亡》（上卷），董乐山等译，北京：世界知识出版社，2012年，第42页。

② Hans Hattenhauer, *Geschichte der deutschen Nationalsymbole,* München: Olzog Verlag,1990,S.117—118.

③ 威廉·夏伊勒：《第三帝国的兴亡》（上卷），董乐山等译，北京：世界知识出版社，2012年，第87页。

纳粹锦旗

20世纪20年代中期，魏玛共和国进入较为稳定的发展时期，纳粹党发展较慢。1928年，国会选举，在3100万张选票中，纳粹党只获得了81万张。1929年，世界性经济危机爆发，失业人口剧增，极端主义思潮流行，给希特勒带来了新的机会。1930年国会选举，纳粹党获得约640万张选票，一跃成为国会第二大党。

1932年，希特勒获得德国国籍，参加了该年的总统大选。纳粹党将黑鹰图案广泛应用到大选宣传海报中。如在一张竞选海报中，一只巨大的黑鹰站在卐字符号上，万千群众围绕在周围行纳粹礼，

纳粹党海报（1932年）

海报上方写有“Deutschland erwacht！”意思是“德国苏醒了！”

兴登堡一方的宣传海报中，也应用了鹰的图案：高大强壮的兴登堡举着一个球，球上是德意志之鹰，象征着振兴德国的重担。而他的下方呢？则是矮小瘦弱的希特勒举着双手，口中喊着：“我更强壮。”两者的形象形成了鲜明的对比。海报下方写着：“请选举兴登堡。英雄的重担需要英雄！”

在大选海报中，希特勒和兴登堡都试图将自己与德意志之鹰的形象联系起来，借助德意志之鹰的崇高地位提升自己在选民心中的地位。大选结果是，84岁的兴登堡元帅续任总统。希特勒虽然输掉了大选，但获得了约30%的选票，扩大了在德国的影响。

兴登堡的当选并未使德国政局走向稳定。在陆军和保守派的支持下，1933年1月30日，总统兴登堡任命希特勒为总理。

1933年2月，希特勒策划“国会纵火案”，打击了共产党；3月，希特勒使国会通过了《授权法》（*Ermächtigungsgesetz*）[①]，合法地将立法权、预算控制权等权力移交给总理负责的内阁。1934年8月，兴登堡总统去世，希特勒将总理与总统职务合并，称“元首”

① 《授权法》的正式名称叫《消除人民和国家痛苦法》（*Gesetz zur Behebung der Not von Volk und Reich*）。

兴登堡海报（1932年）

（Führer），由此逐步建立起独裁统治。在1936年纳粹党的一张通知集会的海报上，一只巨大的黑鹰背后是纳粹的卐字旗，黑鹰前面写着：“元首就是党，党就是德国！”

纳粹德国废除了魏玛共和国的黑红金三色旗，国旗采用了红底、白色圆形中间一个黑色的卐字符号，在颜色上与德意志帝国时期的黑白红三色旗保持一致，显示其继承了普鲁士和德意志帝国的传统。黑白红三色再次战胜了黑红金三色，象征着专制和军国主义战胜了民主和自由。

纳粹德国继承了普鲁士的军国主义传统，也继承了普鲁士黑鹰的纹章，魏玛共和国的共和之鹰因此被遗弃。1935年，纳粹政府宣布国家标志采用纳粹党的标志。1936年3月7日，纳粹政府颁布法令，对国徽进行了详细的规定：“国家标志为钩型十字架（卐），由橡树枝花环环绕，花环上方站立一只鹰，鹰嘴张开，鹰头向右。”[①]由此形成了“纳粹之鹰”的标志。纳粹对这个标志的解释是：“这个国家标志宣告了（纳粹）运动和国家的权力、威严和主权；它同时象征了（纳粹）党和国家的统一。”[②]纳粹党党徽与国徽相似，区别主要在于纳粹黑鹰头朝向左，纳粹党徽的使用比国徽更为频繁。纳粹党卫队制服上有鹰头朝左的党徽标志；国防军制服和军帽上的图案也是鹰头朝左，站在由橡树枝花环环绕的卐字符号上，被称为“国防军之鹰”（Wehrmachtsadler），但实际上与纳粹党徽并无区别，这充分说明国防军已经纳粹党化，完全丧失了独立性。由于纳粹国徽、党徽与国防军之鹰极易弄混，很多人以为国防军制服上的符号是国徽。

纳粹德国国徽

希特勒的扩张野心遭到了国防军将军们的反对。1938年2月，希特勒亲自担任国防军总司令，撤掉了对纳粹不热心的高级军官，逐步控制了国防军。

纳粹利用党徽与各种符号相结合，宣扬纳粹的意识形态。如1934年，德国发行五一纪念奖章，图案是一个工人头像，头像下方有一个站在卐字符号上的纳粹之鹰，两个翅膀分别握有镰刀和铁

① Hans Hattenhauer, *Geschichte der deutschen Nationalsymbole,* München: Olzog Verlag,1990, S.120.

② Hans Hattenhauer, *Geschichte der deutschen Nationalsymbole,* München: Olzog Verlag,1990, S.120.

纳粹“国防军之鹰”

锤。背景是纳粹已在1933年5月成立了劳工阵线，取代原来的工会组织，在组织和意识形态上都加强了对工人的控制。

希特勒担任总理后，通过重整军备，扩大基础设施建设，克服了就业危机。1934年1月30日，纳粹为了更好地调配全德国的资源，以进行战争准备，颁布了《国家重建法》，取消了各邦的议会和独立性。纳粹对普鲁士邦的纹章也进行了修改：黑鹰左爪持有两支箭，右爪持有宝剑，头上则写有箴言“Gott mit uns”（上帝与我们同在），胸前则是纳粹卐字符号。普鲁士的军国主义与纳粹主义融合在了一起。

纳粹党海报（1935年）

纳粹宣扬种族主义的理念，也利用黑鹰作为标志。在一张大约是1935年的宣传画中，一对德国夫妇拥抱着他们的孩子，背景是一只黑鹰，张开着翅膀，象征着对人民的庇护；海报下方写有“民族同胞，你们需要建议和帮助时，请找地方党部”；海报上方的鹰头旁边写有“NSDAP sichert die Volkgemeinschaft”，意思是“纳粹党保卫民族共同体”，这显示黑鹰单独也可以象征纳粹党。

纳粹德国对内实行专制，建立集中营，大肆迫害犹太人和异议人士。1938年11月9日，纳粹暴徒上街砸碎犹太人的商店，制造了所谓的“水晶之夜”（Kristallnacht）。纳粹在统治期间杀害了大约600万犹太人。在纳粹设立的第一个集中营——魏玛布痕瓦尔德集中营的铁门上，镶嵌着“Jedem, das seine”，这是普鲁士黑鹰勋章上的铭文“Suum Cuique”（赏罚分明）的德语版本，这从一个侧面证明了纳粹对普鲁士精神的继承。

纳粹德国对外致力于打破《凡尔赛和约》对德国的束缚。1934年，纳粹德国恢复了义务兵役制度。1936年3月，德国军队进入莱茵非军事区，没有遭到英法的反对。不久，德国又与日本、意大利签订同盟协定，后来被称为“轴心国”。

按照希特勒早已在《我的奋斗》中所阐述的计划，纳粹德国接着对外进行领土扩张。1938年3月，纳粹德国吞并了奥地利，受到一些奥地利人的欢迎，证明一些奥地利人此时仍有强烈的德意志民族情结。希特勒接下来对捷克斯洛伐克的苏台德地区提出领土要求，这里主要居住着德意志人。1938年9月，在英国、法国的绥靖政策下，英、法、德、意四国签订了《慕尼黑条约》，强迫捷克斯洛伐克割让苏台德地区。至此，欧洲大部分德意志人均已处于希特勒的统治之下，希特勒保证不再扩张，但很快自毁诺言。1939年3月，纳粹德国吞并了捷克斯洛伐克其余地区，西方的绥靖政策至此破产。英国开始与苏联谈判，试图结成同盟，遏制德国的侵略，但没有成功。希特勒为了避免两线作战，也积极与苏联接触。1939年8月，纳粹德国与苏联签订《德苏互不侵犯条约》，并在秘密议定书中对东欧势力范围进行了划分。

1939年9月 1 日，纳粹军队闪电攻击波兰，引发第二次世界大战，给更多的国家带来了苦难。1940年，纳粹军队相继攻占丹麦、挪威、荷兰、比利时和卢森堡，迅速打败法国，丘吉尔领导下的英国则继续抵抗。1941年6月，为了继续争夺“生存空间”，纳粹军队启动“巴巴罗萨计划”，入侵苏联，再次陷入两线作战。英国与苏联开始结盟，美国也积极援助各国对德战争。1941年底，日本突袭珍珠港，德国和意大利也向美国宣战。1943年，苏联在斯大林格勒打败德军，成为战争的转折点。

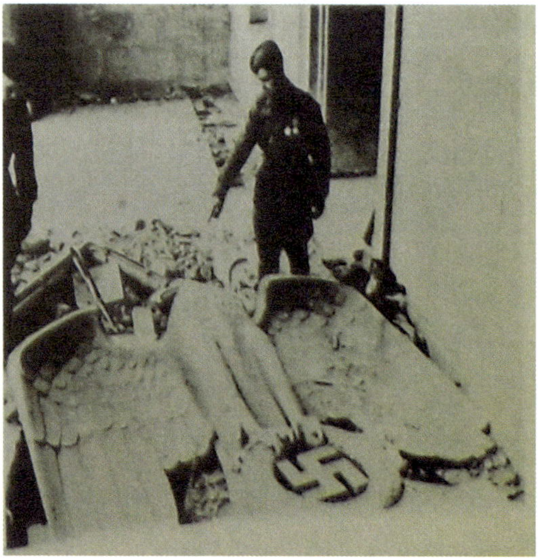
纳粹之鹰坠落

1944年6月，盟军在法国诺曼底登陆。1945年4月底，苏军攻克柏林，希特勒自杀，纳粹德国战败。希特勒总理府上的纳粹之鹰雕塑被拆毁。纳粹之鹰的坠落见证了纳粹暴政的灭亡。

盟国对德国和奥地利实行了分区占领。奥地利后来成为中立国，恢复了共和国的黑鹰纹章，开始真正建立奥地利的国家认同。

由于纳粹继承了普鲁士的军国主义传统，普鲁士因此被盟军认定为战争根源。1943年9月21日，英国首相丘吉尔在议会下院演讲时说道：“纳粹暴政和普鲁士军国主义是德国生活中的两大因素，我们必须彻底予以摧毁。如果欧洲和全世界要免于更可怕的第三次战争，那么上述两个因素必须连根铲除。”[①]1947年2月，盟军颁布法

① 温斯顿·丘吉尔：《第二次世界大战回忆录》第五卷，北京编译社译，海口：南方出版社，2003年，第149页。

令，普鲁士被解散，腓特烈之鹰纹章停止了使用，但普鲁士之鹰并没有完全消失，一些文化机构仍然在使用。

第三节　联邦之鹰：现代国家的重构与统一

魏玛共和国是德意志民族创造的第一个现代民主国家，虽然被纳粹暴政推翻，但仍积累了大量的民主实践经验和教训，为二战后现代国家的重构奠定了基础。

1945年，德国投降后，美、英、苏对德国实行了分区占领，后来英占区和美战区分出一部分成立了法占区；柏林作为德国首都，也被四国分区占领。阿尔萨斯和洛林重新归属法国。奥德河与尼斯河以东领土划归波兰和苏联，德国彻底失去了东普鲁士等地区。

德国被分区占领后，没有自己的国家标志。1946年12月起，德国商船只能使用蓝白红白蓝的信号旗（旗语中是C的意思）作为身份标志。

二战结束后不久，在意识形态差异、势力范围争夺和地缘政治等多重因素影响下，冷战爆发了，形成了以美、苏为首的两大阵营。

1946年7月，美国提出合并占领区，英国同意，而法国不愿看到德国再次统一，表示反对。1947年1月，美英双占区正式成立。在美国的压力下，1948年2月，法国同意占领区合并，形成了统一的西占区。西占区与苏占区针锋相对，逐步走上了不同的道路。苏联意图将美、英、法势力赶出西柏林，引发了柏林危机，德国陷入分裂。

为了对德国进行民主化改造，盟国开始允许德国民主政党开展活动。1945年5月，社会民主党开始重建。12月，一些州成立了基督教民主联盟（Christliche Demokratische Union，简称CDU）的地方组织，联合了与天主教和新教相关的政治派别，象征了天主教与

基督教民主联盟海报（1953年）

自由民主党海报（1953年）

新教的团结。1950年，该党举行了联邦党代会，阿登纳当选为主席。1953年，在基督教民主联盟的一张竞选海报上，主要的图案是该党党徽：红底黑色十字架盾徽，金色的鹰，头朝向右。时任联邦议院议长的赫尔曼·埃勒斯（Hermann Ehlers）解释说："这是古老帝国的鹰……这是全德国之鹰！十字架作为西方国家的突出标志是我们运动和工作的内容和力量。您看，这个标志是黑红金三色。我们想清楚地表明：这个颜色和象征图案宣布了一个新的同时又是流传下来的德意志民主。"①海报的边缘写有"基督教民主联盟，统一、自由、和平"。基督教民主联盟的党徽和海报宣示了该党政治理念的起源与内涵。

1948年12月，自由民主党（Freie Demokratische Partei，简称FDP）成立，主张自由经济、议会政府、法治国家等。该党党徽是一只黑鹰，头朝向左上方，

① Reiner Diederich, *Der deutsche Adler, Funktionen eines politischen Symbols,* Frankfurt a.M: Frankfurter Kunstverein, 1973, Abb.29.

翅膀张开。在该党一张1953年的竞选海报上，黑鹰身上写有自由民主党的德语缩写，它向上望着一株盛开的矢车菊（Kornblume，德国国花），矢车菊下方写有“以爱与忠诚，奉献德国”。后来自由民主党多次与基督教民主联盟或社会民主党组成联合政府，成为“关键的少数”。

全德意志党海报（1961年）

二战后，由于东部领土的丧失，大约一千万德意志人被驱逐出故乡，来到德国。而此时德国同样是一片废墟，人民缺衣少食，风餐露宿，难民与当地居民矛盾也日益激化。为了维护自身的权益，难民们组成了一些团体。占领区政府希望难民能够和平地融入当地社会，因此禁止难民的政治团体联合起来。直到1950年，联邦德国的难民团体才成立了全德意志同盟/被驱逐者和丧失权利者同盟（Gesamtdeutscher Block/Bund der Heimatvertriebenen und Entrechteten, GB/BHE）。该党使用黑鹰作为党徽，黑鹰的头朝向东方的故乡；黑鹰胸前是勃兰登堡门。“全德意志同盟/被驱逐者和丧失权利者同盟，以牢不可破的忠诚，思念着在柏林和苏占区的兄弟姐妹。为了更清楚地展示这种团结，党用勃兰登堡门作为标志。”[①]1961年，该党与德意志党（Deutsche Partei，简称DP）合并，改组为全德意志党（Gesamtdeutsche Partei，简称GDP）。在

① Reiner Diederich, *Der deutsche Adler, Funktionen eines politischen Symbols,* Frankfurt a.M: Frankfurter Kunstverein, 1973, Abb.31.

1961年该党的竞选海报上，画有黑鹰党徽，写有“自由的，社会的，民族的！”随着德国经济的发展，难民逐步融入了德国社会，该党的影响力也逐渐消失了。难民的融入是战后联邦德国经历的最重大事件之一，该党的兴衰见证了这一历程。

在占领期间，西占区和苏占区都分别对德国行政区划进行了改革，成立了新的州政府。1948年9月，西占区11个州选派了65名代表在波恩起草了《基本法》。1949年5月，西占区议会委员会通过了《基本法》。与此相对应的是，苏占区召开德国人民代表大会，通过了《宪法》。9月，联邦德国成立。10月，民主德国成立。

1949年9月，基督教民主联盟的阿登纳当选为联邦德国第一任总理。经济上，联邦德国实行社会市场经济政策，即在自由竞争的基础上，保障社会秩序和分配公正。在美国的欧洲复兴计划（即“马歇尔计划”）的支持下，联邦德国创造了20世纪50年代的经济奇迹，迅速恢复国力，1960年，成为西方仅次于美国的第二大经济大国。外交上，联邦德国还推行德法和解与欧洲联合的政策。1952年，联邦德国与法国等国成立煤钢联营，将煤、钢这两个最重要的军事战略物质置于共同管理之下，消除了战争的危险。1958年，在煤钢联营的基础上，欧洲经济共同体成立。1955年，联邦德国加入北大西洋公约组织。

联邦德国继承了魏玛共和国的民主精神，重新建立了民主政治制度，并根据其缺陷和教训，对总统制等制度进行了修改；同时，摒弃了纳粹时代的集权制度，恢复了地方自治的传统和体制，国号中的“联邦”一词特别强调了此点。魏玛时代的共和之鹰也被改称为“联邦之鹰”（Bundesadler）。

1950年1月20日，联邦德国总统豪斯在波恩颁布了《关于联邦国徽与联邦之鹰的公告》：“基于联邦政府的决定，我在此宣布，联邦国徽采用金底单头黑鹰，头朝向右方，翅膀张开，但羽毛收起，鹰嘴和鹰爪都是红色。”[①]

联邦之鹰（联邦德国国徽）

它在内容上与1919年艾伯特总统的公告基本相同，只是将“Reich”（帝国、国家）换成了“Bund”（联邦）。这份公告由总统豪斯签署，总理阿登纳与内政部部长海涅曼副署，有学者认为这三个签名“赋予了这个公告共和的光环”[②]。由此，联邦德国恢复了魏玛时代的国家标志，国徽完全采用了施瓦布设计的黑鹰图案，以此宣示继承了魏玛的民主体制。由于魏玛时代的共和之鹰已经深入人心，重新采用黑鹰纹章没有引发争议。国徽的颜色与黑红金三色国旗一致，黑色的鹰身、红色的嘴与爪、金色的底面，继承了黑红金三色的1848年传统。联邦之鹰的采用，标志着德意志现代民主国家的重新建构。

联邦之鹰也是联邦印章的图案，并被赋予了新的含义：“当国家的每个意志行为，盖上作为法律执行标志的鹰印章时，这个联邦纹章不止证明我们国家的主权，同时象征了在这个国家对人的尊严与权利的保护。”[③]

2马克硬币

与历史传统类似，联邦之鹰被应用为货币图案。在1、2、5元马克硬币和

① Alois Friedel, *Deutsche Staatssymbole,* Frankfurt a.M: Athenäum Verlag, 1968, S.54.

② Jürgen Hartmann, Der Bundesadler, *Vierteljahrshefte für Zeitgeschichte,* Jahrgang 56, 2008, Heft 3, S.499.

③ Alois Friedel, *Deutsche Staatssymbole,* Frankfurt a.M: Athenäum Verlag, 1968, S.55.

100马克纸币（1962年）

1962年发行的100马克纸币上，均有联邦之鹰的图案。联邦之鹰成为德国经济繁荣的标志。

联邦之鹰还被总统、参议院、议院、政府、宪法法院等联邦机构广泛采用为标志。这些标志都在作为模板的联邦之鹰的基础上有所改动，或被称为联邦之鹰的变体，这也在一定程度上体现了各类机构的独立性。

联邦总统旗

如联邦德国总统旗为金底红边黑鹰的方形旗帜。总统是德国的国家象征，不掌握实权，由联邦议院和州议员组成的联邦大会（Bundesversammlung）选举产生。德国总统一般由德高望重的人士担任，能通过演讲对德国产生巨大影响。如最为著名的就是1985年5月8日，在二战结束四十周年之际，总统魏茨泽克

（Weizsäcker）发表演讲，将德国投降的5月8日定为“解放日”，从而平息了德国国内保守派反对德国人庆祝5月8日的争论。

联邦参议院（Bundesrat）的标志与联邦总统之鹰非常相似，这可能与德国的政治制度中参议院议长的崇高地位有关。根据《基本法》第57条，“如联邦总统不能行使职权，或其职位提前空缺时，其权力应由联邦参议院议长行使”[①]。联邦参议院由各州派代表组成，议长由各州州长轮流担任，代表各州的利益，保证各州通过联邦参议院可以直接参与联邦的立法和决策，形成了德国特色的“协商民主制”。联邦参议院对联邦议院的立法具有广泛的否决权，尤其是在涉及各州利益的法律方面。

在参议院的议事大厅，发言台正面装饰有联邦之鹰，而主席台的上方则依次排列着16个州的州徽。议事大厅的纹章装饰体现了德国联邦自治的政治文化。

联邦议院（Bundestag）的标志则很特别。联邦议院是德国政治体制的核心机构，议员由人民直接选举产生。联邦议院选举总理，总理对联邦议院负责。只有获得联邦议院多数同意，才能组建政府；如果要罢免总理，则必须先选举一位新的总理，这被称为“建设性不信任投票”。这是为了避免魏玛共和国的制度缺陷，即总理得不到议院大多数支持时，由总统直接任免，导致政局动荡，纳粹上台。

联邦议院最初位于波恩，原来没有独特的标志，议事厅装饰的是联邦之鹰国徽。1953年，艺术家路德维希·吉斯（Ludwig Gies）为联邦议院设计了一个新的鹰的标志。它“避免了所有进攻性的造型元素”[②]，外形肥胖，鹰嘴紧闭，鹰爪用来站立，而不是抓

---

① 《德意志联邦共和国基本法》，参见姜士林等：《世界宪法全书》，青岛：青岛出版社，1997年，第797页。

② Jürgen Hartmann, Der Bundesadler, *Vierteljahrshefte für Zeitgeschichte,* Jahrgang 56, 2008, Heft 3, S.503.

联邦参议院议事大厅

取。很快，联邦议院之鹰获得了一个外号——“肥母鸡”（fette Henne）。①

德意志之鹰的形象一般比较瘦，嘴巴一般张开。但恰恰是议院这个最经常用嘴辩论的地方采用了一个鹰嘴紧闭的形象。这个标志产生后，不断引发争议。很多纹章学家不停地要求联邦议院主席采用符合纹章规则的鹰的形象，但这遭到了议员们的反对。“肥母鸡”成了联邦议院的独特标志，它以宽大的身躯捍卫着德国的民主，议员们则捍卫着它的形象。德国统一后迁都柏林，联邦议院也

① Jürgen Hartmann, Der Bundesadler, *Vierteljahrshefte für Zeitgeschichte,* Jahrgang 56, 2008, Heft 3, S.503.

随之迁入了老的议会大厦，但仍然采用了“肥母鸡”形象的鹰的标志。

联邦议院标志

使用最为广泛的联邦之鹰是联邦政府、联邦宪法法院（Bundesverfassungsgericht）等多个联邦机构采用的黑鹰纹章，这个纹章的特点是黑鹰翅膀上有一对白色的苜蓿茎（Kleestängel）。联邦政府由联邦总理领导，联邦总理由联邦议院选举产生，决定政府的方针政策。

联邦政府等机构标志

为了捍卫《基本法》所建立的民主体制，德国吸收了美国“司法审查”的经验，于1951年9月创立了联邦宪法法院。联邦宪法法院的标志也是黑色的联邦之鹰。为了保证独立性，联邦宪法法院位于远离首都的卡尔斯鲁尔。

联邦宪法法院的法官由联邦议院和联邦参议院各选举一半组成。联邦宪法法院有权对法律、执法和司法过程是否违背《基本法》进行司法审查，由此保障公民的权利不受到政府的侵害；联邦宪法法院还有权审查政府机构之间的争议。为了防止类似纳粹的反民主的政党危及民主制度，《基本法》赋予了联邦宪法法院取缔反民主政党的权力，在第21条第2款中规定：“凡由于政党的宗旨或党员的行为，企图损害或废除自由民主的基本秩序或企图危及德意志联邦共和国的存在的政党，都是属违反宪法的，联邦宪法法院对是否违宪的问题作出裁决。”[①]

1949年，纳粹军官奥托·恩斯特·雷默（Otto Ernst Remer）组织很多前纳粹党员成立了社会主义帝国党（Sozialistische Reichspartei，简称SRP），宣扬纳粹思想，否认大屠杀。该党的竞选海报多以红底黑鹰为标志，在白色底面上写宣传词，海报整个色调与纳粹党徽色调较为接近。如一张海报上写有：“德国人！你想要一个统一的帝国吗？你想要与民族紧密相连的社会主义吗？你想独立于东西方吗？”所谓“与民族紧密相连的社会主义”（volksgebundenen Sozialismus）就是纳粹的“民族社会主义”（Nationalsozialismus）换了一种说法而已。由于该党宣扬纳粹思想，联邦政府提出了取缔该党的申请。1952年，联邦宪法法院判决，取缔社会主义帝国党。该党成为联邦德国第一个被取缔的政党。联邦宪法法院奠定了其作为宪法和民主秩序捍卫者的地位。

取缔政党是件非常严肃的事情，并不是一旦政党有极右翼倾向，便会被取缔。在联邦德国建立初期，仍有人怀念曾经辉煌的德意志帝国。1950年，右翼分子成立了德意志帝国党（Deutsche Reichspartei，DRP）。党徽的图案是：黑鹰张开翅膀，站在黑白红条纹盾徽上。黑白红是德意志帝国（1871—1918）的国旗颜色。该党希望德国恢复到1871年德意志帝国建立时的版图，或至少恢复到1937年时的德国版图。1957年，在该党的一张竞选海报中，一只巨大的黑鹰站立在1937年的德国版图上，两个爪子紧紧抓住了三条蛇，蛇身上分别写有“腐败”“谎言”和“叛徒”。海报上写有“德意志帝国党反对腐败、谎言和叛徒，致力于洁净我们民主的德国”。随着和平与民主观念深入人心，该党在选举中未得到太多人支持，于1965年解散了。

---

① 《德意志联邦共和国基本法》，参见姜士林等：《世界宪法全书》，青岛：青岛出版社，1997年，第793页。

德意志帝国党海报（1957年）

德国的共产党海报（1973年）

联邦宪法法院取缔的第二个政党是德国共产党（Kommunistsche Partei Deutschlands，简称KPD）。德国共产党成立于1918年，主要来自于社会民主党左翼力量。德国共产党在纳粹统治期间，受尽迫害。联邦德国成立后，德国共产党比较活跃，在第一届联邦议院中占有15个席位。联邦政府指控德国共产党试图以暴力推翻《基本法》。1956年，联邦宪法法院作出判决，取缔了德国共产党。1968年，国际形势发生转变，大多数西方国家都允许共产党公开存在，联邦德国转而同意让共产党重建，但为了规避联邦宪法法院的判决，党名改为“德国的共产党”（Deutsche Kommunistische Partei，简称DKP）。1973年，共产党发布了一张海报：一个胖胖的身躯，穿着西服，系有黑色领带，长有鹰的翅膀和爪子，左边的翅膀是联邦之鹰翅膀的形状，右边的翅膀是纳粹之鹰翅膀的形状，爪子呈纳粹卐字符号；身躯上有四个脑袋，分别是威廉二世、希特勒、阿登纳和根舍尔（Genscher）①。海报上方写有“从1878年的社会党人法到1973年的职业禁令”，控诉了德国历届政府对社会主义运动和共产党的镇压，还通过鹰的四个头讽刺了联邦政府继承了曾象征帝制皇权、军国主义和纳粹暴政的黑鹰纹章，表达了共产党对黑鹰纹章的不认同态度。海报下面写有：“民主派，保护你们自己！”这表达了共产党对德国民主制度的不信任。

民主德国国徽

在苏联的主导下，民主德国成为社会主义国家。政治上，建立了中央集权的行政体制；经济上，实行计划经济体制；外交上，一直追随苏联，1955年加入了“华沙条约”。两个德国成了西方冷战的最前线。为了防范公民逃往联邦德国，1961年，民主德国围绕西柏林修建了“反法西斯防卫墙”，也就是“柏林墙”。在国家标志方面，民主德国抛弃了象征德国传统的黑鹰纹章，中央层面上，采用了新的国徽。1950—1953年采用的国徽是：中心是金色的铁锤图案，金色的穗束环绕在铁锤周围，象征它是社会主义工农国家。整个纹章显得比较简单。1953年，民主德国采用了新的国徽，中心图案是铁锤和象征知识分子的圆规，环绕以金色的麦穗，麦穗下端环绕着黑红金

① 根舍尔（1927—2016），自由民主党领袖，1969至1974年，任联邦政府内政部部长。1972年，在内政部的建议下，联邦政府颁布《关于敌视宪法力量担任公职问题的基本原则》，再次将共产党列为敌视宪法的力量，导致很多共产党人被解职。海报中的“职业禁令”就是指此事。

三色旗，象征民主德国继承了追求民主、自由与统一的德意志传统。1955年，民主德国在前版国徽的基础上进一步改进，将中心的空白填充为红色，使得整个纹章更为饱满。红色象征着革命，是社会主义国家最喜欢使用的颜色。简而言之，民主德国的国徽在社会主义符号之外，继承了德意志传统上象征民主、自由的黑红金三色，抛弃了黑鹰纹章。民主德国的纸币和硬币也不再使用鹰的标志。1958年，民主德国拆掉了勃兰登堡门胜利女神权杖顶端的普鲁士之鹰和铁十字架，因为它们被认为是普鲁士军国主义的象征。

民主德国在地方层面上取消了传统的地方自治。1952年，撤销了州级行政单位，设立专区（Bezirk），区下设市，同时取消了代表各地特色的纹章。联邦德国有学者对此大为惋惜，希望“鹰成为自由和民主的标志。我们的兄弟在不远的将来重新来到它的羽翼之下”①。

两德关系一度处于敌对状态。联邦德国总理阿登纳奉行与西方一体化的政策，不承认民主德国，不和与民主德国建交的国家建立外交关系，只有作为四大占领国之一的苏联例外。1969年，社会民主党的勃兰特担任总理后，开始施行“新东方政策”，与民主德国正面接触，并与波兰等国建立外交关系。1970年12月7日，勃兰特在波兰访问时，向犹太人纪念碑下跪，代表德国对纳粹和二战时期的罪行进行了忏悔，逐步得到了邻国的谅解，使德国赢得了全世界的尊重。

20世纪80年代，苏联在戈尔巴乔夫“新思维”下进行改革，放松了对东欧的控制，东欧一些国家出现了局势动荡。在这种背景下，1989年11月9日，德国柏林墙倒塌。联邦德国总理科尔抓住机遇，提出统一计划，通过承认东部边界，消除各国疑虑，终于在

① Johannes Enno Korn, *Adler und Doppeladler: ein Zeichen im Wandel der Geschichte,* Dissertation von Göttingen Universität, 1967, S.90.

2欧元硬币

1990年10月3日，两德重新统一。民主德国恢复了之前的州，并以新州的名义加入联邦德国，停止使用铁锤圆规图案的国徽，重新接纳了黑鹰国徽。两德统一之后，柏林对对勃兰登堡门进行修复，普鲁士之鹰和铁十字架被重新安装到胜利女神的权杖上，象征了对历史的延续。勃兰登堡门成为德国统一的象征。

1993年，在欧洲共同体的基础上，欧盟成立。1999年，欧元区成立。欧元纸币采用了欧元区各国具有共同风格的建筑样式，而不实指某国建筑。欧元硬币正面统一为欧洲地图图案；背面则由各国自己设计，以体现各国的特色。在德国发行的欧元硬币中，1欧元和2欧元均采用了联邦之鹰的图案。

2002年，欧元获得了亚琛市颁发的“国际查理奖”。这一奖项设立于1950年，用于表彰对欧洲统一做出贡献的个人和组织。在这一刻，欧元硬币上的联邦之鹰与一千多年前查理大帝在帝国之鹰的旗帜下统一欧洲的历史硝烟联系在了一起，见证着21世纪欧洲的和平统一进程。

21世纪以来，德国在欧盟和欧元区均扮演了重要角色，致力于在融合中成为“欧洲的德国”，而不是“德国的欧洲”。联邦之鹰随着德国融入欧洲，走向世界。

结语

德意志文化主要有三大起源，一是日耳曼人本身的文化；二是古希腊罗马的文化；三是基督教文化。这三大文化各有其特点，日耳曼人的文化质朴原始，追求自由；古希腊罗马的文化强调理性和尘世的光辉；而基督教文化则讲究谦卑，追求彼岸。这三种文化都在鹰纹章中得到了体现。

日耳曼人早期也有对鹰的崇拜，曾将鹰用于军旗。但鹰不是日耳曼人主要的崇拜对象。罗马帝国虽未征服日耳曼人，但日耳曼人却是其帝国思想最大的继承者，在文化上、语言上和政治上都受到罗马拉丁文明的强烈影响。

鹰在德意志历史上作为君主权力和国家的象征含义，主要来源于对罗马帝国的继承。鹰在古典时代是宙斯和罗马皇帝的标志。查理大帝加冕为罗马皇帝后，继承了鹰的标志。鹰的图案为历代皇帝采用，并用于硬币和印章，影响日益扩大，被神圣罗马帝国皇帝采用为纹章。东罗马帝国兴起双头鹰纹章后，神圣罗马帝国也逐步采用了双头鹰，说明它一直在从罗马帝国的正统继承者中寻找合法性资源。双头鹰纹章的引入，形成了单头鹰与双头鹰两套纹章系统，正好符合了德意志中世纪复杂的政治体制，单头鹰象征着德意志国王，双头鹰象征皇权与帝国。

鹰在基督教传统中也有重要意义，象征上帝、耶稣和福音书作者约翰等。皇帝也试图从包含基督教含义的鹰纹章中寻找合法性来源；同时基督教会则对鹰纹章作了更有利于教会的解释。这从一个侧面见证了中世纪政教之间不可分离，同时又斗争不断的特殊关系。

中世纪时期的德意志诸侯对纹章的选择象征了皇帝与诸侯关系的亲疏。在纹章兴起的初期，皇权还相对强大时，很多诸侯都乐于采用与皇帝一致的纹章，即鹰纹章，来象征对皇帝的忠诚。待到皇权衰落，诸侯权力的独立性增强后，很多诸侯将纹章从鹰改为象征王权的狮。勃兰登堡、普鲁士是少数几个没有将纹章改为狮的大诸侯。霍亨佐伦家族早期以忠于皇帝而著称，并因此获得了勃兰登堡等领地。勃兰登堡与普鲁士合并后，仍站在皇帝一边，最终获准成立普鲁士王国。普鲁士崛起后与奥地利的冲突不可避免。此时的哈布斯堡皇朝更多关注的是奥地利及其东欧领地的事务，对帝国的代表性已大为降低。

民族国家兴起后，鹰逐渐成为德意志国家的标志，并获得了社会各阶级的广泛认同，但在鹰的具体形式上存在着单头鹰与双头鹰之争。1848年革命过程中，单头鹰与双头鹰之争实际上是在追求德国统一的问题上，以普鲁士为领导的“小德意志方案”和以奥地利为领导的“大德意志方案”之间的争论。1871年普鲁士领导下建立的德意志帝国，采用普鲁士单头黑鹰纹章作为国徽。普鲁士之鹰见证了德意志民族国家的建立，同时也见证了普鲁士的专制主义和军国主义对德意志的影响。

在1918年十一月革命建立共和国，废除封建制度后，共和之鹰成为德国国徽，但与共和国的体制和宪法一样，没有得到大多数德国人的认同。黑红金与黑白红的颜色之争实际上是继承1848年追求自由民主的革命传统与继承德意志帝国专制主义传统的斗争。黑鹰纹章采用黑红金三色实际上是继承了1848年的传统。

1933年，纳粹掌握权力后，将钩型十字架卐字符号与黑鹰纹章相结合，继承了普鲁士的专制主义和军国主义，发动第二次世界大战，给各国人民都带来了深重的灾难。

二战结束后，德国人从纳粹的暴政中被解放出来，才完全认可了民主的体制和价值。尽管黑鹰纹章因纳粹暴政而蒙羞，联邦德国人民还是重新接纳了它。魏玛共和国以来的绝大多数政党，不分左右，都喜欢以黑鹰作为海报图案，这一传统延续到了联邦德国，这证明了黑鹰纹章在民众中受欢迎的程度。

从共和之鹰到联邦之鹰，名称的简单改变实际上意味着联邦德国重新回到了地方自治的联邦传统。尽管德国的共产党等派别对黑鹰纹章不太认同，但黑鹰纹章仍成为联邦德国民众认同度最高的国家标志。1965年8月，在联邦德国的一次民意调查中，45%的德国人认为，德国的标志是鹰；26%的人认为是黑红金三色；2%的人认为是德国国歌。①而与联邦德国同时成立的民主德国则抛弃了黑鹰纹章与各州纹章以及地方自治的联邦传统。

1990年，德国统一后，原民主德国各州接纳了黑鹰纹章作为国徽，同时纷纷恢复了各州各地区的纹章，这意味着恢复了联邦自治的传统。黑鹰纹章与地区纹章的并存，体现了在联邦体制下，德国人对联邦和地方的双重认同。可见地方的纹章是与联邦体制和地方自治紧密相连的，联邦体制必然要尊重地方的权利与特色，居民同时保持着对国家和地方的双重归属。纹章不仅用来装饰，由此也具有一种新的精神——地方传统与自治的象征，凝聚着人们对地方的归属感。纹章从中世纪演变至今，历史上贵族的荣耀已经逝去，自治的精神则保留了下来。

从帝国之鹰到普鲁士之鹰，从共和之鹰到联邦之鹰，黑鹰纹章从皇权的标志，到象征德国对统一的追求和民族国家的建立，最终成为现代德国主权的标志，以及象征对人的尊严和权利的保护，见证了德意志国家逐步走向现代文明的过程。

---

① Alois Friedel, *Deutsche Staatssymbole,* Frankfurt a.M: Athenäum Verlag, 1968, S.52.

参考文献

中文文献：

[德]阿登纳. 阿登纳回忆录（一）[M]. 上海：上海人民出版社，1976.

安书祉. 德国文学史（第1卷）[M]. 南京：译林出版社，2006.

[德]阿・米尔. 德意志皇帝列传[M]. 李世隆，等译. 北京：东方出版社，1995.

[英]艾伦・帕麦尔. 俾斯麦传[M]. 高年生，张连根，译. 北京：商务印书馆，1982.

[英]奥康奈尔，艾瑞. 象征符号插图百科[M]. 余世燕，译. 汕头：汕头大学出版社，2009.

[法]巴斯图鲁. 纹章学：一种象征标志的文化[M]. 谢军瑞，译. 上海：上海书店出版社，2002.

[德]鲍尔生. 德国教育史[M]. 滕大春，等译. 北京：人民教育出版社，1986.

[德]鲍尔生. 德国大学与大学学习[M]. 张弛，等译. 北京：人民教育出版社，2009.

[德]俾斯麦. 思考与回忆——俾斯麦回忆录（第一卷）[M]. 杨德友、同鸿印，等译. 北京：生活・读书・新知三联书店，2006.

[德]彼得・克劳斯・哈特曼. 神圣罗马帝国文化史：帝国法、宗教和文化1648—1806[M]. 刘新利，等译. 北京：东方出版社，2005.

[古希腊]柏拉图. 理想国[M]. 郭斌和，张竹明，译. 北京：商务印书馆，1986.

曹意强. 论图像证史的有效性与误区[M]. // 曹意强，等. 艺术史的视野——图像研究的理论、方法与意义. 杭州：中国美术学院出版社，2007.

陈高华，等. 元典章[M]. 北京：中华书局/天津：天津古籍出版社，2011.

陈文海. 中世纪法兰西王室徽章研究[J]. 历史研究，2000年第5期。

[意]但丁. 神曲・地狱篇[M]. 田德望，译. 北京：人民文学出版社，2002.

[意]但丁. 神曲・炼狱篇[M]. 田德望，译. 北京：人民文学出版社，2002.

[意]但丁. 神曲・天国篇[M]. 田德望，译. 北京：人民文学出版社，2002.

丁建弘，李霞. 普鲁士的精神和文化[M]. 上海：上海社会科学院出版社，2003.

丁建弘. 德国通史[M]. 上海：上海社会科学院出版社，2012.

[德]古斯塔夫・施瓦布. 希腊古典神话[M]. 曹乃云，译. 南京：译林出版社，1995.

[美]海威格. 现代天主教百科全书[M]. 赵建敏，等编译. 北京：宗教文化出版社，2012.

[德]赫伯特・格隆德曼，等. 德意志史（第一卷下）[M]. 北京：商务印书馆，1999.

[古希腊]荷马. 荷马史诗・伊利亚特[M]. 罗念生，王涣生，译. 北京：人民文学出版社，1994.

[古希腊]荷马. 荷马史诗・奥德赛[M]. 王涣生，译. 北京：人民文学出版社，1997.

华泉坤，盛学莪. 英语典故词典[M]. 北京：商务印书馆，2001.

霍丽丽. 中西医药神话比较研究[D]. 黑龙江中医药大学博士论文，2014.

蒋劲松. 德国代议制（第二卷）[M]. 北京：中国社会科学出版社，2009.

姜士林，等. 世界宪法全书[M]. 青岛：青岛出版社，1997.

[德]卡尔·哈达赫. 二十世纪德国经济史[M]. 扬绪，译. 北京：商务印书馆，1984.

[英]理查德·泰勒. 发现教堂的艺术：教堂的建筑、图像、符号与象征完全指南[M]. 李毓昭，译. 北京：生活·读书·新知三联书店，2010.

李长山，等. 德国历史辞典[M]. 上海：上海辞书出版社，2014.

李宏图. 当代西方新社会文化史述论[J]. 世界历史，2004年第1期。

李工真. 大学现代化之路[M]. 北京：商务印书馆，2013.

[德]马丁·路德. 路德文集（第一卷）[M]. 雷雨田，等译. 上海：上海三联书店，2005.

倪世光. 铁血浪漫：中世纪骑士[M]. 北京：北京大学出版社，2010.

林纯洁. Pope一词汉译史考[J]. 外语教育，2013年第4期。

刘志雄，杨静荣. 龙与中国文化[M]. 北京：人民出版社，1992.

[美]马文·佩里. 西方文明史（上卷）[M]. 胡万里，等译. 北京：商务印书馆，1991.

[英]普雷斯蒂奇. 骑士制度[M]. 林中泽，等译. 上海：上海三联书店，2010.

齐思和，耿淡如，寿纪瑜. 世界史资料丛刊初集：中世纪初期的西欧[M]. 北京：商务印书馆，1962.

[法兰克]圣高尔修道院僧侣. 查理大帝传[M]. 戚国淦，译. 北

京：商务印书馆，1979.

[英]史蒂芬·贝莱尔. 奥地利史[M]. 黄艳红，译. 北京：中国大百科全书出版社，2009.

[英]斯莱特. 纹章插图百科[M]. 王心洁，马仲文，等译. 汕头：汕头大学出版社，2009.

司马迁. 史记[M]. 北京：中华书局，1982.

邵献图，等. 外国地名语源词典[M]. 上海：上海辞书出版社，1983.

脱脱，等. 宋史[M]. 北京：中华书局，1977.

[美]威廉·夏伊勒. 第三帝国的兴亡（上卷）[M]. 董乐山，等译. 北京：世界知识出版社，2012.

[英]温斯顿·丘吉尔. 第二次世界大战回忆录（第五卷）[M]. 北京编译社，译. 海口：南方出版社，2003.

闻一多. 伏羲考[M]. // 闻一多全集（第一卷）. 北京：生活·读书·新知三联书店，1982.

翁裕斌. 德国的州徽与州旗[J]. 德国研究，1995年第1期。

[比]希尔德·德·里德-西蒙斯. 欧洲大学史（第一卷）[M]. 张斌贤，等译. 保定：河北大学出版社，2008.

谢清高口述，杨炳南笔录，安京校释. 海录校释[M]. 北京：商务印书馆，2002.

徐昭恒，王琪. 走进世界名校：德国[M]. 上海：上海交通大学出版社，2014.

[古希腊]亚里士多德. 动物志[M]. 吴寿彭，译. 北京：商务印书馆，2010.

杨荫恩. 海德堡大学[M]. 长沙：湖南教育出版社，1991.

张千帆.西方宪政体系（下册·欧洲宪法）[M]. 北京：中国政法大学出版社，2005.

张侠，等. 清末海军史料[M]. 北京：海洋出版社，1982.

张廷玉，等. 明史[M]. 北京：中华书局，1974.

张玉书. 摧毁精神巴士底狱的战士——席勒[M]. // 席勒文集（总序）. 北京：人民文学出版社，2005.

郑寅达. 德国史[M]. 北京：人民出版社，2014.

不列颠百科全书（国际中文版）第1卷[M]，北京：中国大百科全书出版社，1999.

罗兰之歌[M]. 杨宪益，译. 北京：人民文学出版社，2000.

圣经（简体和合本），上海：中国基督教三自爱国委员会、中国基督教协会，2007.

外文文献：

Gustav Adolph Ackermann. Ordensbuch sämmtlicher in Europa blühender und erloschener Orden und Ehrenzeichen. Annaberg: Verlag von Rudolph & Dieterici,1855.

Arnold Babbow & Dieter Gube. Landswappen Rheinland-Pfalz, Blätter zum Land Rheinland- Pfalz, 1,1999.

Manfred Bensing usw., Lexikon Städte und Wappen der Deutschen Demokratischen Republik, Leipzig: VEB Bibliographisches Institut, 1984.

Eckhard Bieger, Taschenlexikon christliche Symbole, Leipzig: St.Benno-Verlag GmbH, 2012.

Ralf Breyer, Das Erscheinugsbild der Johann Wolfgang Goethe-Universität, Darmstadt: Wuttke Design Service, 2016.

Eberhard Dilba, Typographie-Lexikon, Norderstedt: Books on Demand GmbH, 2008.

Wolfgang Dobras, Willigis und das Mainzer Rad, eine Sage und ihre

Funktion im Wandel der Geschichte, Mainzer Zeitschrift, 2011.12.

Alois Friedel, Deutsche Staatssymbole, Frankfurt a.M: Athenäum Verlag, 1968.

J.G.T.Grasse, Geschlechts-, Namen- und Wappensagen des Adels Deutscher Nation, Dreseden: G.Schönfeld ‘s Verlagsbuchhandlung, 1876.

Brüder Grimm, Deutsche Sagen, Stuttgart: Reclam, 2000.

Hans Hattenhauer, Geschichte der deutschen Nationalsymbole, München: Olzog Verlag,1990.

Rainer Haubrich, Dem Deutschen Volke, Das Reichstagsgebäude und andere Hauptstadt Architekturen, Die Welt, 24.Juli, 1999.

Peter Heß, Das Thüringer Landeswappen, Thüringen Blätter zur Landeskunde, 2005.

Jürgen Hartmann, Der Bundesadler, Vierteljahrshefte für Zeitgeschichte, Heft 3, Jahrgang 56, 2008.

Johannes Enno Korn, Adler und Doppeladler: ein Zeichen im Wandel der Geschichte, Dissertation von Göttingen Universität, 1967.

Birgit Laitenberg & Maria Bassier, Wappen und Flaggen der Bundesrepublik Deutschland und ihrer Länder, Berlin: Carls Heymanns Verlag, 2000.

Walter Leisering, Historischer Weltatlas, Berlin: Cornelsen Verlag, 1997.

Karl Lind, Das Wappen der Stadt Wien, Mittheilungen der Kaiserl. Königl. Central-Commission zur Erforschung und Erhaltung der Baudenkmale, Band 11, 1866.

Martin Luther, D.Martin Luthers Werke. Kritische Gesamtausgabe, Briefwechsel, 5.Band, Weimar: Verlag Hermann Böhlaus Nachfolger,

1934.

Ottfried Neubecker, Heraldik, Wappen-Ihr Ursprung, Sinn und Wert, Frankfurt am Main: Wolfgang Krüger Verlag GmbH, 1977.

Gert Oswald, Lexikon der Heraldik, Mannheim: Bibliographisches Institut,1985.

Brigitte Riese, Seemanns Lexikon der Ikonografie, Leipzig:E. A.Seeman Verlag, 2007.

Silvia Schroer, Tiere in der Bibel, Freiburg im Breisgau: Verlag Herder GmbH,2010.

Heiko Steuer, Das Wappen der Stadt Köln, Köln: Greven Verlag, 1981.

Georg Scheibelreiter, Wappenbild und Verwandtschaftsgeflechte, Kultur- und mentalitätsgeschichtliche Forschungen zu Heraldik und Genealogie, München: Oldenbourg Verlag, 2009.

Johann Siebmacher, Siebmachers Wappenbuch, 1605.

Bernd D.W.Unger, Der Berliner Bär, Ein Streifzug durch Geschichte und Gegenwart, Münster: Waxmann Verlag GmbH, 2000.

Carl Alexander von Volborth, Heraldry of the world, London: Blandford Press Ltd, 1973.

Terence Weise, Medieval Heraldry, Oxford: Osprey Publishing, 2000.

Duden, Band 7, Etymologie, Herkunftswörterbuch der deutschen Sprache, Mannheim: Dudenverlag, 1963.

Reichsgesetzblatt, 1871, Nr.681.

Grundordnung der Albert-Ludwigs-Universität in Freiburg im Breisgau, Amtliche Bekanntmachungen der Albert Ludwiges Universität Freiburg im Breisgau, Jahrgang 46, Nr.3, 2015.

网络文献

http://www.stauferstelen.net/texts/stauferwappen.htm.

http://www.hdbg.eu/gemeinden/web/index.php/detail?rschl=9162000.

http://www.documentarchiv.de.

http://www.fu-berlin.de/universitaet/leitbegriffe/veritas-lustitia-libertas/index.html.

附录一：
德国州徽的起源与含义

德国中世纪的纹章体系对德国历史文化产生了深远而持久的影响。1918年德国十一月革命后，魏玛共和国废除了贵族头衔，纹章不再作为贵族及其他私人领域的标志使用，但纹章作为国家和地方的标志被保存了下来。

德国历史上长期分裂，诸侯贵族各自为政，在封建体制下，家国一体，统治家族的纹章多成为地方的标志。德国的很多州徽因此受到了中世纪贵族纹章的很大影响。德国是联邦国家，由16个州组成，每个州都有属于自己的纹章，也就是州徽。这些州徽或起源于中世纪贵族的纹章，或起源于民间的风俗，或随着行政区划的调整组合而成，因此，各州徽记载了丰富的历史信息，具有重要的文化价值。有的州徽又有大中小之分，小州徽由最核心的图案构成，中、大州徽则依次加有装饰。有的州徽去掉了传统贵族纹章中象征王权的王冠、权杖等饰物；有的州徽则仍保留了王冠，但赋予了王冠新的含义，即象征人民主权。目前德国州徽中带王冠图案的基本上都是这个含义。

有的州徽则因地区行政区划变更较为复杂，尤其是二战后在旧行政区划的基础上组合了很多新州，这些新州多采用了组合式的州徽，并赋予其新的含义，如巴登—符腾堡州、莱茵兰—普法尔茨州。州徽记载了行政区划的调整过程。从各州纹章的变迁中可以看出德国历史的脉络和传统文化的延续与变迁。

巴登—符腾堡（Baden-Württemberg）：

巴登—符腾堡位于德国西南部，首府是斯图加特，在历史上曾是施瓦本公爵、巴登公爵、符腾堡公爵以及霍亨佐伦家族等贵族的统治区域。

该州在1945年之前由三部分组成：巴登、符腾堡和霍亨佐伦。二战后，该地区被美国和法国占领，形成了法占区的巴登、符腾堡—霍亨佐伦和美占区的符腾堡—巴登三个地区，这三个地区在1949年联邦德国建国时成为三个联邦州。1951年，联邦政府试图将这三个州合并为一个州，但三个州未能达成协议。于是联邦政府通过了两个重组法案。“第一重组法案为了避免州议会重新选举，把州议会的任期延长到重组完成之后。第二重组法案……规定了三州合并的具体步骤。”[①]巴登不同意合并，于是以重组法案违背了民主和联邦原则为由，向成立不久的联邦宪法法院提起上诉，即“西南重组案”。联邦宪法法院经过审理，宣布第一重组法违背了《基本法》关于民主选举的条款，完全无效。同时，联邦宪法法院肯定了联邦政府具有根据联邦的整体需要调整州界的权力，但必须符合民主的程序。这一案件确立了联邦宪法法院作为宪政秩序和《基本法》捍卫者的权威，在德国司法史上具有重要意义。

1951年底，三个州举行公民投票，三个州绝大多数居民同意合并为一个新州。1952年，新州正式成立。由于该地区历史上大部分曾经是施瓦本公爵统治的区域，因此很多人主张将新州命名为“施瓦本”，但这遭到了巴登的反对。最终妥协的结果是州名为“巴登—符腾堡”。

直到1954年，该州才确定州徽的核心图案是历史上担任施瓦本公爵的霍亨斯陶芬家族的纹章——三只行走的黑狮。州徽有大小之

① 张千帆：《西方宪政体系》（下册·欧洲宪法），北京：中国政法大学出版社，2005年，第183页。

巴登—符腾堡大州徽

分。小州徽是顶着王冠的金底盾徽，主要图案是三只吐着红舌的黑狮。狮取代早期的熊，在纹章体系中是百兽之王的象征，代表勇气和力量，是君主贵族中使用最为广泛的纹章图案。州徽上方的王冠是人民主权的象征。

在大州徽中，金底黑狮盾徽构成了核心图案，左侧的扶盾动物是鹰头狮身怪兽，右侧的扶盾动物是羚羊；在盾徽的上端，则包含了组成新州的所有地区。从左至右依次是：红白红条纹盾徽，代表奥地利公爵曾统治的弗莱堡等地区；黑底金狮盾徽代表该州西北部，普法尔茨选侯曾统治的地区；金底三支鹿角盾徽，代表符腾堡公爵曾统治的区域；金底倾斜红柱盾徽，代表巴登公爵曾统治的区域；黑白相间四分盾徽，代表霍亨佐伦地区，这是曾统治普鲁士并统一德国的霍亨佐伦家族的发祥地；红底白色法兰克犁盾徽，代表该州东北部，历史上东法兰克尼亚公爵统治的地方。巴登和符腾堡作为构成新州最主要的地区，它们的纹章特别突出在盾徽上端的中间。纹章下方是一个底座，由黑金两色构成，与盾徽的颜色保持一致。

巴伐利亚（Bayern）：

巴伐利亚州位于德国东南部，首府是慕尼黑。巴伐利亚是早期德意志王国的五大公国之一，1806年，晋升为王国；1918年，成为魏玛共和国的一个邦；二战后，被美国占领；1946年，成立了新州；1949年，成为联邦德国的一个州；1950年确立了州徽。

巴伐利亚小州徽是顶着王冠的蓝白菱形花纹盾徽，镶金边。蓝

巴伐利亚大州徽

白菱形花纹最早起源于8世纪巴伐利亚地区伯根（Bogen）伯爵的标志，绘这种图案可能是为了加强盾牌的防守力量。1242年，伯根家族绝嗣后，统治巴伐利亚的维特斯巴赫家族继承了伯根家族的领地和纹章。该纹章沿用至今，成为巴伐利亚州徽的核心图案。宝马（BMW，Bayerische Motoren Werke，即“巴伐利亚机动车制造厂”）的商标就是起源于这个州徽。

巴伐利亚大州徽中间是一个顶着王冠的盾徽，分为五个部分：中间是蓝白菱形花纹盾徽，即小州徽；左上的红底白色法兰克犁，于1350年左右出现，象征法兰克尼亚地区；右上的黑底金狮，是普法尔茨伯爵的纹章；左下的金底三只黑狮，是施瓦本公爵霍亨斯陶芬家族的纹章；右下的白底蓝豹，是下巴伐利亚奥滕堡伯爵的纹章。这些纹章代表了组成现在巴伐利亚的主要地区及历史上的领主。盾徽左右两边有扶盾的金狮，红舌红爪，下面有金色的底座。

柏林（Berlin）：

柏林是德国的首都和第一大城市。柏林建城于13世纪，由科恩（Cölln）和柏林两个市镇合并而来，在历史上曾是勃兰登堡边境伯爵领地、普鲁士王国、德意志帝国、魏玛共和国和纳粹政权的首都。二战后，柏林被美、苏、英、法四国分区占领。美、英、法占区后来合并为西柏林，成为建都于波恩的联邦德国的一块飞地。东柏林则成为民主德国的首都。

柏林市徽是著名的“柏林熊”。在柏林街头到处是可爱的“柏

西柏林市徽（1954–1990年）
柏林市徽（1990年至今）

林熊”形象，它更因每年2月柏林电影节所颁发的“金熊奖”和“银熊奖”而知名。

熊在早期的西欧是百兽之王的象征，这个地位后来被狮所取代。熊从古代以来的象征意义比较复杂。熊在《圣经》中是贪婪和邪恶的象征。《旧约·但以理书》（7：5）中记载了但以理看到的四兽异象：“又有一兽如熊，就是第二兽，旁跨而坐，口齿衔着三根肋骨。”这象征将要兴起，随后被上帝击败的王国。[①]熊还以残酷的惩罚者的形象出现。《旧约·列王纪下》（2：23—24）中记载了一个故事：“以利沙从那里到伯特利，正上去的时候，有些童子从城里出来，戏笑他说：秃头的上去吧！秃头的上去吧！他回头看见，就奉耶和华的名诅咒他们。于是有两个母熊从林中出来，撕裂他们中间四十二个童子。”

熊在中世纪也被赋予了基督教的含义，这源于一些故事，这些故事“描述小熊出生时是没有长眼睛的小肉块，要靠母亲给它们舔出形状来。……基督信徒就是被赋予了将世界舔出形状的力量”[②]。熊也因此成为圣母马利亚的象征。

柏林为何将熊作为市徽，至今并无定论。市名“Berlin”名称起源同样不清楚。有一种说法是市名起源于勃兰登堡的创立者——阿

① 理查德·泰勒：《发现教堂的艺术：教堂的建筑、图像、符号与象征完全指南》，李毓昭译，北京：生活·读书·新知三联书店，2010年，第208页。
② 理查德·泰勒：《发现教堂的艺术：教堂的建筑、图像、符号与象征完全指南》，李毓昭译，北京：生活·读书·新知三联书店，2010年，第208页。

尔布莱希特的外号“熊”（Bär）[1]，即“Berlin”来源于“Bärlein”（小熊），因此柏林采用了熊作纹章，这在纹章学上叫“言说纹章”。

13世纪起，黑熊就出现在柏林的印章上。由于柏林一直是勃兰登堡边境伯爵领地和普鲁士王国的首都，其纹章一直都是以勃兰登堡红鹰与普鲁士黑鹰为主，熊只是附属图案，代表了柏林对选侯领主和国王的臣属地位。18世纪初，柏林的纹章主要由三部分组成：左上是勃兰登堡选侯红鹰纹章，右上是普鲁士王国黑鹰纹章，下方是直立的黑熊纹章，黑熊脖子上还有一个金色的项圈，象征了从属的地位；纹章上方有一个金色的王冠。19世纪末，柏林开始拥有以熊为主体图案的小市徽，大市徽依然是传统的熊在鹰下。直到1918年十一月革命以后，柏林才完全去掉了象征霍亨佐伦家族统治的鹰纹章，以黑熊为纹章。“熊代表了柏林人对自由的追求。”[2]

柏林市徽（18世纪）

1934年，柏林颁布了新的市徽，主体图案仍是银底黑熊盾徽，

① Bernd D.W. Unger, *Der Berliner Bär:ein Streifzug durch Geschichte und Gegenwart,* Münster: Waxmann Verlag GmbH,2000, S.8.

② Birgit Laitenberg & Maria Bassier, *Wappen und Flaggen der Bundesrepublik Deutschland und ihrer Länder,* Berlin: Carls Heymanns Verlag, 2000, S.44.

柏林市徽（1934–1949年）
东柏林市徽（1949–1990年）

黑熊直立，舌为红色，盾徽的边缘是两层的红色边线，盾徽上方则有红色的城墙王冠。1359年，柏林曾加入汉萨同盟，市徽中的红白色调可能起源于此。

1949年，东西柏林分裂后，东柏林作为民主德国首都依然沿用1934年的市徽。西柏林则在1954年设计了新的市徽：银底黑熊盾徽，黑熊直立，红舌红爪，盾徽边线是黑色，盾徽上方则是金色的城墙王冠。东西柏林的市徽都采用了城墙王冠的图案，市徽的设计者们没有想到的是，这座城市不久将以一堵隔绝两种社会制度的城墙闻名于世。

1990年，随着柏林墙的倒塌与德国的统一，东柏林与西柏林也合并成一个城市，重新成为德国的首都，市徽采用了西柏林1954年以来的市徽。

勃兰登堡（Brandenburg）：

勃兰登堡位于德国东北部，环绕着首都柏林，首府是波茨坦。勃兰登堡在历史上是霍亨佐伦家族统治的核心区域，是普鲁士立国和统一德国的基础，长期沿用红鹰盾徽。

中世纪纹章中鹰图案的使用频率仅次于狮，象征着高贵和不朽，是罗马皇帝的象征，后来成为神圣罗马帝国皇帝的纹章。12世纪皇权强大，诸侯纷纷采用鹰作为纹章。1170年，勃兰登堡边境伯爵阿斯坎尼家族的奥托一世采用红鹰作为印章图案，该图案后来成为勃兰登堡的纹章。13世纪皇权衰落，很多诸侯弃用鹰纹章时，勃

勃兰登堡州徽

兰登堡不改初衷，继续沿用红鹰纹章。1815年，勃兰登堡成为普鲁士王国的一个省，纹章依然以红鹰为核心图案，添加了普鲁士黑鹰纹章旗等装饰。

1945年，勃兰登堡被苏军占领。“为了磨灭人们对勃兰登堡—普鲁士的怀念”[1]，当局为勃兰登堡设计了新的纹章：盾徽中间是一棵橡树，橡树背后的太阳即将升起，象征了勃兰登堡的重生与新的希望；橡树右上方有一个蓝白绿三色小盾徽；纹章上方有一条缎带，写有“Mark Brandenburg”，意思是“勃兰登堡边境区”，这是勃兰登堡的传统名称。但这个纹章不太受欢迎。

1947年，在解散普鲁士的过程中，勃兰登堡州成立。1949年，勃兰登堡成为民主德国的一个州。1952年，民主德国进行地方行政改革，取消了勃兰登堡州及其州徽，分为波茨坦、奥得河畔的法兰克福和科特布斯三个专区。1990年，在两德统一的过程中，勃兰登堡州重新成立。1991年，勃兰登堡恢复了红鹰纹章，去掉了传统纹章中的权杖、宝剑和选侯冠等象征贵族权力的图案。

不来梅（Bremen）：

不来梅位于德国北部，由不来梅市和不来梅港组成，威悉河流经不来梅注入北海。787年，不来梅设立了主教区。不来梅在历史上是著名的帝国城市和汉萨同盟城市，坐拥良港，贸易繁荣。1186年，皇帝腓特烈一世巴巴罗萨授予不来梅帝国城市的地位。1260

① 翁裕斌：《德国的州徽与州旗》，《德国研究》，1995年第1期，第52页。

年，不来梅加入汉萨同盟。

二战后，不来梅属于美国占领区。1949年，成为联邦德国的一个市州，沿用了传统的红底白钥匙盾徽。

不来梅大市徽

不来梅市徽有大中小之分，小市徽是红底白钥匙盾徽。这起源于不来梅的守护圣徒——耶稣的使徒圣彼得。圣彼得的象征是钥匙，在《新约·马太福音》（16：19）中，耶稣对彼得说：“我要把天国的钥匙给你。”作为重要的汉萨城市之一，不来梅市徽采用了汉萨同盟的颜色：红色和白色。该市徽起源于1366年的城市印章图案，沿用至今。不来梅港作为德国的第二大港口，使该市徽也有了新的含义：“打开世界的钥匙”。

不来梅的中市徽是盾徽上面一顶王冠，王冠上镶嵌有宝石。不来梅的大市徽则是中市徽两侧各有一只扶盾的金狮，下面还有金色的底座。

1811年，不来梅被法国占领，拿破仑授予了不来梅新的纹章：主体图案仍然是钥匙，但由白色变成了黑色，纹章整体颜色由汉萨同盟的红白色改为红金黑色；顶端则是红底三只金色蜜蜂，这是拿破仑家族的纹章，体现了法国的统治地位。拿破仑战败后，不来梅纹章才改回传统图案。

汉堡（Hamburg）：

汉堡位于德国北部易北河入海口，是德国最大的港口，也是德国第二大城市。1189年，皇帝腓特烈一世巴巴罗萨授予汉堡免税和贸易的特权，但直到1510年，汉堡才被确认为帝国城市。1266年，汉堡参与了汉萨同盟的创立。二战后，汉堡属于英国占领区。1949年，汉堡成为联邦德国的一个市州，沿用了传统的红底白色城门盾徽。

汉堡市徽起源于13世纪的城市印章，沿用至今。市徽有大小之分，小市徽是红底白色城门盾徽，和不来梅市徽一样，采用了汉萨城市的红白色。城门盾徽上面带十字架的塔楼象征圣母马利亚教堂，圣母马利亚是汉堡的守护圣徒。两个六角星是马利亚之星。市徽的城门图案也象征了汉堡是德国“通向世界的大门”。

汉堡大市徽

汉堡的大市徽则在小市徽上增加了头盔与斗篷等装饰，两边有金狮扶盾，下面有金色的底座。

黑森（Hessen）：

黑森州位于德国中部，首府是威斯巴登。黑森在历史上是图林根伯爵的统治地区，普鲁士曾在此建立黑森—拿骚省。二战后，黑森属于美国占领区。1945年9月成立新州，是战后第一个建立的州。

黑森州徽

黑森采用了传统的彩狮作为州徽。州徽是顶着王冠的蓝底盾徽，主要图案是身上10条红白条纹相间的彩狮。狮象征勇气与力量。13世纪时，统治黑森与图林根地区的伯爵卢多温格（Ludowinger）家族采用彩狮作为纹章，彩狮因此成为黑森的象征，沿用至今。

梅克伦堡—前波莫瑞（Mecklenburg–Vorpommern）：

梅克伦堡—前波莫瑞位于德国东北部，首府是什未林。该州在历史上是梅克伦堡公爵和波莫瑞公爵统治的地区。19世纪初，波莫瑞成为普鲁士的一个省。二战后，该地区被苏联占领，奥得河以东的波莫瑞大部分地区被划给了波兰，这是对波兰东部被苏联占据的补偿。1947年，梅克伦堡和剩余的波莫瑞地区成立了梅克伦堡州。1948年，梅克伦堡州采用牛头图案作为州徽。1949年，该州成为民主德国的一个州。1952年，民主德国撤销了该州建制和州徽，分为新勃兰登堡、罗斯托克和什未林三个专区。1990年，两德统一时，该州重新建立，更名为梅克伦堡—前波莫瑞。1991年，该州设计了新的州徽。

梅克伦堡–前波莫瑞小州徽

州徽有大小之分，小州徽由两部分组成，右边是带着金冠、吐出红舌的银角黑色牛头，底为金色；左边是红色鹰头狮身怪兽（Greif），底为银白色。

牛头是历史上梅克伦堡公爵的纹章，从1219年开始作为印章图案，后来成为纹章的图案。牛是人类较早驯服的家畜，与人类生产和生活的关系都较为密切。在古希腊神话中，宙斯曾化身为公牛，欺骗腓尼基公主欧罗巴，将她驮到了地中海的克里特岛上。爱情与美丽女神阿佛洛狄忒安慰她说："你现在成了地面上的女神，你的名字将与世长存，因此世界上接纳你的那块地方从此以后就按照你的名字叫作欧罗巴。”[①]这就是欧洲名称的来历。

牛象征着力量与多产，金牛座代表春天的开始。在犹太教《旧约》中，牛是异教的标志，以色列人在抛弃上帝后，崇拜的便是金牛。但进入基督教时代后，牛成为福音书作者路加的标志。因为《新约·路加福音》以撒迦利亚的献祭为开篇，牛则经常作为献祭的物品。

梅克伦堡—前波莫瑞大州徽

鹰头狮身怪兽是波莫瑞公爵的纹章。鹰头狮身怪兽是神话中的动物，融合了鹰与狮的勇猛特征，象征战胜恶魔的斗士。在古代巴比伦、埃及、叙利亚和波斯的艺术作品中已经有此种形象。公元前8世纪，希腊花瓶和铜器上也出现了这种怪兽。在古希腊，这种怪兽象征神的权力和威严，是黄金的守护者。在基督教中，它象征拯救者——耶稣基督。因为它既属于天堂，又属于尘世，成为基督神性和人性的象征。[②]波瑞莫公爵使用该图案的历史可追溯到12世纪。

大州徽则是一个四分盾徽，右上和左下方是金底黑色牛头；左上方是银底红色鹰头狮身怪兽；右下方是银底红色勃兰登堡红鹰，代表该地区历史上曾受勃兰登堡选侯的统治。

下萨克森（Niedersachsen）：

下萨克森州位于德国西北部，首府是汉诺威。州徽是红底盾

① 施瓦布：《希腊古典神话》，曹乃云译，南京：译林出版社，1995年，第32页。

② Brigitte Riese, *Seemanns Lexikon der Ikonografie,* Leipzig: E.A.Seeman Verlag, 2007, S.149.

下萨克森州徽

徽，主要图案是白色的萨克森骏马（Sachsenross）。

在纹章兴起的中世纪，马是骑士最为重要的伙伴，但骑士与贵族很少使用马作为纹章图案。即使有，马也多是作为辅助的扶盾动物或装饰。纹章学家对此也没有找到合理的解释。在德国16个州中，只有下萨克森州和北莱茵—威斯特法伦州采用了白马作为州徽图案。

公元 5 世纪，日耳曼人灭掉西罗马帝国后，在西欧建立了很多蛮族国家，其中法兰克人建立的王国最先皈依基督教，并逐步强大起来。它东边的邻居就是居住在莱茵河、易北河流域的萨克森人，分为威斯特伐利亚、依斯特伐利亚等4个部族，他们能征善战，保留着原始的日耳曼文化，没有皈依基督教，是法兰克王国的劲敌。在民族大迁徙的浪潮中，部分萨克森人还与盎格鲁人、朱特人渡海，到达不列颠岛，成为现代英国民族起源之一。

公元8世纪，查理大帝统治时期，法兰克王国国力达到巅峰。查理大帝致力于开疆拓土，推广基督教信仰，于是在772年，决意征服萨克森，由此引发了持续30多年的萨克森战争。威斯特伐利亚部落的首领维杜金德（Widukind）率领萨克森各部族奋起反抗。维杜金德骁勇而机智，作战时骑一匹黑马，风驰电掣，凭借矫健强壮的黑马多次突破查理大帝军队的包围，黑马也因此成为他的标志。有一次，他将马蹄铁反装在黑马上，迷惑了查理大帝的军队，将之引入迷途。维杜金德的反抗大大扰乱了查理大帝的征服计划，于是查理大帝加大镇压力度，仅783年在凡尔登便杀害了约4500名萨克森战士。

经过长期的残酷战争，查理大帝终于打败萨克森人。785年，维杜金德投降，并接受洗礼。传说维杜金德皈依基督教后，他的黑马突然变成了白马，白色象征着基督教的圣洁。还传说维杜金德举行洗礼时，查理大帝将自己的坐骑——一匹白马送给了他作为礼物。从此白马成为萨克森的标志，被称为“萨克森骏马”。维杜金德受洗是德意志历史上一个重大事件，标志着德意志核心区域开始基督教化。之后萨克森人又有反抗，直到804年才被完全镇压下去。

汉诺威是下萨克森地区的首府。1692年，汉诺威公爵取得选侯地位。1714年，英国安妮女王去世，由于无嗣，她的远亲汉诺威选侯乔治一世入主英国，成为英国国王，于是英国的国徽加入了萨克森骏马的图案。1814年，维也纳会议上，英国为了加强在德意志事务上的发言权，要求列强同意汉诺威升格为王国，由此汉诺威与英国成为共主联邦。但这一状态没有持续太久。1837年，维多利亚女王继位。由于萨克森法律规定女性没有继承权，因此维多利亚女王失去了汉诺威领地，英国国徽上也因此去掉了白马的图案。

1866年，普鲁士在与奥地利进行战争的期间，出兵攻占了汉诺威，汉诺威沦为普鲁士的一个省，将白马用作了省徽。二战德国战败后，英国占领该地区，于1946年主持成立了新州——下萨克森。虽然白马很少成为该地区贵族的主要纹章图案，但却长期为当地人所喜爱，被用作装饰和艺术。因此，下萨克森州选择了白马作为州徽。

萨克森骏马见证了历史上萨克森人反抗法兰克王国的艰难历史以及德意志基督教化的过程，还记录了近3个世纪德英特殊关系的变迁。萨克森骏马虽然最终没有保留在英国国徽上，但汉诺威王室对英国的影响却流传至今，尤其是乔治一世，他母语为德语，不大会说英语，因此不愿参加内阁会议，会议改由首席大臣主持，由此形成惯例，并成为英国首相制的起源。英王权力日益缩小，加速了英国议会民主制的形成。

北莱茵—威斯特法伦（Nordrhein-Westfalen）：

北莱茵—威斯特法伦州徽

北莱茵—威斯特法伦州位于德国西部，首府是杜塞尔多夫。莱茵河流域历来是德国经济最繁荣的地区，威斯特法伦在历史上曾是萨克森人居住的地区。19世纪初，普鲁士领土扩张到这个地区，在此建立了威斯特法伦省、莱茵省。二战后，这里属于英国占领区。1946—1947年，普鲁士的威斯特法伦省、莱茵省北部与利普地区合并组成北莱茵—威斯特法伦州。1948年确定了州徽：由三部分组成，分别象征组成该州的三个地区：绿底白色河流象征莱茵河，代表普鲁士的莱茵省；红底萨克森骏马，代表历史上萨克森人曾长期居住的威斯特法伦地区，不同于下萨克森的州徽的骏马形象，该马的马尾是向上翘的；白底红色玫瑰（Lippische Rose）代表利普地区，是中世纪时当地贵族的纹章。

玫瑰在古代象征爱与美，在古希腊神话中是爱情和美丽女神阿佛洛狄忒（罗马神话中称维纳斯）的象征。阿佛洛狄忒和战神阿瑞斯（马尔斯）结合，生下了厄洛斯（丘比特）。后来，她爱上了阿杜尼斯王子，引起了阿瑞斯的嫉妒。阿杜尼斯王子打猎时被阿瑞斯派来的野猪所害，阿佛洛狄忒在寻找他的尸体时，“在多刺的灌木丛中走动时划破了几处伤口，鲜血落在地上，从中长出了玫瑰花”[①]。后来，阿佛洛狄忒与情人约会，被缄默之神哈尔波克拉底（Hapocrates）撞见。厄洛斯为了维护母亲的荣誉，送给缄默之神一朵玫瑰，从此玫瑰就“成为缄默的象征，被刻在宴会间的天花板上”[②]。英语中“under the rose”就是“秘密地”的意思，即源于这一典故。这一传统后来被基督教所继承。“当五叶的玫瑰画在或刻在忏悔椅上时，它象征保守秘密。”[③]

玫瑰花在基督教中也成为神圣的象征。《旧约·以赛亚书》（35：1–2）经文中写道：“旷野和干旱之地必然欢喜，沙漠也必快乐，又像玫瑰开花，必开花繁盛。”玫瑰被用来形容“蒙救赎的喜乐”。“玫瑰既象征天国的完美，又象征尘世的热情。”[④]“白玫瑰象征无辜、纯洁与贞洁。在中世纪，玫瑰是处女的象征和马利亚的标志。传说在伊甸园，玫瑰本没有刺，刺是在亚当夏娃犯下原罪后产生的。”[⑤]因此，玫瑰也成为贵族和教会常采用的纹章图案。

莱茵兰—普法尔茨（Rheinland–Pfalz）：

莱茵兰—普法尔茨州位于德国西部，首府是美因茨。该州在历史上曾是特里尔大主教、美因茨大主教和普法尔茨伯爵统治的地区。19世纪时，普鲁士在该地建立了莱茵省和黑森—拿骚省。二战后，这里属于法国占领区。1946年，在普鲁士莱茵省的南部、黑森—拿骚省的西部和普法尔茨等地区的基础上组建了新的莱茵兰—普法尔茨州。1948年，确立了州徽，这是由三部分组成的盾徽，分

① 古斯塔夫·施瓦布：《希腊古典神话》，曹乃云译，南京：译林出版社，1995年，第734页。

② 华泉坤、盛学莪：《英语典故词典》，北京：商务印书馆，2001年，第404页。

③ Eckhard Bieger, *Taschenlexikon christliche Symbole,* Leipzig: St.Benno-Verlag GmbH, 2012, S.93.

④ Brigitte Riese, *Seemanns Lexikon der Ikonografie,* Leipzig: E.A.Seeman Verlag, 2007, S.355.

⑤ Brigitte Riese, *Seemanns Lexikon der Ikonografie,* Leipzig: E.A.Seeman Verlag, 2007, S.360.

莱茵兰–普法尔茨州徽

别是历史上统治该地区的三大选侯的纹章：白底红十字、红底白车轮和黑底金狮；盾徽上方有一个王冠。

白底红十字是特里尔大主教的纹章。十字架是基督教最常见的象征符号，曾出现在很多民族的历史中。如“印度的十字架代表神圣之火和丰收，属于女神美雅的职能，她被赋予了丰饶之力。埃及的十字架为狮头人身女神塞克美特持有，她司掌复仇与征服，但后来变成了象征生命或生活的象形文字”[①]。在罗马帝国，十字架则是处死叛乱者或犯罪的奴隶的刑具。耶稣曾对门徒说：“不背着他的十字架跟从我的，也不配作我的门徒。”[②]“若有人要跟从我，就当舍己，背起他的十字架，来跟从我。”[③]公元33年，耶稣在耶路撒冷被罗马总督钉死在十字架上。从此，十字架成为基督教的象征符号，象征着耶稣基督的殉难与复活。中世纪纹章兴起以后，十字架成为宗教团体的首选纹章图案。

红十字则源于圣乔治的传说。圣乔治是罗马帝国时期的基督徒，因反对罗马皇帝戴克里先对基督徒的迫害，约于303年殉道。中世纪时，欧洲盛行对圣乔治的崇拜，11世纪开始流行圣乔治屠龙的传说。传说在斯勒拿（Silena）这个地方有一条恶龙，每天都要求祭品。有一天公主被抽签成为祭品，在前往献祭的路上她碰到圣乔

① 理查德·泰勒：《发现教堂的艺术：教堂的建筑、图像、符号与象征完全指南》，李毓昭译，北京：生活·读书·新知三联书店，2010年，第51页。
② 《新约·马太福音》（10：38）。
③ 《新约·马太福音》（16：24）。

治，公主祈求他帮助。圣乔治杀死了恶龙，解救了公主，全城的人因此皈依了基督教。[①]圣乔治从此成为士兵、骑士和商人的保护神。红十字在13世纪出现在特里尔大主教的印章中，后来成为特里尔大主教选侯的纹章。

红底白车轮是美因茨大主教的纹章，被称为“美因茨之轮”（Mainzer Rad）。公元2世纪起，美因茨成为主教区。782年，查理大帝将美因茨升格为大主教辖区。美因茨大主教后来成为七大选侯之首，兼任帝国首相。美因茨大主教采用了车轮作为纹章的主要图案，这是纹章体系中很少见的图案。车轮的传说起源于主教维利吉斯（Willigis）的故事。据格林兄弟编纂的《德国传说》的记载：“1009年，维利吉斯，一个虔诚和博学的人，被选为美因茨的主教。但他出身却很卑微，他的父亲是一个车夫。因此贵族和同僚都很讨厌他，很愤怒地用粉笔在他宫殿的墙上和门上画了很多车轮，以此来羞辱他。虔诚的主教听到了他们的嘲讽后，就叫来一个画家，命令他给所有房间里白色的车轮画上红色的底面，还编了几句童谣：‘维利吉斯，维利吉斯，想想你从哪里来。’从此以后，美因茨大主教采用了红底白车轮的盾徽。”[②]

维利吉斯在历史上真有其人，并且的确是一位非常有作为的主教，曾大力扩展世俗领地，还曾为国王亨利二世加冕。但他就职的时间不是1009年，而是975年。1009年，也发生了一件大事，就是维利吉斯主导修建的马丁大教堂在落成典礼这一天被烧毁了，格林兄弟误将这一年作为他任职的年份。[③]这个故事在中世纪广泛传播，受到民众欢迎。中世纪封建等级制度森严，普通人很难跨越等级，而

---

① 理查德·泰勒：《发现教堂的艺术：教堂的建筑、图像、符号与象征完全指南》，李毓昭译，北京：生活·读书·新知三联书店，2010年，第148页。

② Brüder Grimm, *Deutsche Sagen,* Stuttgart: Philipp Reclam jun. 2000, S.114-115.

③ Wolfgang Dobras, Willigis und das Mainzer Rad, eine Sage und ihre Funktion im Wandel der Geschichte, *Mainzer Zeitschrift,* 2011.12, S.198.

教会为贫民子弟社会地位的升迁提供了一个通道。维利吉斯的故事就是一个通过个人奋斗跻身上层社会的故事。

关于车轮，有学者认为车轮被凯尔特人或德意志人看作太阳的象征，或君士坦丁皇帝军旗上的基督符号。[①]由轮辐所组成的XP图案在希腊语中就是基督一词的简写。但车轮符号更真实的来源可能是美因茨大主教圣马丁（St.Martin）的使用。圣马丁吸收了《旧约·以西结书》中上帝之车（Gotteswagen）的思想[②]，以轮象征福音与教会。“灵往哪里去，活物就往哪里去；活物上升，轮也在活物旁边上升，因为活物的灵在轮中。”[③]车轮图案大概从1286或1288年开始使用，1309年成为美因茨大主教的专用纹章。从十字架与美因茨之轮图案的逐步普遍应用中，可以看出基督教在德国历史文化中的重要地位；美因茨之轮的纹章尤其体现了德国基督教自身的特色与自信。

黑底金狮是选侯普法尔茨伯爵的纹章。1229年，维特斯巴赫家族的奥托担任普法尔茨伯爵时，将狮用于骑士印章。普法尔茨金狮纹章就起源于此。

萨尔（Saarland）：

萨尔位于德国、法国、卢森堡三国交界地带，地处莱茵河西岸，战略地位重要，可谓兵家必争之地，首府是萨尔布吕肯。1680年以来，萨尔在德法间八度易手，20世纪上半叶形成了困扰德法关系的“萨尔问题”。萨尔纹章的演变记录了这段曲折的历史。

萨尔历史上长期是德意志人的居住地区，曾受萨尔布吕肯伯爵、特里尔大主教、洛林公爵等贵族的统治。在1618至1648年的

① Arnold Babbow & Dieter Gube, Landswappen Rheinland-Pfalz, *Blätter zum Land Rheinland- Pfalz,* 1,1999, p.6.

② Arnold Babbow & Dieter Gube, Landswappen Rheinland-Pfalz, *Blätter zum Land Rheinland- Pfalz,* 1,1999, p.6.

③ 《旧约·以西结书》（1：20）。

“三十年战争”中，德意志皇帝战败，国家陷入四分五裂的状态中。法国则日益强盛，在路易十四国王的统治下达到巅峰，路易十四被称为“太阳王”。法国一直梦想着以莱茵河作为天然边界，于是在1680年占领了萨尔地区。1683年，路易十四将太阳作为纹章图案授予该地区的萨尔路易市。此后，法国继续在德意志莱茵地区扩张，引起了欧洲各国的警惕，于是奥地利、勃兰登堡、萨克森等德意志邦国与英国、荷兰联合起来，组成奥格斯堡联盟，战胜了法国。1697年，法国被迫撤出了萨尔。

1789年法国大革命爆发后，西欧又陷入战乱。1793年，法国再次占领了萨尔。直到1815年，拿破仑战败，萨尔划归普鲁士和巴伐利亚管辖。在此时期的工业革命中，萨尔由于煤炭资源丰富，迅速发展成为煤炭与钢铁工业中心。

1918年，一战结束，德国战败，法国惨胜。1920年，按照战胜国的决议，萨尔从德国划出，归国际联盟管辖15年，然后举行公民投票决定归属。萨尔实际上受到法国控制，成为一个独立的行政区域，拥有自己的纹章。纹章分为四个部分，分别代表组成萨尔区的四个主要城市：右上部分，火车车轮上插着两个铁锤，底为黑色，是城市圣英格贝特的市徽，象征了此地发达的钢铁业；左上部分，白底红玫瑰是圣约翰市的市徽；右下部分，金色的太阳与蓝色的云，底为白色，是“太阳王”路易十四授予萨尔路易市的市徽；左下部分，蓝底白狮是萨尔布吕肯的市徽。

1935年，萨尔举行全民公决，90.8%的居民要求回归德国。此时正值纳粹政府进行专制统治，萨尔被取消了州徽。1945年，纳粹德国在二战中战败，法国作为战胜国再次占领了萨尔。1947年，在法国的主导下，萨尔通过了宪法，宪法规定脱离德国，经济上联合法国，政治上自治；同时确定新的纹章，纹章采用了红白蓝三色构成的十字架图案，红白蓝是法国国旗的颜色，体现萨尔正处在法国的实际控制中。盾徽上方的拱桥象征了萨尔是沟通德国与法国之间的桥梁，但在主权归属问题彻底解决之前，萨尔问题实际上是德法和解的障碍。法国起初想吞并萨尔，遭到了英美的反对，于是法国计划将萨尔“欧洲化”，制定了《萨尔法规》，让萨尔具有准国家的地位，极力避免萨尔回归德国。萨尔居民以天主教徒为主，属特里尔大主教管辖。法国为了推动萨尔脱离德国，于是向梵蒂冈申请设立单独的萨尔主教区，遭到了特里尔大主教的强烈反对。1949年，联邦德国在成立后，利用冷战的背景，致力于收回萨尔。在欧洲一体化和追求德法和解的大背景下，德国冒险与法国达成协定，让萨尔居民公投《萨尔法规》，将萨尔的回归完全寄希望于萨尔人的民族感情。1955年10月23日，萨尔全民公决，67%的居民否定了《萨尔法规》。在之后的议会选举中，亲德派大胜，要求回归德国。在同意给予法国大量经济补偿后，1957年，萨尔正式回归，成为联邦德国的第10个州；同时启用了新的州徽。州徽分为四部分：右上部分是蓝底白狮，象征萨尔布吕肯伯爵；左上部分是白底红十字，象征特里尔大主教；右下部分是红色斜梁上三只残缺的白鹰（没有嘴和爪），底为黄色，象征洛林公爵；左下部分是戴着王冠、吐着红舌的金狮，底为黑色，象征普法尔茨—茨威布吕肯公爵。四个图案

Wappen des Saargebietes 1920 - 1935

Wappen des Saarlandes 1948 - 1955

Wappen des Bundeslandes Saarland ab 1957

萨尔州徽

分别象征统治过萨尔州的四位领主，体现了对历史的继承。

萨尔主权问题的解决推动了德法的彻底和解，为后来欧共体乃至欧盟的建立奠定了基础。萨尔州徽的演变记录了法德激烈争夺莱茵河地区的历史，同时也成为德法和解的象征。

萨克森（Sachsen）：

萨克森州位于德国东部，首府是德累斯顿。州徽是黑色与金色条纹相间的盾徽，中间是斜立的绿色菱形花环，这源自13世纪时萨克森公爵的纹章。萨克森是早期德意志王国的五大公国之一，萨克森公爵后来担任选侯和帝国大元帅，在历史上举足轻重。

萨克森州徽

与中世纪世俗贵族多用鹰或狮作为其纹章图案不同，萨克森公爵采用黑金条纹和菱形花环（Rautenkranz）作为纹章的主要图案。黑金条纹是阿斯坎尼家族12世纪时的纹章。菱形花环图案的来源并不确定，但也与阿斯坎尼家族有关。据传说，阿斯坎尼家族的伯恩哈特（Bernhard）是勃兰登堡的创立者——阿尔布莱希特之子，与皇帝腓特烈一世巴巴罗萨关系较好。1180年，皇帝在剥夺狮子亨利的萨克森公爵领地后，改封伯恩哈特为萨克森公爵。伯恩哈特于是请求皇帝赐予一个与众不同的纹章。当时皇帝正好没有戴王冠，而是戴着一个花环遮阳，于是建议在伯恩哈特的盾牌上斜挎一个花环，作为新的纹章。[①]

① J.G.T.Grasse, *Geschlechts-, Namen- und Wappensagen des Adels Deutscher Nation,* Dreseden: G.Schönfeld's Verlagsbuchhandlung, 1876, S.179-180.

有学者推测这个纹章可能起源于贵妇送给骑士的花环头饰，[①]这或许可以理解为德国中世纪贵族浪漫的一面。与此相关有一个传说：伯恩哈特公爵在朝圣后返回德国，到威尼斯时，钱花完了，于是投靠了当地一个富有的商人，为之效劳以度日。在此期间，公爵爱上了商人美丽的女儿，许诺回国后就会来迎娶她。当公爵必须告别的时候，商人的女儿送给公爵一个绿色的花环。公爵将花环一剑劈为两半，一半挂在自己的盾牌上，另一半留给她作纪念。但当他返回祖国后，并没有履行与她结婚的诺言，于是将这一半花环运用到纹章中，“表示对她的怀念”。[②]

1806年，萨克森公国晋升为王国。在魏玛共和国时代，萨克森成为自由邦（Freistaat）。二战后，萨克森属于苏联占领区。1949年，成为民主德国的一个州。1952年，民主德国撤销了萨克森州建制和州徽，将萨克森划分为德累斯顿、莱比锡和开姆尼茨三个专区。1990年，在两德统一过程中，萨克森州重建，并恢复了历史上的菱形花环纹章。

萨克森—安哈尔特（Sachsen-Anhalt）：

萨克森—安哈尔特位于德国中部，首府是马格德堡。该州在历史上曾是萨克森公爵和安哈尔特公爵的领地。1815年，普鲁士占据了萨克森王国部分领地，成立了萨克森省。1945年，该地区被苏联占领。1947年，在解散普鲁士的过程中，萨克森—安哈特尔州成立。1948年，该州确立了州徽萨克森菱形花环盾徽，盾徽上方是象征矿工的铁锤和象征农民的麦穗。1952年，民主德国取消了该州的建制和州徽，将其分为哈勒和马格德堡两个专区。

① Gert Oswald, *Lexikon der Heraldik,* Mannheim: Bibliographisches Institut, 1984, S.324.

② J.G.T.Grasse, *Geschlechts-, Namen- und Wappensagen des Adels Deutscher Nation,* Dreseden: G.Schönfeld's Verlagsbuchhandlung, 1876, S.180.

萨克森—安哈尔特州徽

1990年，在德国统一过程中，萨克森—安哈尔特州重建。1991年，该州确立了新的州徽。州徽由三部分组成：萨克森菱形花环、黑鹰和站在红色城墙上的黑熊。盾徽上半部分的菱形花环是萨克森公爵的纹章。左上方是白底普鲁士黑鹰，象征之前作为普鲁士王国一个省的萨克森。在德国州徽里，这是唯一还保留与普鲁士的历史关系的纹章。黑熊象征安哈尔特公爵。据传说，从前在安哈尔特地区的哈尔茨森林，有一个勇敢的骑士，杀死了当地丛林中的熊和狼，因此，人们称呼他为“捕熊者”。熊也逐步成了安哈尔特公爵的纹章。①

石勒苏益格—荷尔斯泰因（Schleswig-Holstein）：

石勒苏益格—荷尔斯泰因位于德国最北部，地处北海和波罗的海之间，北邻丹麦，首府是基尔。该州在历史上是石勒苏益格公爵和荷尔斯泰因公爵统治的地区，公爵长期由丹麦国王担任。1864年，普鲁士和奥地利打败丹麦后，石勒苏益格归普鲁士，荷尔斯泰因归奥地利管理。1866年，普鲁士打败奥地利后，夺取了荷尔斯泰因。1867年，普鲁士设立了石勒苏益格—荷尔斯泰因省。一战后，石勒苏益格北部的丹麦语地区经过公民投票，回归到了丹麦。二战后，石勒苏益格—荷尔斯泰因属于英国占领区。1946年，新州正式成立。1949年，石勒苏益格—荷尔斯泰因成为联邦德国的一个州。

石勒苏益格—荷尔斯泰因州徽由两部分组成，右半部分是两只

---

① J.G.T.Grasse, *Geschlechts-, Namen- und Wappensagen des Adels Deutscher Nation,* Dreseden: G.Schönfeld’s Verlagsbuchhandlung, 1876, S.5.

石勒苏益格—荷尔斯泰因州徽

蓝狮，底为金色；左半部分是白色荨麻叶（Nesselblatt），底为红色。

两只蓝狮是石勒苏益格公爵的纹章，自13世纪中叶开始使用，起源于丹麦王室的三只蓝狮纹章，因为石勒苏益格本是丹麦的一个公国，与丹麦渊源更为深厚。狮头原来和丹麦王室纹章一样是朝外（右）的。1864年，石勒苏益格成为普鲁士的一部分后，纹章保持不变。1867年，普鲁士设立石勒苏益格—荷尔斯泰因省。在省徽中，蓝狮头改朝向内（左）。1928年，普鲁士政府颁布法令，确认了这一点，由此体现对德意志国家的向心力。但蓝狮纹章仍能体现石勒苏益格与丹麦的历史渊源。

荨麻叶是13世纪起荷尔斯泰因公爵的纹章。荨麻有刺且有毒，人碰到后会疼痛难忍。纹章中荨麻叶为锯齿形，可能是防护的象征。有研究认为，这种纹章形状很可能起源于一些骑士锯齿形的盾牌边缘，因为与荨麻叶很像，所以称这种纹章图案为荨麻叶。①

图林根（Thüringen）：

图林根位于德国中部，首府是埃尔福特，其州徽是个蓝底盾徽：一只红白条纹相间的彩狮头戴金色王冠，周围有8颗白色的六角星。彩狮图案起源于13世纪时图林根伯爵卢多温格家族的纹章，狮是当时贵族纹章中使用最多的动物图案。红白相间条纹的起源有两

① Gert Oswald, *Lexikon der Heraldik,* Mannheim: Bibliographisches Institut, 1984, S.283.

种说法：一是来自匈牙利纹章，因为图林根伯爵路德维希四世曾迎娶匈牙利的公主；二是来自美因茨大主教，大主教的纹章为红白色。[①]

图林根州徽

1247年，卢多温格家族绝嗣，贵族间为争夺这块领地，爆发“图林根继承战争”，1264年才结束，结果西部地区独立出去，成为后来的黑森地区；东部地区由迈森的韦廷家族统治，成为萨克森公国的核心区域。之后几个世纪中，又由于继承、分封、联姻、分裂等各种原因，在图林根地区成立了很多小邦国。

1918年帝制被推翻，魏玛共和国成立后，该地区的7个小邦国于1920年组成了一个新州，图林根才重新成为一个独立的行政区域。1921年，图林根州徽设计完成：红底盾徽，上面排列7颗六角星，象征组成图林根地区的7个邦国。

1933年，纳粹党上台后，对六角星图案非常反感，因为这会让人想起犹太人的大卫星，于是图林根被迫重新设计了州徽。州徽分为五个部分：中间是历史上卢多温格家族的蓝底红白条纹彩狮盾徽，彩狮头戴王冠，右爪举着一个纳粹的卐字符号；右上方为黑金条纹菱形花环，代表萨克森公爵；左上方是代表施瓦茨堡侯爵的金底双头黑鹰；右下方是代表罗伊斯侯爵的黑底金狮；左下方是金色底面，一只母鸡站在绿色的山坡上，这是亨讷堡（Henneberg）伯爵的纹章，“Henne”是母鸡的意思，“Berg”是山的意思，因此这是一个言说纹章。由于州徽上满是动物，这个州徽也被人戏称为“图

① 翁裕斌：《德国的州徽与州旗》，《德国研究》，1995年第1期，第52页。

图林根州徽（1933–1945年）

林根的动物园”[1]。这些纹章分别代表了历史上统治图林根各地区的主要家族，只有卐字符号代表当时的统治者，但比较小，掩在一群动物中间，不太显眼，或许这正是设计者的本意。

1945年4月，图林根被美军解放，但在7月被移交给苏联。图林根州设计了新的州徽：红底盾徽，核心图案是头戴王冠的金狮，周围点缀8颗白色的六角星，第8颗星代表新加入图林根的普鲁士部分地区。1949年，图林根成为民主德国的一个州。1952年，民主德国进行行政区划改革，取消了图林根州，废除了州徽，将之分为埃尔福特、格拉和苏尔三个专区。

1990年，德国重新统一时，三个专区重新组成图林根州。1991年，图林根采用了新的州徽，完全继承了图林根伯爵卢多温格家族的纹章：蓝底盾徽，核心图案是头戴王冠、红白条纹相间的彩狮，周围点缀有8颗白色六角星。

早年从图林根分离出去的黑森，一直采用彩狮作为纹章，二战后新成立的黑森州也是如此。因此，图林根与黑森的州徽非常相似。区别在于图林根彩狮的8条红白条纹顺序与黑森州徽相反，而且少了2条，这8条条纹或许也代表了图林根的8个地区。

图林根的彩狮纹章继承了历史的记忆，既显示了图林根州与黑

① Peter Heß, Das Thüringer Landeswappen, *Thüringen Blätter zur Landeskunde,* 2005.

森州在历史上的联系，又记录和反映了其行政区划的变迁，这也是德国现代地方纹章的主要特征。

结语：纹章的现代精神

德国现代的很多州徽直接采用了中世纪贵族纹章，或由贵族纹章组合而成。德国各州城市的市徽也多直接采用了贵族纹章，沿用至今。从一个城市的市徽中可以看出该市的历史或该市与某个贵族领主的从属关系。如很多市徽采用了大主教的纹章，从而能反映其在历史上与大主教的从属关系。如埃尔福特等约224个县市地区采用了美因茨之轮作为市徽组成图案，不过有的车轮图案简化为4条、5条或6条轮辐，有的则是双轮连在一起。这些市徽证明了该市历史上与美因茨大主教领地的关系，同时又与其他图案相结合，彰显该地区的其他历史联系或特色。又如科布伦茨等423个县市地区都采用了特里尔大主教的红十字架纹章作为市徽图案组成部分。这些城市采用大主教纹章的过程，也正是其逐步基督教化或纳入教会管理体制的过程，这在一定程度上体现了大主教世俗权力的扩张史。而美因茨之轮和特里尔大主教的红十字纹章在现代社会也是莱茵兰—普法尔茨州徽的主要图案。历史上的从属关系在现代的州徽和市徽中也得到了继承。

德国的州徽和市徽体现了地方自治的联邦传统和民众对地方的归属感，从而具有民主的现代精神。正如奥托弗里德·诺贝克所言，纹章“在扩展的自我管理和自我负责意义上日益增长的民主化，导致下层政府和居民群体完成了地方标志的构建”①。

德意志中世纪以来的纹章形成了德意志民族的特色，纹章除了直接作为地区的标志外，还反映了德意志深层次的文化特点。各地

① Ottfreid Neubecker, *Heraldik, Wappen-ihr Ursprung, Sinn und Wert,* Frankfurt a.M: Wolfgang Krüger Verlag GmbH, 1977,S.8.

区纹章图案中鹰与狮的对立反映了德意志分裂时期，皇帝与封建领主的对抗关系；十字架纹章体现了德意志的基督教文化；美因茨之轮纹章体现了基督教文化的德意志特征；萨克森骏马则直接见证了德意志的基督教化历程。纹章对德意志社会产生了持续的影响，纹章功能的变迁反映了德意志文化的延续和转变，具有深刻的历史与学术价值，是研究德意志民族文化的重要视角。

附录二：
德国大学校徽与时代精神

随着12世纪东西方交流的扩大，西欧人打开了眼界。古代经典被重新发现，燃起了人们追求新知识的热情。基督教会、世俗政权和城市经济的发展都产生了更多对专业人才的需求。在多重因素的推动下，大学在欧洲诞生了。如12世纪末的博洛尼亚大学，13世纪初的巴黎大学、牛津大学、剑桥大学等。

大学是中世纪欧洲的一大创造，当时欧洲社会有三大公认的权力机构——教会、王室与大学。“大学是欧洲唯一在历史过程中始终保持其基本模式和社会功能与作用不变的机构。”① “Universität”（大学）一词源于拉丁语“universitas”，该词含义就是“行会”，后来专指由学者和学生组成的学术性行会，也就是大学。大学早期的管理模式就是行会制，具有一定的独立性，也形成了自己的纹章，即大学纹章，也就是校徽，它既是大学的标志，又同时用于大学的印章图案。“早期大学对印章的设计非常重视，上面有雕刻的寓意画、人物和文字，它们不仅被用于认定法律文件，而且也是自治权的象征。”②

由于大学的特殊性质，大学校徽形成了独特的风格。“14、15

① 希尔德·德·里德-西蒙斯：《欧洲大学史》第一卷，张斌贤等译，保定：河北大学出版社，2008年，第8页。
② 希尔德·德·里德-西蒙斯：《欧洲大学史》第一卷，张斌贤等译，保定：河北大学出版社，2008年，第154页。

世纪大学纹章……的华丽程度，不比市民、教堂、君王和贵族的盾形纹章逊色。……各种纹章标志的输入传递了一种欧洲知识分子社团的意义和地方学术社团理念的自觉意识：经院的、道德的和学者的充满生机的社团。”[①]中世纪大学内部的学院也有各自的院徽，校徽与院徽都体现了学术团体的自治精神。

在欧洲权力结构变化和社会发展过程中，不断涌现出新的大学，这些大学多采用了与时代精神相契合的校徽，因此，校徽成为时代精神的记录者。德国的大学兴起较晚，但后来居上，成为现代大学的起源。本文以德国大学校徽以及部分学院院徽为例，阐述大学校徽所记录的德意志社会时代精神的变迁。

一、教会时代的大学

中世纪早期欧洲的大学多源于修道院和教会学校，“按照教会的独特生活方式去活动，特别重视教会的世界性质和国际性质”。[②]当时大学的一个主要功能就是讲授神学，培养神职人员。“在中世纪，社会是在教会势力的控制与支配之下，教育的目标只能是按照教会的宗教教义去引导青年一代，以‘上帝的永恒天国的公民’作为人生最终的目标和最高的目标”。[③]按照巴黎大学开创的模式，中世纪大学一般开设有神学院、法学院、医学院和哲学院（或文学院），其中神学依然占据主导地位。教皇们“把大学作为传播教令和教义的途径；他们把教义送到大学，通过讲座进行讨论和传

① 希尔德·德·里德-西蒙斯：《欧洲大学史》第一卷，张斌贤等译，保定：河北大学出版社，2008年，第155页。

② 鲍尔生：《德国教育史》，滕大春等译，北京：人民教育出版社，1986年，第18页。

③ 鲍尔生：《德国教育史》，滕大春等译，北京：人民教育出版社，1986年，第1页。

播”[①]。中世纪教皇与皇帝斗争非常激烈，这也扩展到大学领域，因为大学是非常重要的舆论场，教皇和皇帝都试图控制更多的大学，来为其服务。早期的大学多是由教皇和皇帝授权建立的，但大多受到教会的控制和影响。因此，早期大学的纹章有很强的基督教色彩。

较之意大利、英国和法国，德意志地区的大学诞生较晚，原因可能是，德国统治阶级“把贵族出身当作在教会中晋升高级职位的标准，这远比法国严重，在法国，‘学术上的优越能够使外国人和非贵族出身的人成为主教’”[②]。德意志青年只能前往意大利或法国等地求学。直到14世纪，德意志的大学才创办起来。

1348年，德意志国王查理四世创立了布拉格大学。布拉格大学是神圣罗马帝国最古老的大学，当时成为德意志东部地区学生的主要求学之地。布拉格大学现位于捷克共和国首都布拉格，虽然现在已经不是德语区的大学，但对德国大学发展史具有重要影响。15世纪初，在捷克民族意识觉醒与宗教争端的背景下，布拉格大学的政策日益偏向捷克，导致非捷克籍的教师和学生都离开了布拉格大学，尤其是德意志人。宗教争端与胡斯运动有关。1409—1410年，神学家约翰·胡斯（约1369—1415）曾任布拉格大学校长。他主张以《圣经》为最高权威，否定教皇的最高权威，由此成为宗教改革的先驱。布拉格大学由此成为胡斯改革思想的中心，引发了很多宗教争端。1415年，胡斯在康斯坦茨会议上被教廷判为异端，被处以火刑烧死。宗教争端进一步加剧了布拉格大学的分裂。1882年，布拉格大学分为两所大学：捷克语的查理大学和德语的布拉格德意志

① 希尔德·德·里德-西蒙斯：《欧洲大学史》第一卷，张斌贤等译，保定：河北大学出版社，2008年，第18—19页。
② 希尔德·德·里德-西蒙斯：《欧洲大学史》第一卷，张斌贤等译，保定：河北大学出版社，2008年，第15—16页。

大学。后者于1945年停止存在。

1365年，哈布斯堡家族的奥地利公爵鲁道夫四世创立了维也纳大学，这是神圣罗马帝国的第二所大学，也是现在德语区最古老的大学。

在德意志东部和南部都拥有大学之后，西部当时还没有大学，很多德国人到巴黎大学去学习。14世纪，罗马教会发生大分裂。1309年，亲法的罗马教皇克里门五世将教廷迁往法国控制的阿维农，直到1377年，教皇格里高利十一世才率领教廷返回罗马。1378年，格里高利十一世去世，罗马教廷选立了新的教皇，阿维农却另选教皇，双方互不承认，导致了教会的大分裂。欧洲国家分别支持两个教皇，成为两个阵营。其中法国、阿拉贡、卡斯蒂尔等国支持阿维农的教皇；德国、英国等国支持罗马的教皇。①在此背景下，在巴黎大学学习的德国学生回到了德国，这成为海德堡大学创办的背景。

海德堡大学：1386年，选侯普法尔茨伯爵鲁普雷希特一世（Ruprecht Ⅰ）获罗马教皇乌尔班六世批准，组织从巴黎回国的大学师生，建立了海德堡大学，这是目前德国境内的第一所大学。乌尔班六世为此颁布了特许状："同意在海德堡按照巴黎大学的模式着手创办一所大学，并希望神学院、教会法学院和其他允许设立的学院越办越好。大学的所有师生也和巴黎大学师生一样享有同样的特权：自由和豁免权。凡在海德堡大学通过考试和取得博士学位或者得到任教资格的人员，不需要任何人的批准即可到自己愿意去的任何一所大学执教。凡是违背这一教谕者，都将受到至高无上的上帝

① 1409年，教会公会议在比萨废黜罗马和阿维农的教皇，选出新的教皇，但没有得到承认，导致了三个教皇并立的局面。罗马教廷的权威一落千丈。1414年，皇帝西吉斯蒙德组织召开康斯坦茨会议，于1417年选出新的教皇马丁五世，才得以解决这一争端。

及其使徒彼得和保罗的惩罚。”[①]从这个特许状可以看出中世纪法国大学对德国大学的巨大影响，德国大学基本上都是按照巴黎大学的模式建立的。

海德堡大学校徽

在海德堡大学校徽中，圣彼得坐在一个祭坛的华盖下面，手持通往天国的钥匙，两边分别跪着大学的创办人和资助人。右边是鲁普雷希特一世，手持普法尔茨金狮盾徽；左边是他的侄子和继任者鲁普雷希特二世，手持巴伐利亚菱形花纹盾徽。校徽的边缘镌刻拉丁文“S UNIVERSITATIS STUDII HEYDELBERGENSIS”，含义是“海德堡大学之印”。

拿破仑战争期间，海德堡大学受到重创，陷入破产危机。1803年，海德堡等地被划归巴登。1806年，海德堡大学受到巴登大公卡尔·腓特烈（Karl Friedrich）的资助，得以重组，因此改称“海德堡鲁普雷希特—卡尔大学”（Ruprecht-Karls-Universität Heidelberg）。

与海德堡大学一样，在教会时代成立的科隆大学（1388年）、莱比锡大学（1409年）、罗斯托克大学（1419年）、弗莱堡大学（1457年）、慕尼黑大学（1472年）、特里尔大学（1473年）等大学的校徽都采用圣徒、圣母、上帝、耶稣等图案，有着浓厚的基督教色彩。

科隆大学：科隆是德国中世纪最大和最富有的城市之一。在城市贵族的提议下，科隆市获得教皇乌尔班六世批准，于1388年创办了科隆大学（Universität zu Köln）。这也与14世纪末教廷大分裂的背景有关。科隆大学建立时，大部分教授都来自巴黎大学。科隆大学以巴黎大学模式为榜样，很快发展成为基督教神学重镇。

① 杨荫恩：《海德堡大学》，长沙：湖南教育出版社，1991年，第15页。

科隆大学校徽

科隆大学校徽图案是东方三博士拜见耶稣的场景：马利亚头戴王冠，怀抱着耶稣，一人跪拜在耶稣面前，献上礼物，后面两人头戴王冠，手持礼物；上方是一颗六角星。这来自《新约·马太福音》第2章的记载，东方来的几个博士在星星的引导下，朝拜了耶稣，并献上了黄金、乳香等礼物。校徽下面是科隆市徽的变体：三顶王冠与网格线组成的盾徽。东方三博士后来被称为“三王”。科隆大学校徽与市徽上的三顶王冠都与1164年科隆获得三王遗骨有关。校徽边缘的拉丁语铭文“S: UNIVERSITATIS STUDII SEE CIVITATIS COLONIENSIS”，含义是“科隆大学之印”。

1794年，拿破仑军队占领了科隆，1798年将大学停办。在占领区关闭大学是拿破仑的传统。这与法国大革命以来法国国内关闭传统大学、建立专科学校的高校改革有关，也可能是为了打击德国的民族精神。拿破仑曾说：“彻底征服一个民族最为成功的方法，就是首先打击它的知识分子。”[①]遭遇同样命运的还有特里尔大学、哈勒大学等。1919年，科隆大学才得以复建。

莱比锡大学：该校成立的背景是布拉格大学因胡斯运动产生分裂，很多德意志的师生回到萨克森。1409年，他们在萨克森选侯腓特烈一世（阿斯坎尼家族）的支持下成立了莱比锡大学（Universität Leipzig），获得教皇亚历山大五世的批准。校徽图案是上帝与耶稣

① 李工真：《大学现代化之路》，北京：商务印书馆，2013年，第41页。

站在一起，上帝手上有一只羊羔。羊在基督教中是信徒的象征，耶稣在《新约·约翰福音》（10：14）中说：“我是好牧人，我认识我的羊，我的羊也认识我。”耶稣基督站在上帝的右边，手里则是一把钥匙。这都是严格按照基督教教义设计的。据《新约·希伯来书》（10：12）记载：“基督献了一次永远的赎罪祭，就在神的右边坐下了。”耶稣掌管天堂和地狱的钥匙，他在《新约·启示录》（1：18）中说：“我曾死过，现在又活了，直活到永永远远，并且拿着死亡和阴间的钥匙。”校徽边缘的铭文“SIGILLUM UNIVERSITAS STUDII LIPSIGNSIS”，意为“莱比锡大学之印”。

莱比锡大学校徽

当时教会法和民法都是特别受欢迎的专业。15世纪莱比锡大学法学院的院徽图案是授予法学博士的场景：右边是头戴三重冕的教皇；左边是头戴皇冠的皇帝，左手持权杖，右手将学位帽戴到跪在中间的博士生头上。

莱比锡大学法学院院徽

二战后，德国分裂成联邦德国和民主德国，莱比锡属于民主德国。1953年，莱比锡大学更名为“卡尔·马克思大学”；1959年，采用了新的校徽，以马克思的头像为核心图案。1989年1月1日，莱比锡大学恢复了传统的校徽。

罗斯托克大学（Universität Rostock）：1419年，罗斯托克大学由梅克伦堡公爵、什未林主教和罗斯托克市共同创办，获得教皇马

罗斯托克大学校徽

丁五世的批准。它是神圣罗马帝国北部和波罗的海地区第一所大学，被誉为“北方的灯塔”。校徽图案是：一个巨大的华盖下面，耶稣站立着，手持一个代表权力的圆球，球上是一个十字架，象征教会权力与世俗权力的统一。一个穿教士服装的教授跪在他面前，举着《圣经》。在两人的上方有一条绶带，上面的格言“lernet von mir; denn ich bin sanftmütig und von Herzen demütig”，意思是“学我的样式，我心里柔和谦卑”，源自《新约·马太福音》（11：29）。这些图案和铭文体现了当时的观念，即知识都来源于上帝在《圣经》中的教导；同时希望师生都以耶稣为榜样，成为谦卑虔诚的人。校徽下方有一个盾徽，是鹰头狮身怪兽图案，这是罗斯托克的市徽，用来标示大学的所在地。校徽边缘的铭文“SIGILLUM RECTORIS UNIVERSITATIS STUDII ROZSTOKCEN”，含义是“罗斯托克大学校长之印”。在罗斯托克大学，校徽采用了和校长之印同样的图案。

罗斯托克大学哲学院院徽

罗斯托克大学哲学院的院徽，图案是耶稣背负十字架。这个院徽体现了当时基督教神学对哲学的统领地位。院徽边缘的铭文“S.DECANI FACULTATIS PHILOS. STUDII ROSTOCHIENSIS”，含义是“罗斯托克大学哲学院院长之印”。院徽采用了和院长之印同样的图案。罗斯托克大学的校徽和哲学院院徽，都体现了对耶稣基督的尊崇。

弗莱堡大学：1457年，由哈布斯堡家族的奥地利大公阿尔布莱希特六世（Albrecht

Ⅵ）创立，获教皇卡利克斯图斯三世（Kalixtus Ⅲ）批准，全称为弗莱堡阿尔伯特—路德维希大学（Albert-Ludwigs-Universität Freiburg），“Albert”是阿尔布莱希特的拉丁语形式；1817年，巴登大公路德维希开始资助该大学，所以校名加入了路德维希。校徽的中间是一个哥特式的教堂，耶稣坐在一个哥特晚期风格的宝座上，手持福音书；他的两边是两座塔楼，象征耶路撒冷；他的上方和下方各坐着三个犹太教师。这描绘的是耶稣12岁时在耶路撒冷圣殿讲授经文的故事[①]。据《圣经》记载，“每年到逾越节，他父母就上耶路撒冷去。当他12岁的时候，他们按着节期的规矩上去。守满了节期，他们回去，孩童耶稣仍旧在耶路撒冷。他的父母并不知道，以为他在通行的人中间，走了一天的路程，就在亲族和熟识的人中找他。既找不着，就回耶路撒冷去找他。过了三天，就遇见他在殿里，坐在教师中间，一面听，一面问。凡听见他的，都稀奇他的聪明和他的应对”[②]。

弗莱堡大学校徽

教堂周围有三个盾徽，象征创办该大学的哈布斯堡家族的领主：右边的五只鹰是下奥地利的纹章；左边的红白红条纹是奥地利公爵的纹章；正下方的圣乔治十字架，是弗莱堡的市徽。校徽边缘的拉丁铭文“SIGILLUM UNIVERSITATIS STUDY FRIBURGENSIS BRISGAUDIE”，含义是“布列斯劳的弗莱堡大学之印”。弗莱

① Grundordnung der Albert-Ludwigs-Universität in Freiburg im Breisgau, *Amtliche Bekanntmachungen der Albert-Ludwigs-Universität Freiburg im Breisgau,* Jahrgang 46, Nr.3, 2015, S.56.

② 《新约·路加福音》（2：41—47）.

堡大学校徽上的犹太元素说明当时德意志对犹太人还有比较大的宽容。

慕尼黑大学校徽

慕尼黑大学：1472年，该校获得教皇的批准，由巴伐利亚—兰德胡特公爵路德维希九世创办，成立于英戈尔施塔特。1800年，巴伐利亚选侯马克西米连一世约瑟夫将大学迁往兰德胡特。1802年，大学改称“路德维希—马克西米连大学”（Ludwig-Maximilians-Universität），以纪念创办和迁建大学的两个贵族。1826年，该校迁到了慕尼黑，故简称“慕尼黑大学”。慕尼黑大学校徽图案是头戴王冠的圣母马利亚怀抱着耶稣，坐在教堂里的唱诗班座位上，面前是一本书，书象征着知识。马利亚和耶稣头后面都有象征神圣的光环。校徽边缘文字“SIGILL UNIVERSITAT LUDOVIG MAXIM”，含义是“路德维希—马克西米连大学之印”。

特里尔大学校徽

特里尔大学：在获得特里尔大主教的特许状后，特里尔市在1473年创立了特里尔大学（Universität Trier）。1474年，大学正式开学。特里尔大学的校徽中间是手持宝剑的圣保罗。据传说，在罗马皇帝尼禄迫害基督徒时，圣彼得被钉上了十字架。而圣保罗因为具有罗马公民的身份，则被处以剑斩首，因此剑成为他的象征。[①]圣保罗的左右两边分别是安布罗斯（Ambrosius）[②]和奥古斯丁（Augustinus）[③]，他们都头戴主教冠，手持主教权杖，是中世纪著名的神学家和教父。三人站立的城墙下面有一段铭文“S. ALMI STUDII TREVERENSIS”，含义是“特里尔大学之印”。校徽左下方是特里尔的市徽，即手持钥匙和书的圣彼得；右下方是特里尔大主教的圣乔治红十字纹章；校徽边缘镌文“TREVERENSIS EX URBE DEUS COMPLET DONA SOPHIAE”，含义是“在特里尔，上帝引导智慧的恩典走向完美”。

1794年，拿破仑军队占领特里尔，1798年，将大学停办。直到1970年，特里尔大学才得以重建。

二、诸侯时代的大学

中世纪的德国一直处于四分五裂的局面，诸侯的权力不断增强。1517年爆发的宗教改革更是加剧了这种分裂。宗教改革的领袖马丁·路德与天主教会决裂后，不得不依靠贵族，在理论和实践上都加强了诸侯领主的权力。在英法等民族国家兴起的背景下，德国却进入了更为分裂的诸侯时代。诸侯们都分属天主教阵营和新教阵营，大学也成为各个教派争夺的对象。教皇和皇帝的权威大大下降，大学的校徽开始以世俗诸侯的肖像为主。

中世纪以来的各地诸侯一直在努力扩充自己的实力，并参与创办大学以巩固统治。宗教改革的爆发，与萨克森选侯设立的维滕堡

---

① 理查德·泰勒：《发现教堂的艺术：教堂的建筑、图像、符号与象征完全指南》，李毓昭译，北京：生活·读书·新知三联书店，2010年，第123页。

② 安布罗斯（约339—397），米兰大主教，神学家。据传，他善于讲道，制定了教会礼仪，并创作了赞美诗。他曾于383年和386年访问特里尔。

③ 奥古斯丁（354—430），希波主教，神学家。他早年曾信奉摩尼教，后来在安布罗斯影响下皈依基督教，著有《忏悔录》《上帝之城》《论三位一体》等著作，对基督教神学进行了系统化论述，影响极为深远，如他的“恩典论”和“两座城”理论对宗教改革家马丁·路德产生了直接影响。

维滕堡大学校徽

大学有很大的关系。

维滕堡大学：1502年，萨克森选侯智者腓特烈获得皇帝马克西米连一世颁发的特许状，创办了维滕堡大学（Universität Wittenberg）。维滕堡校徽的核心图案就是腓特烈身穿选侯服，手持宝剑的肖像。肖像左边标明了建校的年份，右边写有“S UNIVERSIT”，意思是“大学之印”。校徽的上方有两个盾徽：两把交叉的宝剑是帝国大元帅纹章，菱形花环是萨克森公爵纹章。校徽下方装饰有两个狮纹盾徽。校徽边缘的铭文“MEAVSPICE CEPIT WITENBERG DOCERE”，含义是“维滕堡在我的治下开始教学”。1517年10月31日，维滕堡大学神学系教授马丁·路德发表《九十五条论纲》，引发宗教改革，维滕堡大学一跃成为新教神学的中心。1817年，在宗教改革300周年之际，维滕堡大学与哈勒大学合并。

宗教改革带来的动荡使得德国大学发展一度受到影响。因为宗教争议，德国大学生数量曾急遽减少。后来，新教与天主教都意识到通过教育传播信仰的重要性，双方都致力于推进教育，德国的大学教育迅速得到了恢复。天主教会加强了教会时代已创办的大学，同时通过耶稣会创立中等教育机构。1647年，班贝格侯爵主教梅西奥·奥托·沃伊特·冯·萨尔茨堡（Melchior Otto Voit von Salzburg）在班贝格耶稣会学院（Jesuitenkolleg）的基础上创立了奥托学院（Academia Ottoniana），这是以12世纪的班贝格主教圣奥托命名的。奥托学院开设了神学系和哲学系，发展为后来的班贝格大学。新教教会则致力于创办新的大学。16世纪，路德宗创办了三所大学：马堡大学、柯尼斯堡大学和耶拿大学。

马堡大学：1527年，该校由黑森伯爵菲利普创办，因此全称是马堡菲利普大学（Philipps-Universität Marburg），1542年才获得皇帝查理五世的特许状。马堡大学是德国第一所新教大学，校徽以伯爵菲利普的肖像为核心图案。伯爵肖像旁边标明了建校年份，校徽下方是黑森的彩狮盾徽。校徽里面一圈铭文为“SIGILLUM SCHOLAE MARPURGENSIS”，意为“马堡大学之印”。外面一圈铭文为“PHILIPPO HESS DO DE PIETAT ET LITER OPT MERITO AUSP”，意为“在对信仰和科学做出贡献的黑森的菲利普的保护下”。

马堡大学校徽

柯尼斯堡大学：1544年，该校由来自霍亨佐伦家族的普鲁士公爵阿尔布莱希特创办，因此校名全称为“柯尼斯堡阿尔布莱希特大学”（Albertus-Universität Königsberg），是新教创办的第二所大学，也是德国第一所既没有教皇批准，也没有皇帝批准而建立的大学。阿尔布莱希特本是普鲁士条顿骑士团团长，1525年，他进行宗教改革，将骑士团解散，建立了普鲁士公国，任公爵。

柯尼斯堡大学校徽

柯尼斯堡大学第一任校长是宗教改革家梅兰西顿的女婿乔治·萨宾努斯（Georg Sabinus），因此该校很快成为德国东北部新教重镇。18世纪末，康德曾在柯尼斯堡大学就读和任教，开创了德国古典哲学。1945年，柯尼斯堡被苏军占领，大学解散。

柯尼斯堡大学法学院院徽

柯尼斯堡大学校徽是阿尔布莱希特手持宝剑的戎装肖像，右下方装饰有黑鹰盾徽，象征普鲁士公国。校徽边缘的铭文“SIGILLUM ACADEMIÆ REGIOMONTANÆ”，意思是“柯尼斯堡大学之印”。

随着民族国家的兴起，无论是国家政权的建设，还是对王权的辩护和理论建构，都对法学的专业人才需要大大增加，法学的地位得到了提升。柯尼斯堡大学法学院的院徽图案是手握权杖的侯爵。这个院徽体现了法学为世俗政权服务的趋势。

耶拿大学校徽

耶拿大学：1547年，萨克森选侯约翰·腓特烈一世（Johann Friedrich Ⅰ）在施马卡尔登战争中被皇帝查理五世打败后，成为俘虏，选侯职位和维滕堡大学被萨克森公爵莫里茨所得。按照约翰·腓特烈一世的要求，他的三个儿子于1548年在耶拿重新创办了一所高级学校。1557年，皇帝费迪南一世批准设立大学。1558年，耶拿大学正式成立。耶拿大学校徽与维滕堡大学的风格一致。中心图案是选侯约翰·腓特烈一世身着选侯服，手持宝剑的肖像，头像上方有两个盾徽，分别是萨克森公爵的菱形花环纹章和帝国大元帅的宝剑纹章；中间是两个狮纹盾徽；最下方是鹰纹盾徽。里面一圈铭文“MEAVSPICE COEPIT DOCERE GENA”，含义是“在我的倡议和保护下，耶拿开始教学”。外面一圈铭文“IOHAN FRIDERIC DEI GRA DVX SAXON ELECT LANTGR THVR MARCHIO MISNI”，含义是“上帝保佑萨克森公爵、选侯和图林根伯爵约翰·腓特烈”。

1789至1799年，著名诗人腓特烈·席勒曾在耶拿大学担任历史学教授。1933年，纳粹上台后，试图借历史文化名人为自己贴金，甚至称席勒为“希特勒的战友”，将1934年（席勒诞辰175周年）宣布为“席勒年”。耶拿大学在此背景下，改名为“耶拿腓特烈·席勒大学”（Friedrich-Schiller-Universität Jena）。1934年10月，柏林上演席勒剧作《唐·卡洛斯》。“当剧中第三幕最后一场波萨伯爵向国王提出‘请您允许思想自由’时，观众报以经久不息的雷鸣般的掌声，致使该剧终止上演。”[①]纳粹利用席勒美化暴政的企图落空了。二战后，由于席勒的确是德意志民族文化的象征，耶拿大学保留了这个纳粹统治时期确定的校名。

民族国家的兴起和宗教改革对世俗权力权威的尊崇，使得世俗政府进一步加强了对大学的控制。这在大学校徽的铭文中也得到了体现，如维滕堡大学、马堡大学和耶拿大学校徽铭文上都有在君主“保护下或治下”的内容。“大学最终成为世俗政权的工具，并服务于国家的需要。……宗教改革使大学由国际性的机构转变成为民族性的机构。”[②]在这种趋势下，法学的地位上升了。宗教改革使神学分裂为新教神学和天主教神学，神学的地位下降了。

三、近代以来的大学

宗教改革造成天主教和新教的分裂，引发了很多宗教战争，这

---

① 张玉书：《摧毁精神巴士底狱的战士——席勒》（《席勒文集》总序），参见《席勒文集 I 》，北京：人民文学出版社，2005年，第18页。

② 李工真：《大学现代化之路》，北京：商务印书馆，2013年，第30页。

在1618至1648年的“三十年战争”中达到顶峰，德国大学因此损失惨重，陷入低谷。宗教战争的惨烈后果促使人们对宗教争端进行反思，逐步实现了宗教宽容。这一时期自然科学的发展促进了理性主义和启蒙运动的思潮，为中世纪以来的大学向现代大学的发展奠定了基础。在这个过渡期中，最为重要的大学就是哈勒大学和哥廷根大学。

哈勒大学：1694年，勃兰登堡选侯腓特烈三世在哈勒创办了哈勒腓特烈大学（Friedrichs-Universität Halle）。哈勒大学校名以选侯名命名；校徽是腓特烈三世坐在宝座上的肖像，他头戴选侯冠，手持权杖，上方是一个斗篷，斗篷中间是普鲁士之鹰，校徽边缘的铭文“SIG: ACADEMIÆ FRIDERICIANÆ HALLENS”，含义是“哈勒腓特烈大学之印”。

哈勒大学“有着第一所现代大学的声誉：它是第一所建立在自由哲学和自由教学原则基础之上的大学”[①]。它的建立“恰好象征着普鲁士邦与文化进步势力的相互结合”[②]。哈勒大学克里斯蒂安·托马修斯（Christian Thomasius）教授在德国首先使用德语讲课，打破了拉丁语在学术界和教育界的垄断地位。克里斯蒂安·沃尔夫（Christian Wolff）教授否定了哲学对神学的依赖，创立了现代哲学体系。“这种以数学和自然科学为基础的现代哲学极适合于当时的大学教学。”[③]

哈勒大学“最主要的价值和近代意义表现在：首先，把近代学

① 鲍尔生：《德国大学与大学学习》，张弛等译，北京：人民教育出版社，2009年，第47页。原书将作者Paulsen译为“包尔生”，本书统一译为“鲍尔生”。

② 鲍尔生：《德国教育史》，滕大春等译，北京：人民教育出版社，1986年，第81页。

③ 鲍尔生：《德国教育史》，滕大春等译，北京：人民教育出版社，1986年，第81页。

科引入大学中，使数学、物理等近代科学，哲学、语言等近代课程都成为哈勒大学讲授的内容。其二，使哲学从神学脱离出来而独立，并取得与神学相当的地位。其三，坚持奉行思想自由和教学自由的原则”①。这使哈勒大学成为德国启蒙运动的一个中心。

1806年，哈勒大学被拿破仑解散。部分师生逃亡，后来参与创建了柏林大学。普鲁士打败拿破仑后，哈勒大学开始复建。1817年，哈勒大学与维滕堡大学合并。新的大学没有另行设计校徽，而是将两所大学原有的校徽连接在一起，这在纹章学上叫“联盟纹章”。

哈勒—维滕堡大学校徽

1933年，在宗教改革家马丁·路德诞辰450周年之际，大学改名为“哈勒—维滕堡马丁·路德大学”（Halle-Wittenberg Martin Luther Universität）。

哥廷根大学：全称哥廷根乔治·奥古斯特大学（Georg-August-Universität Göttingen），1737年，由汉诺威选侯兼英国国王乔治二世创办。校徽图案为乔治二世坐在宝座上，手持权杖和金球，头

① 徐昭恒、王琪：《走进世界名校：德国》，上海：上海交通大学出版社，2014年，第15页。

顶是英国王室纹章，上方是一个斗篷，斗篷顶端是一顶王冠。校徽边缘的铭文“SIGILLUM UNIVERSITATIS REGIÆ GEORGIÆ AUGUSTÆ”，意思是“乔治·奥古斯特国王大学之印”。

哥廷根大学校徽

哥廷根大学借鉴了哈勒大学的模式，革新课程，将神学降为一般的学科；开创了研讨班（Seminar）的教学模式，很快成为科学重镇。“该校使真正的科学研究受到大力的鼓励和支持，其中最主要的是它有经济充裕和设备富丽的图书馆，还有专门从事自然科学和医学研究的研究所。”[①]18世纪后半期，该校“成了全德贵族阶级所赏识的学校，贵族青年都到那里学习法律和政治科学，同时也在那里学习礼貌和风度”。[②]

19世纪后半期，哥廷根大学转型为以自然科学研究为重心的大学，适应了第二次工业革命时代新兴科学与技术的发展需求，开创了辉煌的哥廷根时代。

法兰克福大学校徽

到了现代社会，在启蒙运动的影响下，大学逐步摆脱了宗教与世俗权威的束缚，追求民主、自由和科学成为时代的精神，这也深刻影响了校徽的设计。

① 鲍尔生：《德国教育史》，滕大春等译，北京：人民教育出版社，1986年，第82页。

② 鲍尔生：《德国教育史》，滕大春等译，北京：人民教育出版社，1986年，第82页。

法兰克福大学：该校成立于1914年，是德国第一所由私人基金会创办的大学。法兰克福是歌德的故乡。校徽选择了青年歌德的蓝色头像。该校徽与众不同的是，没有大学校徽通常所拥有的框架。“没有框架象征思想自由、开放与国际性；……象征新鲜与轻松流畅。”①1932年，在歌德去世一百周年之际，学校改名为“美因河畔的法兰克福约翰·沃尔夫冈·歌德大学”（Johann Wolfgang Goethe Universität Frankfurt am Main）。

柏林大学：该校成立于19世纪初德意志民族争取解放的时期。1806年，普鲁士在拿破仑战争中惨败，被迫割地赔款，很多大学遭到解散，包括最为重要的哈勒大学，很多师生也随国王逃亡至柯尼斯堡。1807年，哈勒大学前校长上书国王腓特烈·威廉三世（Friedrich Wilhelm Ⅲ），请求在哈勒大学师生基础上在柏林创办大学。腓特烈·威廉三世痛定思痛，在山河破碎、财政紧张的境况下，批准了这个请求。他曾说：“这个国家必须通过它精神上的力量来弥补它物质上的损失。”②“正是由于贫穷，所以要办教育。我还从来没有听说过一个国家是因为办教育办穷了、最后办亡国了的。教育不仅不会使国家贫穷，恰恰相反，教育是摆脱贫困的最好手段。”③国王任命著名教育家威廉·冯·洪堡（Wilhelm von

柏林大学校徽

① Ralf Breyer, *Das Erscheinugsbild der Johann Wolfgang Goethe-Universität,* Darmstadt: Wuttke Design Service, April.2016, S.7.

② 李工真：《大学现代化之路》，北京：商务印书馆，2013年，第42页。

③ 李工真：《大学现代化之路》，北京：商务印书馆，2013年，第43页。

Humboldt）为内政部教育司司长，负责筹建柏林大学。

1810年，柏林大学正式成立，著名哲学家费希特担任第一任校长。“新建的柏林大学的组织方式，与由军事独裁者掌控的高等专科学校是正好相反的，它的准则不是一致与服从，而是自由与独立。”[①]这个军事独裁者指的就是拿破仑，他延续了法国大革命以来关闭大学的传统，在法国大力发展高等专科学校，致力于满足社会实用的需求，但却导致了教学与科研的分离。

柏林大学的创立是普鲁士改革最为突出的成就之一，令人惊讶的是，普鲁士的专制君主建立了一所崇尚自由与独立的现代大学。这来源于洪堡的教育理念。洪堡毕业于哥廷根大学，受到了该校自由风气的影响。他提出了推进学术研究的“科学五原则”：一、“科学是某种还没有完全被发现、完全找到的东西。它取决于对真理和知识永无止境的探索过程，取决于研究、创造性以及自我行动原则上的不断反思”。二、“科学是一个整体，每个专业都是对生活现实的反思，对世界的反思，对人行为准则的反思。唯有通过研究、综合与反思，科学才能与苍白的手工业真正区别开来”。三、“科学首先有它的自我目的。至于科学的实用性，其重要意义仅仅处于第二位。当然，对真理进行的这种目标自由式的探究，恰恰可能导致最为重要的实用型知识，并能服务于社会”。四、“科学是与高等院校联系在一起的，唯有通过对学术的研究、与科学的交道、对整体世界的反思，才能培养出最为优秀的人才”。五、“高等院校的生存条件是‘孤寂’与‘自由’，即‘坐冷板凳’和‘学术自由’。……国家必须保护科学的自由。在科学中永无权威可言”。[②]

① 鲍尔生：《德国大学与大学学习》，张弛等译，北京：人民教育出版社，2009年，第47页。

② 李工真：《大学现代化之路》，北京：商务印书馆，2013年，第47—48页。

在大学治理方面，洪堡提出了“洪堡大学三原则”：“大学自治”“学术自由”“教学与科研相统一”。[1]这些先进的大学理念使得柏林大学成为第一所完全意义上的现代化大学。

1826年，柏林大学改称“腓特烈·威廉大学”（Friedrich-Wilhelms-Universität），以纪念其建立者。1949年，改名为“柏林洪堡大学”（Humboldt Universität zu Berlin），并以洪堡兄弟的头像为校徽图案，校名则构成了一个圆圈环绕着洪堡兄弟。威廉·冯·洪堡本人还是著名的语言学家，他的弟弟亚历山大·冯·洪堡则是著名的地质学家。

柏林自由大学：1933年，纳粹上台后，德国大学的学术自由传统受到摧残，一大批优秀学者被迫流亡到海外，德国大学元气大伤。1945年，德国战败，纳粹暴政结束后，柏林被英、法、美、苏四国分区占领，柏林大学被划归苏占区。随着冷战阴影的日益笼罩，德国分裂的局面愈加显著。

1948年，为了追求自由，柏林大学部分师生出走，在英、美等西方阵营的支持下，在西柏林成立了柏林自由大学（Freie Universität Berlin）。圆形的校徽中间是一个盾徽：上半部分是柏林熊手持火炬，象征着对真理的追求；下半部分则是三本书，书上面分别写着“真理”（VERITAS）、“正义”（IVSTITIA）与

柏林自由大学校徽

① 李工真：《大学现代化之路》，北京：商务印书馆，2013年，第47页。

“自由”（LIBERTAS），这是柏林自由大学的校训。盾徽周围有三颗六角星。校徽边缘写有校训和校名。

柏林自由大学官方对校训的解释是：“获得真理是科研与教学的最高目标，……正义意味着在个人义务和社会责任上达成一个公认的价值标准，……自由是教学和科研的前提。唯有在科学不受国家、教会、经济或社会干涉的地方，自己确定目标和责任，才能在社会意识上适应对知识的要求。……没有自由的真理将成为僵化的教条；没有真理的正义会成为空洞的标准；没有正义的自由会导致无责任的游戏。”[①]这段话深刻地阐述了现代大学的本质和发展要求，是对德国大学传统的总结和升华，更是对纳粹暴政历史的深刻反思，代表了德国大学的重生。

中世纪以来，德国大学经历了对宗教权威、世俗权威的崇敬，终于跨越到现代对自由的追求，这也是德国社会发展的历程，大学校徽风格的演变记载了时代精神的变迁。

① http://www.fu-berlin.de/universitaet/leitbegriffe/veritas-lustitia-libertas/index.html.

附录三：

龙与鹰：中德政治符号与文化象征的比较

中国与德国在历史上都曾建立过普世意义上的帝国，且分别选择了龙与鹰作为皇权的象征。龙与鹰作为想象和现实中能飞的动物，一开始就与天和神建立了联系，在文化上有着内在的共通之处。18世纪时，法国汉学家杜赫德（Du Halde）将中国龙比为罗马帝国的鹰："龙无疑是中国人的国家象征，正如鹰之于罗马。"[①]德国的鹰纹章就起源于罗马帝国的鹰标志。在历史的发展过程中，在不同的政治文化和宗教背景下，中国的龙和德国的鹰具有了不同的内涵和象征意义。

龙的早期形象模糊，很神秘，起源比较复杂。龙纹自商周时代以来是非常普遍的装饰纹。龙的形象自汉代定型后，一般认为，龙由多种动物的特征组合而成。按照东汉王符的描述："其形有九，头似驼，角似鹿，眼似兔，耳似牛，项似蛇，腹似蜃，鳞似鲤，爪似鹰，掌似虎是也。"[②]后世龙的形象基本上符合这个特征。鹰则是自然界中的真实动物，形象较为清晰简单，后来的双头鹰虽是虚构，也只是加个鹰头。

① 施爱东：《16–20世纪的龙政治与中国形象》，北京：生活·读书·新知三联书店，2014年，第5页。

② 刘志雄、杨静荣：《龙与中国文化》，北京：人民出版社，1992年，第12页。

虽然龙与鹰形象迥异，但有个共同的特点，就是能翱翔于天际。因此，在早期信仰中，龙与鹰都是沟通天地的使者和神仙的坐骑，都有负载灵魂上天的作用。据《史记》记载："黄帝采首山铜，铸鼎于荆山下。鼎既成，有龙垂胡须下迎黄帝。黄帝上骑，群臣后宫从上者七十余人，龙乃上去。余小臣不得上，乃悉持龙须，龙须拔，堕，堕黄帝之弓。百姓仰望黄帝既上天，乃抱其弓与胡须号。"[①]乘龙升天实际上就是死亡。所以，后来皇帝驾崩被称为"龙驭上宾"或"龙驭宾天"。在出土的平民古墓中，也时常有墓主人灵魂乘龙升天的画像。

在古代叙利亚和埃及，鹰都被视为负载灵魂的使者。在古希腊神话中，鹰是宙斯的象征的使者。在罗马神话中，鹰是朱庇特的象征。在罗马皇帝葬礼上，"皇帝尸体被放在柴堆上，与一只鹰绑在一起。在点火的时候，鹰会被释放，带着皇帝的灵魂飞向天空，皇帝灵魂被天堂所接纳，享受神圣的荣耀"[②]。

这些传说和风俗反映了古人的共通的信仰观念，认为人有灵魂，灵魂需要一个能够飞翔的神兽负载到天空。龙与鹰都具有通天的作用，因而被皇权采用为标志，并逐步成为国家的政治标志或民族的文化象征。

国内外学术界对龙与鹰都分别作了较为翔实的研究，但很少将两者进行对比研究。涉及这个领域的学者卡尔·施瓦岑贝格（Karl Schwarzenberg）在《鹰与龙：世界统治思想》一书中曾指出："帝国的标志是一些能够展现天空和太阳的神圣力量的动物。首先是代表太阳或雷神的鹰与围绕在天空的龙。两种动物都象征了……统治

① 司马迁：《史记·封禅书》，卷28，北京：中华书局，1982年，第1394页。

② Johannes Enno Korn, *Adler und Doppeladler: ein Zeichen im Wandel der Geschichte*, Dissertation von Göttingen Universität, 1967, S.13.

世界。”[①]该书重点在于阐述历史上各个帝国的帝国思想，没有对鹰和龙等象征符号进行深入研究。

中国与德国分别位于亚欧大陆，历史与文化传统迥异，但都建立过普世意义上的帝国，并经历了民族国家时代的动荡，最终成立了共和国。本文将试图对龙与鹰在中德帝制时代、民族国家时代和共和时代的不同特征和象征含义进行对比，从而比较中德政治文化的异同。

一、帝制时代的龙与鹰

由于龙与鹰在早期信仰中都具有沟通天地的功能，而中西帝王都试图获得沟通天地的功能，因此，龙与鹰都用于皇帝的服饰和装饰，逐步成为皇权的象征。龙与鹰因宗教获得的神圣地位更是强化了这种象征。龙与鹰在中德帝制时代的遭遇，反映了两国皇权的兴衰和政治文化的异同。

德国在中世纪实行封建制度，皇权受到诸侯很大的限制，形成了稳定的贵族阶层。同时在此社会背景下，从12世纪起形成了纹章制度。纹章是“一种按照特定规则构成的彩色标志，专属于某个个人、家族或团体的识别物”[②]。纹章具有严格的规则和可继承性，只要遵守这些规则，平民也可拥有纹章。黑鹰作为皇帝纹章，在德国中世纪是一种职务纹章。

由于中国是皇权专制社会，中国人对龙一直非常尊崇。中国自秦朝废除封建，建立了大一统的中央集权体制后，没有稳定的贵族阶层，也没有产生系统的符号体系，只有龙作为皇帝标志和最高权力的象征具有一定的纹章属性。

① Karl Schwarzenberg, *Adler und Drache, Der Weltherrschaftsgedanke*, Wien: Verlag Herold, 1958, S.268.

② 巴斯图鲁：《纹章学：一种象征标志的文化》，谢军瑞译，上海：上海书店出版社，2002年，第13页。

（一）龙纹与中国皇权

从中国第一个皇帝——秦始皇开始，皇权就开始与龙联系起来。秦始皇被称为“祖龙”[①]。刘邦则捏造了一个神话，将自己的出生与龙联系在了一起。“其先刘媪尝息大泽之陂，梦与神遇。是时雷电晦冥，太公往视，则见蛟龙于其上。已而有身，遂产高祖。”[②]通常认为这段话的意思是刘邦由龙与刘媪交合而生，从此，皇帝被称为真龙天子。而实际上，蛟通交，交龙指两条相交的龙，是当时较为流行的图像。这段话指的大概是刘媪遇见了神，神投胎之际，两条龙在她上方交合；刘邦即为神转世。[③]

龙纹形成于商代，在商代开始用于服饰。帝王的服饰非常复杂，大概在周朝时逐步形成了包括龙纹在内的十二章制度。十二章指：日、月、星辰、山、龙、华虫、宗彝、藻、火、粉米、黼、黻。其中日、月、星辰是帝王最重要的标志。东汉时，皇帝和九卿都可以使用龙纹，九卿以下禁止使用龙纹。可见，龙是皇帝的标志之一，且并非最重要的标志。

到了唐朝龙朔二年（662年），唐高宗开始试图垄断龙纹，但未能成功。[④]随着皇权的加强，宋代政和年间（1111—1118年），朝廷做出规定，正从一品的高官，服饰为“青衣画降龙”[⑤]。升龙只能由皇帝使用。“升龙是通天的政治隐喻，为了防止臣子乘龙

① 司马迁：《史记·秦始皇本纪》，卷六，北京：中华书局，1982年，第259页。

② 司马迁：《史记·高祖本纪》，卷八，北京：中华书局，1982年，第341页。

③ 刘志雄、杨静荣：《龙与中国文化》，北京：人民出版社，1992年，第273—275页。

④ 刘志雄、杨静荣：《龙与中国文化》，北京：人民出版社，1992年，第281页。

⑤ 脱脱等撰：《宋史·舆服四》，卷一五二，北京：中华书局，1977年，第3545页。

通天，所以只能许其用降龙。用龙而不许其用升龙，也即剥夺臣子沟通上天的象征资本。”①

元朝至元七年（1270年），刑部议定，“除随路局院系官缎疋外，街市诸色人等不得织造日月龙凤缎疋。……如有违犯之人，所在官司究治施行”②。但这个规定没有办法完全施行，因为皇帝对龙纹的尊崇引发了民间对龙纹的仿效已经非常普遍。于是朝廷限定五爪两角龙为皇帝专用，四爪、三爪龙于是可以合法地为民间所用。

故宫太和殿龙纹宝座

明朝皇帝也试图垄断龙纹。洪武二十四年（1391年），朝廷规定“官吏衣服、帐幔，不许用玄、黄、紫三色，并织绣龙凤文，违者罪及染造之人”③。但后来皇帝经常御赐朝臣蟒袍，蟒纹与龙纹高度相似，只是无角无爪。随着权势的增大，宦官也开始着蟒袍。这造成明朝中后期蟒袍较为泛滥，皇帝又开始下旨禁止蟒袍。因前后

① 施爱东：《16–20世纪的龙政治与中国形象》，北京：生活·读书·新知三联书店，2014年，第21页。

② 陈高华等点校：《元典章·造作一》，典章五十八，北京：中华书局/天津：天津古籍出版社，2011年，第1962页。

③ 张廷玉等撰：《明史·舆服三》，卷六十七，北京：中华书局，1974年，第1638页。

十二章纹龙袍（明朝嘉靖皇帝画像）

政策较为矛盾，实际上没有能够真正实施。

到了清朝，皇帝强化了龙袍的象征意义，而将蟒袍划分为四个等级，皇亲国戚、文武大臣都可以使用蟒纹。

皇帝为了凸显权威，热衷于在宫廷建筑和御用物品上用龙作为装饰，甚至到了滥用的地步。“这种现象并不意味着这些皇帝具有龙崇拜观念，恰恰相反，他们心目中的龙只是供其驭使的工具、玩物而已。……统治者的崇龙，完全是为了吓唬百姓；而他们自己却将龙当作私有奴仆，随意奴役，利用。这也就是……龙与政治的实质。”[①]

中国“帝王对于龙纹的垄断和管制史，也是帝王不断强化和巩固其至尊地位的历史”[②]。中国的皇权虽然专制，但皇帝并不能成功禁止大臣和民间使用龙纹，只得将龙纹限定在两角五爪，对高度相似的蟒纹等进行妥协。龙纹的演变反映了中国中央集权制度的演进，但也体现出皇权的力所不及之处。

① 刘志雄、杨静荣：《龙与中国文化》，北京：人民出版社，1992年，第290页。

② 施爱东：《16—20世纪的龙政治和中国形象》，北京：生活·读书·新知三联书店，2014年，第19页。

民众虽然不能穿龙袍，但仍想办法规避这个禁令。1975年，山东邹县出土了一个元代平民墓，墓主穿着违反当时规定的深绛色盘龙纹样的袍服。[①]生前不能穿龙袍，死后也要穿，体现了民间对龙纹的热衷。

（二）黑鹰纹章与德国皇权

德国中世纪以来的鹰纹章起源于古罗马帝国皇帝的标志。崇拜鹰在西方有着深厚的传统。鹰是朱庇特的象征。罗马皇帝将自己等同于朱庇特，鹰也成为皇帝的标志。

962年，德意志国王奥托一世加冕为罗马皇帝，标志着神圣罗马帝国的建立，德意志王国由此继承了罗马帝国的传统，也继承了帝国之鹰的象征。皇帝在举行加冕典礼时,会身着鹰袍（Adlerdalmatika），即绣有鹰纹的皇袍。鹰也广泛用于宫殿装饰，并用于钱币图案。

由于鹰一直以来作为罗马皇帝的标志，纹章文化兴起后，德意志国王和皇帝很自然选择了鹰作为纹章。除了古罗马的传统，还有一个原因在于鹰在基督教中的重要地位。鹰在基督教中是上帝、耶稣和福音书作者约翰的标志。基督教对鹰的尊崇来源于犹太人。犹太人在《旧约》中曾将鹰作为上帝的象征。如《旧约·出埃及记》19：4中，耶和华对摩西说："我向埃及人所行的事，你们都看见了，且看见我如鹰将你们背在翅膀上，带来归我。"耶和华在此将自己比作鹰。在欧洲进入基督教社会后，鹰成为耶稣的标志。这源于古代鹰能返老还童的传说。《旧约·诗篇》103：5中提到"他用美物使你所愿的得以知足，以致你如鹰返老还童"。与之相对应的传说是：鹰变老后，翅膀会变得沉重，眼睛变得浑浊，它会飞向太阳，烧掉旧的羽毛，甩掉眼中的浑浊物，然后再到清水中洗三次，

① 刘志雄、杨静荣：《龙与中国文化》，北京：人民出版社，1992年，第283页。

就又年轻了。[①]因此，基督徒将鹰返老还童的过程比作“耶稣升天之路”。[②]又如《旧约·箴言》30：19中提到：“鹰在空中飞的道。”教父对此的解释是：“我们必须将此处的鹰理解为基督我们的主，在他复活之后，……如鹰一样飞向父，带上他的所得，也就是他从敌人的仇恨中解救出来的人。”[③]鹰还被作为福音书作者约翰的象征。因为相比其他福音书作者侧重对耶稣生平的介绍，约翰重点在于阐述耶稣属灵的一面，而鹰由于能飞，多与灵魂、神性等因素联系在一起。[④]

鹰纹章主要分为单头鹰和双头鹰。双头鹰是虚构动物，起源比较简单。罗马帝国的鹰标志早期是单头的，后来君士坦丁大帝将首都从罗马迁往拜占庭，改名为君士坦丁堡。单头鹰由此演变成了双头鹰，一个象征罗马，一个象征君士坦丁堡。受到东罗马帝国的影响，12世纪起，神圣罗马帝国的皇帝也开始采用双头鹰作为纹章。

当时德意志国王与皇帝的职位并存，国王由诸侯选举产生，再由教皇加冕为皇帝。纹章在发展的过程中，形成了与这种政治体制相适应的纹章文化。到了13世纪时，已经形成惯例：德意志国王登基后，会采用单头黑鹰作为纹章；国王加冕为皇帝后，则会采用双头黑鹰作为纹章。

诸侯和臣民具有自主选择纹章的权利。12世纪时，德意志皇权还比较强大，很多诸侯采用了鹰作为纹章，表示对皇帝的效忠。如

---

① Hans Hattenhauer, *Geschichte der deutschen Nationalsymbole*, München: Olzog Verlag,1990, S.98.

② Johannes Enno Korn, *Adler und Doppeladler: ein Zeichen im Wandel der Geschichte*, Dissertation von Göttingen Universität, 1967, S.29.

③ Johannes Enno Korn, *Adler und Doppeladler: ein Zeichen im Wandel der Geschichte*, Dissertation von Göttingen Universität, 1967, S.21.

④ Johannes Enno Korn, *Adler und Doppeladler: ein Zeichen im Wandel der Geschichte*, Dissertation von Göttingen Universität, 1967, S.21.

鹰袍（西吉斯蒙德皇帝画像）

马克西米连一世皇帝画像与双头鹰纹章

12世纪末，巴伐利亚公爵、普法尔茨伯爵、奥地利公爵采用的纹章都是鹰。但随着皇权的衰落和诸侯独立性的增强，到了13世纪中叶，诸侯大多放弃了鹰作为纹章，开始采用其他各自的图案。如普法尔茨伯爵大约在1229年改用金狮纹章；又如奥地利公爵大约在1230年开始使用红白红条纹纹章；巴伐利亚公爵约在1242年采用蓝白菱形纹章。诸侯对鹰的使用和舍弃，象征了德国皇权从强大转为衰弱的过程。同时，多元纹章的使用，体现了德国地方自治的联邦传统。

二、民族国家时代的龙与鹰

民族国家兴起于欧洲，是一种建立在民族认同基础上的统一的主权国家，通常都拥有独特的国家标志。15世纪以来，英国、法国逐步成为最早的民族国家，并为其他国家所仿效，使得民族国家成为主流的国家形式，构成了近代国际体系的基本单位。

在构建民族国家的浪潮中，中国和德国都比较落后。中国一直以天朝上国自居，视四方为夷狄，与周边国家建立了朝贡体制。德国从中世纪戴上罗马的皇冠后，皇权衰落，逐步陷入四分五裂的状态。

（一）中国：龙旗飘扬

19世纪中期，中国清王朝的闭关锁国状态被打破，不得不放弃天朝上国的普世帝国理念，成为近代国际体系中的一员，也开始构建民族国家的历程，制定国旗等国家标志是其中的一个重要步骤。

依据国际贸易的规则，商船都必须悬挂国旗。没有旗帜的商船可能被视为无国籍甚至海盗船。而中国在进入近代国际体系的过程中反应缓慢，因循守旧，迟迟没有制定国旗等国家标志。因此很多中国商船向外国注册，悬挂外国国旗。1856年，华人商船亚罗号涉嫌参与海盗活动被广东水师扣押。由于该船悬挂了英国国旗，英国领事借口中国侮辱英国国旗，挑起了第二次鸦片战争。[①]可见，旗帜等国家标志在国际交往中的重要性。

外国海军侵入中国内地后，与清廷水师经常发生冲突。清廷水师由于没有统一的旗帜，经常在冲突中吃亏。1862年，在恭亲王奕䜣的主持下，清廷批准黄龙三角旗作为水师旗。

1888年，清廷正式确立国旗为“长方式，照旧黄色，中画青色飞龙”[②]。龙从皇帝的象征转变为了中国的国家标志。

（二）德国：从双头鹰到单头鹰

中世纪以来，德国皇权逐步衰落，四分五裂，无法建立起统一强大的民族国家。直到1871年，普鲁士统一了德国，建立了德意志帝国。德国在统一过程中，排除了非德意志的民族和领土，以“小德意志方案”实现统一，虽然建立的是帝国，但不再是普世意义上的传统帝国，而是一个典型的民族国家。德意志帝国采用普鲁士单头黑鹰纹章作为国徽，并放弃了象征普世帝国的双头鹰纹章。

普鲁士黑鹰纹章源于皇权强盛时期普鲁士骑士团团长的纹章。普鲁士之鹰见证了德意志民族国家的建立。霍亨佐伦王室热衷于扩充军备，并将鹰纹章大量装饰到军旗、军服、军帽等上面，黑鹰纹章成为军国主义的象征。随着德意志帝国的扩张，德意志之鹰遭遇到了东方的龙。

（三）鹰与龙的碰撞

1900年，八国联军侵华。德国皇帝威廉二世派出的瓦德西元帅担任了联军司令。威廉二世为远征中国的军队设计了勋章，图案是一只鹰战胜了一条龙。在德国官方发布的纪念文件中，图案是头戴王冠的普鲁士黑鹰翱翔在空中，两侧飘扬着黑鹰旗帜，地上是一条

① 施爱东：《16—20世纪的龙政治和中国形象》，北京：生活·读书·新知三联书店，2014年，第161—162页。

② 张侠等：《清末海军史料》，北京：海洋出版社，1982年，第504页。

被剑刺穿的龙，龙头垂地。这都直接展现了德国鹰战胜了中国龙。很多西方人认为中国龙源于蛇，而蛇在西方是邪恶的象征。鹰与龙（蛇）的战斗成为“世界上最强大的鸟与最危险的爬行动物之间的斗争，两者之间的战斗具有非凡的意义”[①]。德国赋予了鹰以神圣性，而将龙贬为邪恶的象征，试图以此来美化侵略战争。

三、共和时代的龙与鹰

20世纪初，中国和德国都推翻帝制，分别建立了中华民国和魏玛共和国，两个共和国的命运都非常曲折。中华民国内有军阀混战，外有日本侵略，经历了两次世界大战，损失惨重，最终赢得了民族独立。此后中国又进行了内战，最终建立了中华人民共和国。魏玛共和国政局一直不稳，1933年，被纳粹夺权。1939年，纳粹德国发动了二战。二战战败后，德国被美苏英法分区占领，后来分裂为联邦德国和民主德国。1990年，两个德国再次统一。龙与鹰作为象征符号也伴随着两个共和国经历了曲折的命运。

（一）中国：中华民族的“龙图腾”

1912年，革命党人推翻了清朝，建立了中华民国，放弃了主要象征帝王的龙作为国家标志。但龙在民间逐步被构建为中华民族和中国的标志。因为建立民国后，中国并没有成为统一的民族国家，反而四分五裂，内忧外患不断，迫切需要一个全民族的象征。20世纪30年代以后，中国面临亡国危机，在西方图腾学的影响下，中国知识分子开始建构龙作为中国和民族的图腾和象征。1942年，闻一多发表了《从人首蛇身像谈到龙与图腾》，主张“龙便是因原始的龙（一种蛇）图腾兼并了许多旁的图腾，而形成的一种综合式的虚构的生物。这综合式的龙图腾团族所包括的单位，大概就是古代

① 施爱东：《16—20世纪的龙政治与中国形象》，北京：生活·读书·新知三联书店，2014年，第105页。

所谓‘诸夏’和至少与他们同姓的若干夷狄”[1]。闻一多还论证了共工、祝融、黄帝、匈奴等都使用龙图腾。这与20世纪初建构的中华民族概念遥相呼应。中华民族包括中国境内的众多民族，恰好与龙由多种动物特征组成的情况非常像。闻一多的龙图腾观点影响巨大。但现代研究表明，该观点证据不足。[2]

1949年，中华人民共和国成立后，龙成了封建落后的象征，遭到了摒弃。1978年，台湾大学生侯德健创作了歌曲《龙的传人》。这本是中美建交和“台美断交”的背景下，侯德健有感于近代以来列强不断干涉中国的悲愤之作，传入大陆后，正值大陆开始改革开放，民族精神振奋，歌曲所塑造的巨龙形象正好成为民族腾飞的象征。这首歌传唱在全世界华人社区，使得龙成为每个中国人乃至所有华人的象征和身份认同的重要来源，并使龙重新成为中国的象征。随着歌曲的传播，在历史远因和环境近因影响下，龙很快被建构为中华民族的“图腾”。

（二）德国：从共和之鹰到联邦之鹰

1918年，德国爆发“十一月革命”，推翻帝制，建立魏玛共和国后，仍然采用黑鹰作为国徽。国徽采用了黑红金色调：金底黑鹰，嘴和爪为红色，与黑红金所象征的追求自由与统一的1848年革命精神联系在了一起，黑鹰被称为“共和之鹰”。

1933年，纳粹党推翻魏玛共和国后，建立起极权暴政的统治，抛弃了共和之鹰，将卐符号与黑鹰纹章连接在一起，使之成为纳粹暴政的标志。

1949年，联邦德国与民主德国分别成立。1950年，联邦德国决

① 闻一多：《伏羲考》，收录于《闻一多全集》第一卷，北京：生活·读书·新知三联书店，1982年，第32—33页。

② 施爱东：《16–20世纪的龙政治与中国形象》，北京：生活·读书·新知三联书店，2014年，第216—219页。

定继续采用共和之鹰作为国徽，但改称“联邦之鹰”。从共和之鹰到联邦之鹰，名称的简单改变实际上意味着联邦德国重新回到了地方自治的联邦传统。

联邦之鹰也是联邦印章的图案，并被赋予了新的含义：“当国家的每个意志行为，盖上作为法律执行标志的鹰印章时，这个联邦纹章不止证明我们国家的主权，同时象征了在这个国家对人的尊严与权利的保护。”[①]联邦之鹰还被联邦总统、政府、议院、参议院、宪法法院等联邦机构广泛采用为标志。

尽管黑鹰纹章曾与军国主义、纳粹暴政联系在一起，但由于历史悠久，黑鹰纹章仍成为联邦德国民众认同度最高的国家标志。1965年8月，在联邦德国的一次关于国家标志的民意调查中，45%的德国人认为是鹰，26%的人认为是黑红金三色，2%的人认为是德国国歌。[②]

与联邦德国同时成立的民主德国则抛弃了黑鹰国徽，采用了镰刀铁锤图案的国徽。1990年，两个德国完成统一，联邦之鹰成为新的德国的标志。

四、中国龙与德国鹰的比较

中德皇权的象征都是虚构动物，龙来自多种动物的复杂融合，双头鹰则由鹰简单变形而成，都能翱翔在天空。在传说中，龙与鹰都具有沟通天地的能力，同时在宗教中具有一定的地位，但不太高。这是两者的共通之处。

在一神论的基督教中，鹰因象征上帝、耶稣和圣徒等而获得神圣性，但本身不是民众直接崇拜的对象。而中国一直信仰多元，佛

① Alois Friedel, *Deutsche Staatssymbole*, Frankfurt a.M: Athenäum Verlag, 1968, S.55.

② Alois Friedel, *Deutsche Staatssymbole*, Frankfurt a.M: Athenäum Verlag, 1968, S.52.

道教都是多神教，龙只是作为坐骑和护法出现，因此，地位较低，也不是直接崇拜的对象。但在中国民间信仰中，龙王作为主管降雨的神仙，是民众直接崇拜的对象，影响很大。

在帝制时代，中德两国都曾是普世意义上的帝国，龙与鹰都是皇权的象征，作为两国最重要的政治符号，对之后的历史都产生了深远影响。区别在于，虽然龙并不是中国皇帝的唯一标志，但皇帝尊崇龙，试图垄断龙纹的使用，反映了中央集权的体制文化。皇帝对龙纹的垄断并没有成功，反映出皇权的力所不及之处。德国的鹰纹章则可以自由使用，诸侯和臣民对鹰纹章的使用象征了对皇帝的效忠，放弃鹰纹章则象征疏远。纹章的多元使用体现了德国地方的自治传统，一直延续到现代德国。

在民族国家时代，中国从天朝上国转变为近代国际体系中的一员，采用了龙作为国家象征。德国统一后的德意志帝国则以普鲁士单头黑鹰作为国徽，放弃了象征普世帝国的双头鹰标志。

在共和时代，中国没有继续采用龙作为国家标志，但在构建中华民族认同感的过程中，龙成为中国最为重要的民间标志和文化象征，则是被知识分子和流行歌曲建构出来的。从魏玛共和国到联邦德国，鹰一直是德国的政治标志和文化象征。在联邦德国时期，鹰被赋予了新的含义，象征德国的联邦传统和对人的尊严和权利的保护，见证了德意志国家逐步走向现代民主国家的曲折过程。

（本文发表于《云南大学学报（社会科学版）》2016年第3期）

图片来源

封面

德国城市纹章。Johann Siebmacher, Siebmachers Wappenbuch, 1605,S.219.

导言

神圣罗马帝国皇帝与七大选侯。斯莱特：《纹章插图百科》，王心洁、马仲文等译，汕头：汕头大学出版社，2009年，第132页。

布吕歇尔家族纹章。J.G.T.Grasse, *Geschlechts-, Namen- und Wappensagen des Adels Deutscher Nation,* Dreseden: G.Schönfeld's Verlagsbuchhandlung, 1876, S.16.

阿尼姆家族纹章。http://www.vonarnim.com.

巴瑟维茨家族纹章。Johann Siebmacher, *Siebmachers Wappenbuch,* 1605, S.174.

哈瓦特家族纹章。*Codex Manesse*(Große Heidelberger Liederhandschrift), 313r, Zürich, ca. 1300 bis ca.1340, in Universitätsbibliothek Heidelberg.

骑士比武。*Codex Manesse*(Große Heidelberger Liederhandschrift), Zürich, ca. 1300 bis ca.1340, in Universitätsbibliothek Heidelberg.

神圣罗马帝国纹章官。Georg Scheibelreiter, *Wappen im Mittelalter,* Darmstadt: Primus Verlag, 2014, S.139.

富格尔家族纹章。*Das Ehrenbuch der Fugger,* Augsburg,1545-1547.

俾斯麦家族纹章。J.G.T.Grasse, *Geschlechts-, Namen- und*

Wappensagen des Adels Deutscher Nation, Dreseden: G.Schönfeld's Verlagsbuchhandlung, 1876, S.15.

梅特涅家族纹章。J.G.T.Grasse, *Geschlechts-, Namen- und Wappensagen des Adels Deutscher Nation,* Dreseden: G.Schönfeld's Verlagsbuchhandlung, 1876, S.104.

婚姻纹章（皇帝马克西米连一世纹章旗）。Albrecht Altdorfer, Triumphzug Kaiser Maximilians Ⅰ,um 1512-1515.Inv. 25244,Katalog 268. In: Sammlungen Online. http://www.albertina.at/Sammlungenonline(Zugriff 22.10.2015)

婚姻纹章（富格尔家族）。*Das Ehrenbuch der Fugger,* Augsburg,1545-1547.

选侯纹章中的职务纹章。Johann Siebmacher, *Siebmachers Wappenbuch,* 1605, S.3.

科隆大主教纹章。Johann Siebmacher, *Siebmachers Wappenbuch,* 1605, S.3.

慕尼黑大小市徽。Ernst v. Destouches, Münchens Stadtwappen und das Münchner Kindl, *Kunst und Handwerk,* Jahrgang 1905, S.265.

行会纹章。http://www.ngw.nl/heraldrywiki/index.php?title=Wesenberg_%28German_guilds%29.

印刷工行会纹章。Carl-Alexander von Volborth, *Fabelwesen der Heraldik in Familien- und Städtewappen,* Stuttgart: Belser Verlag, 1996, S.46.

图宾根大学校徽。https://www.uni-tuebingen.de/universitaet.html.

马格德堡市徽。http://www.magdeburg.de/index.php?NavID=37.510.

第一章

东哥特人鹰形别针。Ostgotische Adlerfibel, Germanisches Nationalmuseum, Nürnberg, 500 n.Chr.

查理大帝塑像。Karlsbüste in der Aachener Domschatzkammer, Aachen, um 1350.

查理大帝画像。Albrecht Dürer, *Kaiser Karl der Große,* 1513.

Georg Scheibelreiter, *Wappen im Mittelalter,* Darmstadt: Primus Verlag, 2014, S.121.

亨利六世皇帝画像。*Codex Manesse*(Große Heidelberger Liederhandschrift), 6r, Zürich, ca. 1300 bis ca.1340, in Universitätsbibliothek Heidelberg.

西吉斯蒙德皇帝画像。Ulrich von Richental, *Concilium zu Constencz, Augsburg,* 1483.

四福音书作者的象征。Musée de Cluny, Paris.

佛罗伦萨皇帝党印章。斯莱特：《纹章插图百科》，王心洁、马仲文等译，汕头：汕头大学出版社，2009年，第200页。

勃兰登堡边境伯爵画像。*Codex Manesse*(Große Heidelberger Liederhandschrift), 13r, Zürich, ca. 1300 bis ca.1340, in Universitätsbibliothek Heidelberg.

七大选侯选举亨利七世。*Codex Balduineus,* um 1340, 参见https://de.wikipedia.org/wiki/Kurf%C3%BCrst.

普法尔茨金狮。Johann Siebmacher, *Siebmachers Wappenbuch,* 1605,S.3.

波西米亚国王文策尔二世画像。*Codex Manesse*(Große Heidelberger Liederhandschrift), 10r, Zürich, ca. 1300 bis ca.1340, in Universitätsbibliothek Heidelberg.

斯陶芬黑狮（符腾堡国王纹章）。J.A.Tyroff, *Wappenbuch der*

regierenden Monarchen Europas, Nürnberg, 1846,S.22.

斯陶芬黑狮（瓦德堡纹章）。*Scheibler'sches Wappenbuch* (Handschrift), 1450—17.Jh.

哈布斯堡红狮。Der Antiquarischen Gesellschaft in Zürich, *Die Wappenrolle von Zürich. Ein heraldisches Denkmal des vierzehten Jahrhunderts,* Zürich: Verlag der antiquarischer Gesellschaft, 1860, Tafel Ⅱ.

德国城市纹章。Johann Siebmacher, *Siebmachers Wappenbuch,* 1605,S.219-220.

不来梅罗兰塑像。https://de.wikipedia.org/wiki/Bremer_Roland#Weblinks.

科隆市徽。Hauptsatzung der Stadt Köln vom 10.Februar 2009.

科隆1811年旗帜。Heiko Steuer, *Das Wappen der Stadt Köln,* Köln: Greven Verlag, 1981, S.121.

吕贝克市徽。Jürgen Arndt & Hugo Gerard Ströhl, *Wappen und Flaggen des Deutschen Reiches und seiner Bundesstaaten(1871—1918),* Dortmund: Harenberg Kommunikation, 1979, S.79.

维也纳市徽。Monika Sollmann, *Das Wappenbuch der Stadt Wien,* Dissertation von Wien Universität, 2011, S.136.

查理五世纹章。http://www.heraldicahispanica.com/historiaescudo.htm.

赎罪券。https://de.wikipedia.org/wiki/Ablassbrief.

路德玫瑰。http://www.luther-stiftung.org/index.php?id=84.

马克西米连二世皇帝纹章。Johann Siebmacher, *Siebmachers Wappenbuch,* 1605, S.1.

第二章

条顿骑士团纹章。Carl Alexander von Volborth, Heraldik: Eine Einführung in die Welt der Wappen, Stuttgart: Belser Verlag,1989, S.94.

条顿骑士团团长纹章。斯莱特：《纹章插图百科》，王心洁、马仲文等译，汕头：汕头大学出版社，2009年，第152页。

霍亨佐伦家族纹章。Der Antiquarischen Gesellschaft in Zürich, *Die Wappenrolle von Zürich. Ein heraldisches Denkmal des vierzehten Jahrhunderts,* Zürich: Verlag der antiquarischer Gesellschaft, 1860, Tafel Ⅱ.

勃兰登堡红鹰。*Scheibler'sches Wappenbuch,* Handschrift, 1450—17.Jh.

霍亨佐伦家族入主勃兰登堡。Ulrich von Richental, *Concilium zu Constencz,* Augsburg, 1483.

普鲁士公国纹章。Johann Siebmacher, *Siebmachers Wappenbuch,* 1605, S.7.

勃兰登堡科学协会印章。http://www.bbaw.de/die-akademie/akademiegeschichte/akademiesiegel/akademiesiegel.

普鲁士王国纹章。Ottfried Neubecker, *Heraldik, Wappen-Ihr Ursprung, Sinn und Wert,* Frankfurt am Main: Wolfgang Krüger Verlag GmbH, 1977, S.52.

黑鹰勋章。威廉皇帝纪念教堂，林纯洁摄，柏林，2014年6月30日。

西普鲁士省徽。Jürgen Arndt & Hugo Gerard Ströhl, *Wappen und Flaggen des Deutschen Reiches und seiner Bundesstaaten(1871—1918),* Dortmund: Harenberg Kommunikation, 1979, S.39.

东普鲁士省徽。Jürgen Arndt & Hugo Gerard Ströhl, *Wappen und Flaggen des Deutschen Reiches und seiner Bundesstaaten(1871—1918),*

Dortmund: Harenberg Kommunikation, 1979, S.23.

勃兰登堡门、勃兰登堡门胜利女神。https://de.wikipedia.org/wiki/Brandenburger_Tor.

拿破仑一世纹章。斯莱特：《纹章插图百科》，王心洁、马仲文等译，汕头：汕头大学出版社，2009年，第197页。

奥地利帝国纹章。斯莱特：《纹章插图百科》，王心洁、马仲文等译，汕头：汕头大学出版社，2009年，第138页。

布吕歇尔侯爵纹章。J.A. Tyroff, *Wappenbuch der preussischen Monarchie,* Bd.1, Nürnberg: Verlag der Tyroffschen Kunstverlagshandlung,1828.

普鲁士莱茵省徽。Jürgen Arndt & Hugo Gerard Ströhl, *Wappen und Flaggen des Deutschen Reiches und seiner Bundesstaaten (1871—1918),* Dortmund: Harenberg Kommunikation, 1979, S.29.

奥匈帝国纹章。http://austria-forum.org/af/Wissenssammlungen/Symbole/Stephanskrone.

日耳曼妮娅守卫莱茵河。Lorenz Clasen, Germania auf der Wacht am Rhein, 1860.

普鲁士王国大纹章。Jürgen Arndt & Hugo Gerard Ströhl, *Wappen und Flaggen des Deutschen Reiches und seiner Bundesstaaten(1871—1918),* Dortmund: Harenberg Kommunikation, 1979, S.13.

石勒苏益格—荷尔斯泰因省徽。Jürgen Arndt & Hugo Gerard Ströhl, *Wappen und Flaggen des Deutschen Reiches und seiner Bundesstaaten(1871—1918),* Dortmund: Harenberg Kommunikation, 1979, S.35.

阿尔萨斯—洛林纹章。Jürgen Arndt & Hugo Gerard Ströhl, *Wappen und Flaggen des Deutschen Reiches und seiner Bundesstaaten (1871—1918),* Dortmund: Harenberg Kommunikation, 1979, S.85.

毛奇伯爵纹章。Alfred Freiherr von Krane, *Wappen- und Handbuch des in Schlesien landgesessenen Adels,* Goerlitz, 1901-1004, 参见http://www.dokumentyslaska.pl/krane%201904/litera%20m.html.

俾斯麦侯爵纹章。https://de.wikipedia.org/wiki/Bismarck_（Adelsgeschlecht）.

柏林胜利柱。林纯洁摄，柏林，2014年7月1日。

中央党海报。https://de.wikipedia.org/wiki/Deutsche_Zentrumspartei.

德意志帝国纹章。Jürgen Arndt & Hugo Gerard Ströhl, *Wappen und Flaggen des Deutschen Reiches und seiner Bundesstaaten(1871—1918),* Dortmund: Harenberg Kommunikation, 1979, S.9.

威廉二世。时代生活丛书编辑部：《扭曲的梦想》，洪钧译，海口：海南出版社，2002年，第8页。

帝国议会大厦。林纯洁摄，柏林，2014年6月29日。

漫画《新的角色》（1898年）。约翰·洛尔：《皇帝和他的宫廷：威廉二世与德意志帝国》，杨杰译，北京：北京大学出版社，2004年，第2页。

德国“为远征中国服务”勋章与纪念文件。施爱东：《16—20世纪的龙政治与中国形象》，北京：生活·读书·新知三联书店，2014年，第105页。

100马克纸币（1908年）。https://de.wikipedia.org/wiki/Mark_（1871）.

德国战争公债海报（1918年）。Reiner Diederich, *Der deutsche Adler, Funktionen eines politischen Symbols,* Frankfurt a.M: Frankfurter Kunstverein, 1973, Abb.12.

《日耳曼妮娅》（1914年）。Friedrich August von Kaulbach, Germania,1914.

第三章

《日耳曼妮娅》（1848年）。Philipp Veit, Germania, 1848.

社会民主党海报（1919年）。Reiner Diederich, *Der deutsche Adler, Funktionen eines politischen Symbols,* Frankfurt a.M: Frankfurter Kunstverein, 1973, Abb.15.

共和之鹰（魏玛共和国国徽）。Alois Friedel, *Deutsche Staatssymbole,* Bonn: Athenäum Verlag, 1968, Tafel 13.

50000亿马克纸币（1923年）。https://de.wikipedia.org/wiki/Papiermark.

德国民族人民党海报（1924年）。http://www.wahlplakate-archiv.de/wahlen/reichstagswahl-1924-mai/.

魏玛同盟（社会民主党、中央党和民主党）海报（1924年）。http://www.wahlplakate-archiv.de/wahlen/reichstagswahl-1924-mai/.

奥地利共和国国徽。Staatsgesetzblatt für den Staat Deutschösterreich, 96.Stück, Nr.264, 1919.

纳粹锦旗。William Crampton, *Flag,* London: Dorling Kindersley Limited, 1989, s.29.

纳粹党海报（1932年）。Reiner Diederich, *Der deutsche Adler, Funktionen eines politischen Symbols*, Frankfurt a.M: Frankfurter Kunstverein, 1973, Abb.20.

兴登堡海报（1932年）。Reiner Diederich, *Der deutsche Adler, Funktionen eines politischen Symbols,* Frankfurt a.M: Frankfurter Kunstverein, 1973, Abb.18.

纳粹德国国徽。Reiner Diederich, *Der deutsche Adler, Funktionen eines politischen Symbols,* Frankfurt a.M: Frankfurter Kunstverein, 1973.

纳粹“国防军之鹰”。Brian L.Davis, *German Army Uniforms and Insignia 1933-1945,* London: Brockhampton Press, 1998, p.10.

纳粹党海报（1935年）。Reiner Diederich, *Der deutsche Adler, Funktionen eines politischen Symbols,* Frankfurt a.M: Frankfurter Kunstverein, 1973, Abb.21.

纳粹之鹰坠落。Reiner Diederich, *Der deutsche Adler, Funktionen eines politischen Symbols,* Frankfurt a.M: Frankfurter Kunstverein, 1973, Abb.28.

基督教民主联盟海报（1953年）。Reiner Diederich, *Der deutsche Adler, Funktionen eines politischen Symbols,* Frankfurt a.M: Frankfurter Kunstverein, 1973, Abb.29.

自由民主党海报（1953年）。Reiner Diederich, *Der deutsche Adler, Funktionen eines politischen Symbols,* Frankfurt a.M: Frankfurter Kunstverein, 1973, Abb.30.

全德意志党海报（1961年）。Reiner Diederich, *Der deutsche Adler, Funktionen eines politischen Symbols,* Frankfurt a.M: Frankfurter Kunstverein, 1973, Abb.31.

联邦之鹰（联邦德国国徽）。Alois Friedel, *Deutsche Staatssymbole,* Bonn: Athenäum Verlag, 1968, Tafel 13.

2马克硬币。何志勇、王擎：《20世纪德国硬币概览》，成都：西南财经大学出版社，1998年，第128页。

100马克纸币（1962年）。http://www.bundesbank.de/Redaktion/DE/Bilder/Bilderstrecken/Banknoten_Serie1_BBK_1980/dm_banknoten_der_serie_bbk_1.html?notFirst=true&docId=20522.

联邦总统旗。Alois Friedel, *Deutsche Staatssymbole,* Bonn: Athenäum Verlag, 1968, Tafel 13.

联邦参议院议事大厅。https://de.wikipedia.org/wiki/Bundesrat_（Deutschland）.

联邦议院标志。http://www.bundestag.de.

联邦政府等机构标志。BPB: Demokratie, *Information zur politischen Bildung,* Heft 284, 2013, S.40.

德意志帝国党海报（1957年）。Reiner Diederich, *Der deutsche Adler, Funktionen eines politischen Symbols,* Frankfurt a.M: Frankfurter Kunstverein, 1973, Abb.32.

德国的共产党海报（1973年）。Reiner Diederich, *Der deutsche Adler, Funktionen eines politischen Symbols,* Frankfurt a.M: Frankfurter Kunstverein, 1973, Abb.39.

民主德国国徽。http://www.documentarchiv.de/ddr/1955/ddr-staatswappen-staatsflagge_ges.html.

2欧元硬币。http://www.ecb.europa.eu/euro/coins/html/de.de.html.

附录一

巴登—符腾堡大州徽。Gesetz über die Hoheitszeichen des Landes Baden- Württemberg vom 27.Oktober 2015.

巴伐利亚大州徽。http://www.stmi.bayern.de/suk/bayern/symbole/index.php.

西伯林市徽（1954—1990年）柏林市徽（1990至今）、柏林市徽（18世纪）、柏林市徽（1935—1949年）、东柏林市徽（1949—1990年）。Bernd D.W.Unger, *Der Berliner Bär, Ein Streifzug durch Geschichte und Gegenwart,* Münster: Waxmann Verlag GmbH, 2000.

勃兰登堡州徽。http://www.landtag.brandenburg.de/de/infothek/geschichte_&_gebaeude_des_landtages/landeswappen/397209.

不来梅大市徽、汉堡大市徽、黑森州徽。Alois Friedel, *Deutsche Staatssymbole,* Bonn: Athenäum Verlag, 1968, Tafel 16.

梅克伦堡—前波莫瑞小州徽、梅克伦堡—前波莫瑞大州徽。http://www.mecklenburg-vorpommern.de/land-zum-leben/landessymbole.

下萨克森州徽、北莱茵—威斯特法伦州徽、石勒苏益格—荷尔斯泰因州徽。Alois Friedel, *Deutsche Staatssymbole,* Bonn: Athenäum Verlag, 1968, Tafel 17.

莱茵兰—普法尔茨州徽。Arnold Babbow & Dieter Gube, Landswappen Rheinland-Pfalz, *Blätter zum Land Rheinland- Pfalz,* 1,1999.

萨尔州徽。Verein für Geschichte und Heimatkunde Oberthal e.V., *Grenzsteine des Saargebietes,* V&H Design Oberthal.

萨克森州徽。Alois Friedel, *Deutsche Staatssymbole,* Bonn: Athenäum Verlag, 1968, Tafel 19.

萨克森—安哈尔特州徽。http://www.stk.sachsen-anhalt.de/service/wappen-und-wappenzeichen/wappen-und-wappenzeichen/?&q=wappen.

图林根州徽（1933—1945年）。Peter Heß, Das Thüringer Landeswappen, *Thüringen Blätter zur Landeskunde,* 2005.

附录二

海德堡大学校徽。Grundordnung der Universität Heidelberg, 2014.

科隆大学校徽。*Amtliche Mitteilungen,* Universität zu Köln, 46. 2012.

莱比锡大学校徽、莱比锡大学法学院院徽。Jans Blecher, *Die Leipziger Universitätssiegel,* Leipzig: Vereinigung von Förderern und Freunden der Universität Leipzig e.V., 2008.

罗斯托克大学校徽、罗斯托克大学哲学院院徽。*Traditio et Innovatio,* Heft 2, 2010, S.11.

弗莱堡大学校徽。Grundordnung der Albert-Ludwigs-Universität in Freiburg im Breisgau, *Amtliche Bekanntmachungen der Albert Ludwiges Universität Freiburg im Breisgau,* Jahrgang 46, Nr.3, 2015,S.56.

慕尼黑大学校徽。https://commons.wikimedia.org/wiki/File:Sigillum_Universitatis_Ludovico-Maximilianeae.svg.

特里尔大学校徽。https://www.uni-trier.de/index.php?id=11217.

维滕堡大学校徽。https://de.wikipedia.org/wiki/Universit%C3%A4t_Wittenberg.

马堡大学校徽。http://www.uni-marburg.de.

柯尼斯堡大学校徽、柯尼斯堡大学法学院院徽。https://de.wikipedia.org/wiki/Liste_der_Rektoren_der_Albertus-Universit%C3%A4t.

耶拿大学校徽。https://www.campus-thueringen.de/hochschulen-in-thueringen/friedrich-schiller-universitaet-jena.

哈勒—维滕堡大学校徽。http://www.uni-halle.de.

哥廷根大学校徽。Grundordnung der Georg-August-Universität Göttingen, *Amtliche Mitteilungen,* Nr.27, 2014, S.853.

法兰克福大学校徽。Ralf Breyer, *Das Erscheinugsbild der Johann Wolfgang Goethe-Universität,* Darmstadt: Wuttke Design Service, April.2016, S.7.

柏林大学校徽。https://www.hu-berlin.de/de.

柏林自由大学校徽。http://www.fu-berlin.de/universitaet/leitbegriffe/veritas-lustitia-libertas/index.html.

附录三

故宫太和殿龙纹宝座。刘伟：《帝王与宫廷瓷器》，北京：故宫出版社，2012年，第6页。

十二章纹龙袍（明朝嘉靖皇帝画像）。http://www.dpm.org.cn/shtml/402/@/26532.html.

鹰袍（西吉斯蒙德皇帝画像）。Johann Adam Delsenbach, Kaiser

Sigismund im Ornat,1790.

马克西米连一世皇帝画像与双头鹰纹章。Albrecht Dürer, Bildnis Kaiser Maximilian I , 1519.

德意志大事年表

公元9年，条顿堡战役，赫尔曼带领日耳曼人歼灭罗马帝国三个军团。

376年，由于匈奴人的入侵，日耳曼人开始民族大迁徙。

476年，西罗马帝国被日耳曼人中的东哥特人灭亡。

482年，法兰克王国成立。

732年，法兰克王国宫相查理击败阿拉伯军队。

800年，法兰克国王查理在罗马加冕为皇帝，即查理大帝。

843年，《凡尔登条约》将法兰克王国一分为三，东法兰克王国成为德意志国家的起源。

911年，康拉德一世当选为东法兰克国王。

919年，萨克森公爵亨利当选为东法兰克国王。

962年，奥托一世加冕为皇帝，标志着神圣罗马帝国的开端。

1077年，皇帝亨利四世卡诺莎之行，向教皇忏悔，在主教叙任权斗争中失败。

1096—1099年，第一次十字军东征。

1147—1149年，第二次十字军东征。

12世纪，欧洲兴起纹章文化。

1189年，皇帝腓特烈一世发行双头鹰图案硬币。

1189—1192年，第三次十字军东征。

1198年，条顿骑士团在巴勒斯坦成立。

1225年，条顿骑士团受邀去征服普鲁士人。

1226年，皇帝腓特烈二世颁布《里米尼诏书》，将普鲁士授予条顿骑士团。

1283年，条顿骑士团征服普鲁士。

1356年，皇帝查理四世颁布《金玺诏书》，确立了七大选侯制度。

1410年，条顿骑士团在坦能堡战役中被波兰—立陶宛联军击败。

1415年，霍亨佐伦家族的腓特烈六世获封为勃兰登堡边境伯爵和选侯。

15世纪40年代，古腾堡发明金属活字印刷机。

1511年，霍亨佐伦家族的阿尔布莱希特当选为条顿骑士团团长。

1517年，马丁·路德发表《九十五条论纲》，宗教改革爆发。

1525年，阿尔布莱希特解散条顿骑士团，建立普鲁士公国。

1555年，《奥格斯堡和约》签订，确立了路德宗的合法地位和“教随国定”的原则。

1618年，三十年战争爆发。勃兰登堡与普鲁士合并。

1648年，三十年战争结束，各方签订《威斯特伐利亚条约》。

1701年，普鲁士王国成立。

1756—1763年，七年战争。

1806年，神圣罗马帝国解体。

1807年，普鲁士签订《提尔西特和约》。

1807—1822年，普鲁士进行施泰因—哈登堡改革。

1810年，柏林大学成立。

1814—1815年，维也纳会议。

1815年，德意志邦联成立。

1834年，德意志关税同盟成立。

1848年，1848年革命爆发。法兰克福国民议会召开。马克思和恩格斯发表《共产党宣言》。

1864年，普鲁士与丹麦战争。

1866年，普奥战争。

1866—1867年，北德意志邦联成立。

1870—1871年，普法战争。

1871年，德意志帝国建立，完成德国统一。

1914—1918年，第一次世界大战。

1918年，德国爆发十一月革命。德国一战战败。魏玛共和国成立。

1919年，德国颁布《魏玛宪法》。签订《凡尔赛和约》。采用共和之鹰国徽。

1923年，鲁尔危机。德国出现恶性通货膨胀。

1928年，魏玛共和国采用新的共和之鹰国徽。

1929年，世界性经济危机爆发。

1933年，希特勒当选为德国总理。

1938年，纳粹德国吞并奥地利。

1939—1945年，第二次世界大战。

1945年，德国战败，被美、苏、英、法四国分区占领。

1949年，德意志联邦共和国与德意志民主共和国分别成立。

1950年，联邦德国继承魏玛共和国国徽，改称联邦之鹰。

1952年，民主德国取消了地方自治和各地区纹章。联邦德国与法国等国成立煤钢联营。

1958年，欧洲经济共同体成立。

1961年，民主德国修建柏林墙。

1989年，柏林墙倒塌。

1990年，德国重新统一。

1993年，欧盟成立。

1999年，欧元区成立。

索引

A

B

D

F

G

H

J

K

L

后 记

本书的写作完全是源于好奇心的驱使。纹章作为象征符号，必定有其特定的含义，然而经过几百年的沧桑，很多符号含义早已淹没在历史之中。即使有很多纹章符号沿用至今，但其源头以及演变的具体过程也早已模糊不清了，而这些细节正是历史的魅力所在。

纹章在德国历史文化和现实政治中均占有重要地位，但在国内却少有人研究。这是个非常有趣同时极具挑战性的工作，难度在于资料过于繁杂，又难于寻找。笔者在研究过程中深刻地感受到了这一点。对德国数以百万计的纹章以及镶嵌或装饰有纹章的图像作整体研究，显然是不可能完成的工作。本书撷取了德国历史上最为重要的德意志之鹰纹章，从纹章与国家构建两者关系的角度，重新梳理了德意志之鹰纹章所记载的德国史。纹章记录了历史，本身也构成了一部历史，历史上纹章的演变与时代精神密切相关。

在此，笔者要感谢帮助收集资料的朋友和同学岳德明、李文杰、童欣、程林，还有笔者的学生陈巧、陈思敏、李彤、田海和张志宏等人。他们从国内和德国各地图书馆帮助收集了大量资料。没有这些宝贵的资料，本书的完成是不可能的。童欣不仅帮我收集资料，还通读了初稿，提出了许多修改建议。

本书脱胎于笔者近两年撰写的两篇论文：《德意志中世纪纹章的变迁与影响》和《黑鹰纹章的演变与德意志国家的构建》。华中科技大学谭渊教授和同济大学吴建广教授对后一篇论文提出了很多修改建议，有助于本书的完成。

本书的研究获得华中科技大学自主创新研究基金立项，受到中央高校基本科研业务费资助。在此资助下，笔者才得以“任性地”购买外文资料，从容地进行这一研究。华中科技大学外国语学院宽松而向上的学术环境是对本研究最大的支持。

本书也是送给我女儿林辰羲的一份特殊礼物。她现在3岁半，对万物都充满着好奇心和探索精神，希望她能一直保持这种好奇心，在人生的道路上勇敢探索。

林纯洁

2015年8月10日于武汉

图书在版编目（CIP）数据

德意志之鹰：纹章中的德国史 / 林纯洁著. —杭州：浙江大学出版社，2016.7（2025.10重印）

ISBN 978-7-308-15927-2

Ⅰ.①德… Ⅱ.①林… Ⅲ.①德国-历史-研究 Ⅳ.①K516.07

中国版本图书馆 CIP 数据核字（2016）第 123478号

德意志之鹰：纹章中的德国史

林纯洁　著

责任编辑　谢　焕
责任校对　张一弛
封面设计　项梦怡
出版发行　浙江大学出版社
（杭州市天目山路148号　邮政编码310007）
（网址：http：//www.zjupress.com）
排　　版　大千时代（杭州）文化传媒有限公司
印　　刷　杭州高腾印务有限公司
开　　本　880mm×1230mm　1/32
印　　张　8.625
字　　数　216千
版 印 次　2016年7月第1版　2025年10月第5次印刷
书　　号　ISBN 978-7-308-15927-2
定　　价　68.00元
